KB075301

세상에 쓸모없는 사람은 없다

向老子学管理 by 魏万磊, 杨先举

세상에 쓸모없는 사람은 없다

웨이완레이 · 양셴쥐 공저
조영숙 옮김

유아이북스
For The Ultimate Information

세상에 쓸모없는 사람은 없다

1판 1쇄 발행 2014년 2월 10일
1판 2쇄 발행 2015년 12월 15일

지은이 웨이완레이, 양셴쥐
옮긴이 조영숙
펴낸이 이윤규

펴낸곳 유아이북스
출판등록 2012년 4월 2일
주소 서울시 용산구 효창원로 64길 6
전화 (02) 704-2521
팩스 (02) 715-3536
이메일 uibooks@uibooks.co.kr

ISBN 978-89-98156-15-2 03150
값 15,000원

* 이 도서의 국립중앙도서관 출판시도서목록(CIP)은 서지정보유통지원시스템 홈페이지(http://seoji.nl.go.kr)와 국가자료공동목록시스템(http://www.nl.go.kr/kolisnet)에서 이용하실 수 있습니다. (CIP제어번호: CIP2014001939)

■머리말

유가는 쌀가게, 도가는 약국이다

중국 고전에 있어 최고의 석학으로 정평이 난 난화이진(南懷瑾) 선생은 일찍이 중국의 문화와 사상을 이렇게 요약했다.

중국의 역사와 문화는 진한(秦漢) 시대 이전에는 유가, 묵가, 도가의 세 학파가 사상과 문화계를 장악했다. 당송 시대 이후에는 이 세 학파 가운데 한 학파가 바뀌었다. 다시 말해 유가, 불가, 도가의 세 학파가 중국의 사상과 문화계를 뒤덮었다.

우리는 이 세 학파를 종종 이렇게 비유한다.

유가는 쌀가게와 같다. 쌀은 동양권에서 주식으로 통하기에 가장 중요한 식량이다. 때문에 쌀가게가 문을 닫으면 우리는 일용할 양식, 즉 정신의 양식을 잃게 된다.

불가는 백화점이다. 대도시의 백화점처럼 각양각색의 일용품이 갖추어져 있고 언제든지 가서 구경할 수 있다. 돈이 있으면 몇 개 골라서 사오면 되고, 돈이 없으면 한 번 둘러보고 오면 된다. 누구도 당신을 막지 않을 것이다. 그러나 그 속의 모든 것은 인생의 필수품이자 없어서는 안 될 것이다.

도가는 약국이라고 할 수 있다. 병에 걸리지 않으면 평생 그것을 거들떠보지 않아도 된다. 그러나 일단 병이 나면 도가를 찾아가게 된다. 선진(先秦) 시대의 사상 가운데 현실의 문제를 근본적이고 근원적으로 해결하려는 학파가 있다면 그것은 도가임이 틀림없다.

필자는 학교에서 중국정치사상사(中國政治思想史)라는 과목을 개설한 후 도가 사상에 더욱 심취하게 되었다. 당초 도가의 정치 철학 방면을 좀 더 폭넓게 살펴보려 했지만 유감스럽게도 본인의 실력이 아직 그 정도에는 미치지 못해 안타까울 따름이다.

이 책은 양셴쥐 선생의《노자와 기업 경영老子與企業管理》과《노자 경영학老子管理學》이라는 두 권의 책을 기초로 하여 완성된 것이다. 필자와 양 선생은 2004년에 인연을 맺은 후 우의를 돈독히 해왔다. 양 선생은 줄곧 필자와의 공동 집필 작업을 희망하셨다.

때마침 둥베이차이징대학(東北財經大學) 출판사에서 총서 한 질을 출판하고자 했고, 양 선생은 당신의 저서《노자 경영학》을 새로이 편집하는 한편 학술계의 일부 새로운 관점을 받아들여 수정하고 총서로 출판할 수 있도록 필자에게 부탁하셨다. 이와 같은 중임을 필자에게 맡겨 주신 양 선생께 매우 감사하면서도 행여 선생께 누가 되지 않을까 걱정스러울 따름이다.

책의 장절(章節) 배치는 대체로 그대로다. 필자는 책을 편집하는 과정에서 선생의 엄격함과 학식의 풍부함을 느낄 수 있었다. 초고가 나온 후, 선생은 완강하게 저자 이름에 필자를 먼저 배치하고자 하셨다. 특별히 한 일도 없는 필자에게 이와 같은 영광을 주시니 매우 송구스럽다. 책 속에 본받을 만한 점이 있다면 모두 선생의 덕분이라고 할 수 있다. 그리고 부족한 부분이 있다면 모두 필자의 과실임을 밝혀두고자 한다.

웨이완레이

■프롤로그

인류의 영원한 스테디셀러

《노자》는 전 세계에서 《성경》과 《공산당선언共産黨宣言》 다음으로 많이 보급된 책이다. 중국 내에서 이 책과 관련된 저술만 해도 1700가지 이상이다. 외국어 번역본으로는 약 900가지다. 그 가운데 일본인의 저술만 약 330가지다. 번역 언어에는 일본어뿐만 아니라 영어, 프랑스어, 독일어, 이탈리아어, 네덜란드어, 러시아어, 스웨덴어, 덴마크어, 노르웨이어, 핀란드어, 터키어, 인도어, 산스크리트어, 라틴어, 히브리어, 에스페란토 등 20가지 언어가 포함된다. 미국의 〈뉴욕타임스The New York Times〉는 일찍이 세계 10대 작가의 첫 번째로 노자를 꼽기도 했다.

《노자》는 《도덕경》으로도 불린다. 이런 이름으로 16세기 때 서양에 전해졌는데 '도덕경(道德經)' 이라는 세 글자는 각각 '도로(道路, the way)', '덕성(德性, virtue)', '경전(經典, classic)' 이라는 세 어휘로 번역됐다. 이후 노자와 그의 사상은 점차 서양 사람들에게 주목받는 동시에 인정받기 시작했다. 노자의 인생에 대한 태도와 처세 철학은 서양의 학자들에게도 시사하는 바가 컸던 것이다. 오늘날 《노자》가 서양의 언어로 번역된 것은 모두 500여 가지인데, 여기에는 유럽의 17가지 언어를 포함한다.

오늘날 우리는 《노자》에서 어떤 질문에 대한 답을 얻을 수 있을까. 크게 다섯 가지다.

사람을 어떻게 관리해야 하는가

중국 한(漢)나라의 역사가 반고(班固)는 《후한서後漢書》에서 도가를 '인군남면지술(人君南面之術)' 즉, 군주의 통치술이라고 일컬었다. 넓은 의미에서 보면 통치자가 국가를 운영하는 기술이다. 일상생활에서도 다양한 술(術)이 필요하다. 예를 들면 통치술, 지휘술, 기획술, 조직술, 조율술, 통제술 등이 여기에 속한다. 《노자》에서 제시하는 몇몇 통치술은 다른 조직 경영에서도 본보기로 삼을 만하다.

예나 지금이나 경영의 영역은 크게 사람 관리와 업무 관리로 나뉜다. 업무란 사람이 조종하고 실행하는 것이므로, 기업 경영의 궁극적인 목표는 사람 관리라고 할 수 있다. 노자는 이에 대한 요령을 알려준다.

현실을 어떻게 인식해야 하는가

노자의 인식론도 여러 측면에서 경영에 참고가 될 수 있다. 《노자》 제10장에서 말하는 '현람(玄覽)' 사상은 침착하고 신중하면서도 냉정한 태도로 문제를 관찰하고 분석해야 한다는 뜻이다. 또한 제16장에서 말하는 '복관(復觀)' 사상은 여러 번 자세히 관찰하여 사물을 인식해야 한다는 교훈을 담고 있다.

모순으로 가득 찬 현실을 어떻게 바꾸나

경영은 과학이자 예술이다. 때문에 종종 이율배반적인 상황에 놓이게 된다. 어떤 한 가지 일을 이렇게 처리할 수도 있고, 저렇게 처리할 수도 있다. 이렇게 처리하면 분명히 나름의 장점이 있지만, 관련된 다른 문제에는 오히려 불리하게 작용할 수도 있다. 방법을 바꾸어 처리하더라도 또 다른 이해득실 관계가 나타나게 마련이다. 기업을 경영하면서 지나치게 결속을 중시하다 보면 민주적인 분위기를 해칠 염려가 있고, 반대로 지나치게 개성을 중시하다 보면 결속력이 떨어진다. 게다가 이해득실 관계는 시간과 공간의 조건에 따라 달라 절대적인 해법과 최적의 해법을 단언할 수 없다. 노자가 '있고 없음', '단단하고 부드러움', '움직임과 정지', '손해와 이익', '능란함과 서투름', '화와 복' 등 여러 가지 모순 관계를 언급한 데에는 이같이 심오한 견해가 내재해 있다. 오늘날의 우리도 깊이 새기고 참고할 만하다.

부드러운 경영이란 무엇인가

오늘날 경영은 소프트웨어를 중시한다. 다시 말해, 상품이나 관리제도보다 그 배경이 되는 의식이나 사상이 종종 더 중요시된다. 부드러운 경영과 관련하여 《노자》에서 반복적으로 이야기하는 '희미하고 어렴풋하다(恍兮惚兮)' 와 같은 표현이나 도에 관한 일부 독특한 견해를 살펴보자.

어떻게 처세할 것인가

도가에서 말하는 세 가지 경영 이념으로 천도관, 지도관, 인도관을 들 수 있다. 천도관이란 천체와 우주, 그리고 이 세계를 어떻게 바라볼 것인가에 관한 이론적 관념을 가리킨다. 지도관이란 어떻게 처세할 것인가에 관한 의식을 말한다. 마지막으로 인도관이란 인생을 어떻게 바라볼 것인가에 관한 관념을 가리킨다. 《노자》에서는 이 모두에 관해 서술한다. 경영학에서도 하늘과 땅, 그리고 사람을 어떻게 인식할 것인가 하는 문제를 다룬다. 우리는 바로 《노자》에서 이러한 것에 대해 배울 수 있다.

이 책은 크게 여섯 가지 법칙에 따라 내용을 전개하며, 또한 《노자》에 담긴 경영 사상을 여섯 부분으로 나누어 독자들에게 전달하고자 한다.

첫째, 도(道)의 법칙이다.

도는 《노자》의 핵심 사상으로 노자의 모든 논의는 도에서 시작한다고 해도 과언이 아니다. 다분히 철학적인 문제에서 출발하여 도와 관련된 철학, 문화, 가치관, 기업 문화 등에 이르는 문제까지도 연결될 수 있다. 이를 토대로 기업 경영과 관련한 문제를 토론할 것이다.

둘째, 덕(德)의 법칙이다.

덕은 형이상학적으로는 도라고 하며 형이하학적으로는 덕이라고 일컫는다. 엄밀히 보면 덕은 도가 형상화된 실체다. 도가 심상의 실체라고 한다면 덕은 바로 사회로 떨어진 정치 실체라고 말할 수 있다. 이로부터 도에 관한 논의를 행정 분야와도 연결시킬 수 있다. 예를 들면 '아무것도 하지 않아도 천하가 저절로 다스려진다', '큰 나라를 다스리는 것은 작은 생선을 삶는 것과 같다' 등이 그렇다.

셋째, 유(柔), 즉 부드러움의 법칙이다.

노자는 "부드럽고 약한 것이 강하고 단단한 것을 이긴다"라는 명언을 남겼다. 이는 동양의 협상학이 서양의 것과 구별되는 중요한 점이다. 서양은 힘과 형세를 강조한다. 이는 의심할 바 없이 중요하다. 그러나 힘과 형세보다 중요한 것이 바로 싸우지 않고 적을 굴복시키는 용병술이다.

넷째, 무(無)의 법칙이다.

무는 《노자》의 중요한 개념이다. 무에는 세 가지가 있다. 첫째는 실체의 무로, 확실히 실재하는 무를 말한다. 둘째는 허상의 무로, 있는 듯 없는 듯 불확실한 무를 말한다. 셋째는 유를 내포한 무로, 무에서 유가 생겨나고 유에서 다시 무가 생겨난다는 의미다. 무는 하나를 낳고, 하나는 둘을 낳고, 둘은 셋을 낳고, 셋은 만물을 낳는다. 끝이 없는 우주와 수많은 중생은 모두 무에서 창조되고 진화한 것이다. 부가가치를 창조하는 경영의 관점에서도 무의 가치를 따져볼 수 있다.

다섯째, 반(反, 되돌아감)의 법칙이다.

노자는 "되돌아가는 것이 도의 움직임이다(反者道之動)"라고 역설한다. 《노자》는 이렇게 반의 사상으로 가득 차 있다. 노자가 문제를 사고하는 방법이 바로 반이며, 문제를 분석하는 방법도 반이다. 예컨대 무위로써 하다(無爲而爲), 다투지 않음으로써 다투다(不爭而爭), 부드러운 것이 강한 것을 이긴다(柔克剛), 약한 것이 강한 것을 이긴다(弱勝强), 무는 유를 낳는다(無生有), 아름다움과 추함(美與醜), 무거움과 가벼움(重與輕), 화와 복(禍與福) 등이 그 예다. 경영학에도 여러 가지 역설적인 현상과 이율배반적인 현상이 가득하다. 우리는 진퇴양난의 상황에 빠졌을 때 반의 원칙과 모순 분석 방법으로 문제를 해결할 수 있다.

여섯째, 수(水)의 법칙이다.

노자는 물을 좋아해서 《노자》에서도 여러 번 물을 이야기하며 물을 이치에 비유하기도 한다. 예를 들면 "최고의 선은 물과 같다(上善若水)"(제8장)라는 말이 있다. 또한 물이 우리에게 알려주는 이치도 이야기한다. 예컨대 "천하의 골짜기가 된다(爲天下谷)"(제28장), "최고의 덕은 골짜기와 같다(上德若谷)"(제41장)라는 말이 그렇다. 여기에서 볼 수 있듯이 리더는 자신을 낮추어야 한다.

이제부터 본론으로 들어가 보도록 하자. 각 장은 각각 도(道), 덕(德), 유(柔), 무(無), 반(反), 수(水)의 법칙을 다룬다.

차례

::무無의 장:: 아무것도 잃을 것은 없다

::반反의 장:: 극단을 넘어선 통합의 길

::수水의 장:: 최고의 선은 물과 같다

부록

도道의 장

하늘과 인간은 하나인가, 둘인가

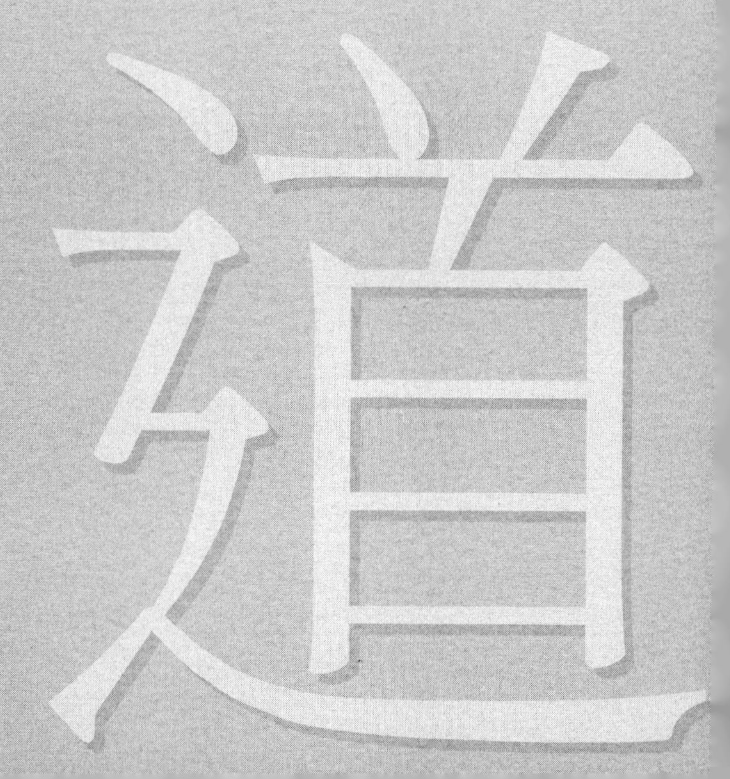

말로 표현할 수 있는 도는 곧 영원한 도가 아니며, 말로 표현할 수 있는 이름은 곧 영원한 이름이 아니다. 무는 천지의 시작이며 유는 만물의 근원이다. 무로부터 도의 오묘한 이치를 관찰할 수 있으며, 늘 유로부터 도의 실마리를 인식할 수 있다. 무와 유, 이 양자는 기원은 같으나 서로 다른 명칭을 가지고 있다. 이는 아주 심원하면서도 심오한 것으로 모든 변화의 문(門)이다.

道可道, 非常道, 名可名, 非常名. 無, 名天地之始, 有, 名萬物之母. 故常無, 欲以觀其妙, 常有, 欲以觀其徼. 此兩者, 同出而異名, 同謂之玄. 玄之又玄, 衆妙之門.

-《노자》 제1장

도라고 말할 수 있는 도는 없다

두루 미치지만 위태롭지 않다.
周行而不殆.

《노자》 제25장

도(道)는 중국 문화에서 가장 중요한 범주로 인간사를 반영한다. 노자와 공자는 모두 천인합일(天人合一)의 사상을 주장했으며, 천도와 인간사의 어우러짐을 중시했다. 노자는 일찍이 이렇게 말했다.

"천도가 인간사(人道)를 관통한다."

여기에서 발견할 수 있는 도의 가장 중요한 특성은 바로 "두루 미치지만 위태롭지 않다(周行而不殆)"(《노자》 제25장)라는 것이다.

《노자》는 책 전반에 걸쳐서 도를 이야기한다. 첫 장의 첫머리부터 도를 말하고, 마지막 장의 마지막 구절도 도를 말한다. 이 책에서 '도' 자(字)가 등장하는 횟수만 해도 70여 차례다. 더욱이 이 숫자는 도를 의미하는 다른 명칭, 예를 들어 덕(德), 무(無), 유(有), 대(大), 일(一) 등의 개념은 포함하지 않은 횟수다. 그러므로 이를 모두 더한다면 책 속에서 도가 과연 얼마나 많이 언급될지 가늠하기도 어려울 것이다.

《노자》는 모두 81장으로 구성되는데 그 가운데 도를 가장 직접적으로 깊이 있게 다루는 것은 제1장, 4장, 14장, 21장, 25장이다. 특히 제1장은 책 전체의 핵심을 아우를 뿐만 아니라 철학적, 학술적 가치와 더불어 응용 가치도 높다.

책 전체에서 도는 다음의 세 가지 중 하나를 의미한다.

첫째, 형이상학적인 실존자, 즉 우주 만물을 구성하는 가장 근원적인 실체를 가리킨다.

둘째, 우주 만물의 발생과 존재, 발전, 운동의 법칙이다.

셋째, 인류 사회의 일종의 규범과 기준이라고 할 수 있다.

제1장에서 노자가 말하는 유는 하늘과 땅이 형성된 이후 만물이 서로 다투어 생겨나는 상태를 가리킨다. 고대 중국인은 먼저 하늘과 땅이 생겼고, 그다음에 비로소 만물이 출현했다고 생각했다. 유와 무는 노자가 제기한 중요한 개념 두 가지로 도의 구체적인 명칭이다. 도는 우주 만물이 파생되는 과정을 말하며, 이는 무형에서 유형으로 전환되는 것이다. 도와 이름에는 각자 특정한 성질이 있다. 우리는 그것을 해석하고 논의함으로써 도라는 것과 이름을 개념화해 명칭을 부여해야 한다. 혹자는 도와 이름의 특정한 성질이 만들어낸 일종의 노력만을

파악한 후, 주관적으로 다른 사물과 구별되는 성질을 찾아내려 시도하기도 한다. 그러나 이는 절대로 도와 이름의 진정한 실체가 아니다.

우주 법칙과 인간사의 변화

원시 씨족 사회가 붕괴한 후, 하늘과 사람을 분리해서 보는 천인분리(天人分離) 사상이 학술계의 주요 사상이 됐다. 그러나 일부 고대 철학자들은 줄곧 하늘과 사람을 하나로 보는 천인일체(天人一體)를 주장하며 천체의 움직임에서 인간사를 예측한다거나 우주의 법칙에 비추어 인간사의 변화를 설명하려고 했다.

상고 시대에 중국에서는 백성과 신의 관계가 세 단계를 거쳐 변화했다. 먼저 백성과 신이 서로 섞이지 않는 엘리트화 단계다. 신의 대리인 격인 원시 시대 영매(靈媒)들은 그래서 특별한 지위를 누렸다. 그다음은 백성과 신이 섞인 대중화 단계로, 집마다 제사를 지내 마치 모든 사람이 무당이 된 듯했다. 마지막은 하늘과 땅 사이의 통로가 단절된 권위화 단계다. 이때는 왕권이 신을 독점했으며, 왕이 하늘과 땅 사이를 오갈 수 있는 통행증을 제한적으로 내어주었다. 원래 하늘과 땅 사이는 땅에서 천국에 오르는 사다리로 알려진 곤륜산(崑崙山)을 통해서 왕래할 수 있었다. 하지만 왕의 권위가 강화되면서 하늘과 땅의 통로가 막혀 백성은 하늘에 직접 물을 수 없게 됐다.

고대 중국의 상나라 시대에 이르면, 왕은 인간 세상에서 정치적 권위자인 동시에 최고의 무당(巫覡)이었다. 왕은 하늘과 천제(天帝)의 합일을 원했고, 그 과정에서 선조라는 사다리를 찾아냈다. 먼저 선조가 하늘에 오르도록 하여 천제와 선조의 합일(帝祖合一)을 실현했다. 그런 후에 다시 선조가 땅으로 내려오도록 하여 천제와 왕의 합일(帝王合一)을 완성했던 것이다. 이렇게 되자 오직 '왕'만이 하늘과 소통할 수 있고 왕을 제외한 모든 백성은 그럴 수 없게 되었다. 이를 거스른다면 오늘날의 컴퓨터 용어로 이른바 '불법 링크'가 되는 것이었다. 중국의 전설에 따르면, 옛날에 공공과 전욱(顓頊)이 제왕의 자리를 놓고 다투었다. 전욱은 중국의 신화에 나오는 삼황오제(三皇五帝) 중 오제의 한 명으로 황제(黃帝)의 후예다. 이 싸움에서 몹시 화가 난 공공이 하늘을 받치는 부주산을 머리로 들이받았다. 그 바람에 부주산에 세워진 하늘을 받치는 기둥이 부러지고, 땅을 붙들어 매고 있던 밧줄이 끊어졌다. 그러자 하늘은 서북쪽으로 기울고 하늘의 해와 달과 별들도 서쪽으로 움직였다. 동시에 땅은 동남쪽으로 기울어서 땅의 강물, 진흙, 모래는 동남쪽으로 흐르게 되었다고 한다. 이는 자유에 대한 백성의 열망이 신화라는 형식을 통해 드러난 것이다.

서양의 가장 대표적인 정치 철학자로 스피노자(Baruch de Spinoza)와 헤겔(G. W. F. Hegel)이 있다. 이 두 사람은 모두 현실 정치에 참여한 적이 없다. 정치에 큰 영향을 미친 건 사실이지만, 개인적으론 그저 사유에 그쳤다. 이러한 관념론적 철학 구조는 유토피아적 색채가 매우 뚜렷하다. 관념론적 철학에 반대하는 영국의 철학자 칼 포퍼(Karl Raimund Popper)는 점진적 사회공학(piecemeal social engineering)의 경험주의 방법을 제기하며 그들의 사상 체계에서 벗어나고자 했다. 영국 경험주의 철학의 대가인 러셀(Bertrand Russell)의 철학 또한 관념철학이 두드러졌던 헤겔주의에 대한 반대에서 비롯된 것이다. 어떤 사람은 노자의 이른바 '도'와 헤겔의 '절대 정신'을 함께 논하며 노자를 객관적 관념론(Objective idealism)[1]의 대표 인물로 규정하기도 한다. 여기서 우리가 주목할 점이 있다. 노자의 도는 하나의 실존(實存)으로, 설령 그것이 공기나 자기장처럼 눈에 보이지 않고 손으로 만질 수도 없는 것일지라도 절대 신과 같이 불가사의하면서 아득히 가물거리는 정신적 힘은 아니라는 것이다. 어떤 학자는 양자역학(Quantum Mechanics)의 관점에서 노자의 도를 해석할 것을 주장했다. 이는 무의 객관적 실재성을 꿰뚫어 본 것이다. 역학(易學)의 각도에서 살펴보더라도, 복희가 창조한 역학이든 이후의 연산역(連山易)과 귀장역(歸藏易)이든 더 나아가 문왕(文王)의 연역(演易)이든 모두 경험 관찰에서 시작했다.

이는 중국인의 사유 방식 중 하나인 비유취상[2]과 인상입의[3]의 토대를 만들었다. 어떤 사람은 "도는 하나를 낳고, 하나는 둘을 낳고, 둘은 셋을 낳고, 셋은 만물을 낳는다"라는 노자의 말을 음효[4]와 양효[5] 간 결합의 맥락에서 해석하기도 한다. 이러한 해석을 포용하더라도 도라는 것은 여전히 객관적인 법칙이다. 사유가 존재를 결정한다고 주장하는 관념론은 아니다.

세상은 당신이 창조했다

중국 현대 논리학의 기초를 다진 진웨린(金岳霖) 선생은 일찍이 이렇게 말한 바 있다.

모든 문화에는 주체적인 사상이 있고, 이런 사상에는 그 문화가 지닌 가장 숭고한 개념과 기본적인 원동력이 있다. 중국 사상에서 가장 숭고한 개념은 도이다. 이른바 도를 행한다(行道), 도를 닦는다(修道), 도를 깨우친다(得道)고 하는 모든 것이 도를 최종 목표로 삼는다. 중국인의 사상과 감정, 이 두 가지의 가장 기본적인 원동력 또한 도다. 이상을 위해 생명을 희생하고 정의를 위해 목숨을 바치는 것은 모두 도를 행하는 것이다. 무릇 마음의 안녕을 위해 혹은 어쩔 수 없이, 혹은 실행에 옮기기 어렵다는 것을 알면서도 그것을 행하는 것은 그 직접적인 목적이 인이든 의든 혹은 효든 충이든 관계없이, 목적은 결국 도를 행하는 데 있다. (중략) 헤아릴 수 없는 도, 모든 학자가 말하고자 했지만 그 궁극을 말할 수 없었던 도, 모든 사람이 절로 흠모하도록 하는 도, 모든 일과 세상만물이 따르고 의지하고 회귀하게 되는 도, 이야말로 중국 사상에서 가장 숭고한 개념이자 가장 기본적인 원동력이다. 나는 도의 사상이 원학[6]의 바탕이라고 생각한다. 나는 원학과 지식론에 각각 다른 태도를 취한다. 지식론을 연구할 때, 나는 지식의 대상 범위 밖에 서서 잠시 내가 사람임을 잊는다. 잠시나마 내가 사람이라는 것을 잊으면 마음이 침착해질 수 있다.[7] 그러나 원학 연구는 그렇지 않다. 나 자신이 사람임을 잊는다고 하더라도, '하늘과 땅은 나와 함께

생겨났고, 만물은 나와 하나다(天地與我竝生, 萬物與我爲一)'라는 진리만은 잊으면 안 된다. 이때 나는 연구 대상을 이성적으로 이해하려고 할 뿐만 아니라 연구의 기본 결과에 대해서도 감정상의 만족을 추구한다.

-《논도論道》의 서론에서

이로부터 우리는 진웨린 선생이 도가의 사유 방식을 일종의 신앙으로 삼았다는 사실을 알 수 있다. 다시 말해 마음의 평안을 추구했다는 것이다.

탕쥔이(唐君毅) 선생은《노자》속에서 도가 내포하는 여러 의미를 근거로 하여 도를 여섯 가지로 분석하고 귀납했다. 이것이 바로 중국 철학계에서 유명한 도지육의(道之六義)설이다. 탕 선생이 최초로 도지육의를 제기한 것은《중국철학원론中國哲學原論》'도론편(導論篇)'의 제11장과 제12장이다.

도지육의는 다음과 같이 나눌 수 있다.

도의 첫 번째 뜻은 만물을 관통하는 보편 공통 원리로서의 도(有貫通異理之用之道), 즉 비실체적 의미로서의 도이다.

두 번째 뜻은 형상도체로서의 도(形上道體之道), 곧 실제로 존재하는 것 혹은 형이상학적 존재의 실체 혹은 실제 원리로서의 도이다. 다시 말해 실체적인 의미로서의 도이자 도의 본체를 뜻한다.

세 번째는 도상지도(道相之道)이며 네 번째 뜻은 동덕지도(同德之道)다.

다섯 번째 뜻은 수덕(修德) 혹은 생활의 도이고, 여섯 번째는 사물 및 심경(心境), 인격 상태로서의 도다.

탕 선생의 견해에 따르면, 《노자》에서 도의 세 번째 뜻인 도상지도는 두 번째 도의 실체적 의미가 지니는 상(相)을 말한다. 여기에서 실체적 의미의 도란 사물의 시작 혹은 근원인 도의 본체를 뜻하며, 세 번째 도는 이를 도상(道相)으로 간단하고 명확하게 나타낸 것이다.[8] 도상의 근원은 도체의 상이다. 그런 까닭에 세 번째 뜻의 도는 두 번째 뜻의 도에서 확대되어 나온 것이라고 할 수 있다.

도의 다섯 번째 뜻은 사람됨이 자연을 거스르지 않는 무위자연의 현덕(玄德)과 같아지기를 바라면서 덕(德)을 갖추고자 한다면 따라야 하는 방법이다. 예를 들어 정치 · 군사 방면에는 치국용병의 도가 있다. 이는 궁극적인 도에 이르는 한 방법론이다. 오늘날 자기 수양의 방법, 생활 방식 혹은 업무 처리의 기술이라고 말하는 것들이 바로 이런 의미의 도에 속한다. 요컨대 인간 생활의 도라는 게 다 그렇다. 《노자》에서 말하는 글자 수만 놓고 볼 때, 실제로 다섯 번째 도를 이야기하는 횟수가 가장 많다. 노자의 사상이 중국의 정치 사회와 보통사람들의 인생관에 가장 큰 영향을 미치는 것도 이러한 연유에서다.

한데 섞여 하나로 어우러지다

일(一)이란 글자는 간혹 도라는 의미로 해석되기도 한다. 《노자》 제10장에서 말하는 "정신과 육체가 하나가 되다(營魄抱一)"에서 '하나가 되다(抱一)' 는 도와 하나가 된다는 의미로 해석할 수 있다. 《노자》 제39장에서는 다음과 같이 밝힌다.

하늘은 하나를 얻어서 맑고, 땅은 하나를 얻어서 편안하며, 골짜기는 하나를 얻어서 가득차고, 만물은 하나를 얻어서 생성된다.(天得一以淸, 地得一以寧, 谷得一以盈, 萬物得一以生.)

이 구절에서 말하는 하나란 곧 도를 가리킨다. 《노자》는 《도경》과 《덕경》으로 나뉘어 불리거나 합쳐서 《도덕경》이라는 이름으로도 불린다. 여기에서 하나는 바로 도를 의미하는 대명사다. 노자는 천도관, 지도관, 인도관, 일통관을 논할 때 바로 도, 덕처럼 의미가 비교적 구체적인 단어뿐만 아니라 일(一), 무(無), 박(樸), 정(靜), 상(常) 등과 같은 대명사를 사용하고 있다.

일이 도를 대신하여 나타내는 것은 바로 '태극(太極)'이다. 현대 사회에서 기업은 한데 섞여서 하나로 어우러지는 '혼연일체(混而爲一)'의 태극으로서 다음과 같이 분석할 수 있다.

먼저 기업은 주로 기업 문화, 직원, 전략, 조직, 기술, 관리력, 정보와 같은 여러 가지 요소로 구성된다. 이런 요소는 효과적이고 효율적인 생산과 경영을 위해 조합되고 배열 및 통합돼 하나의 조직 구조를 형성한다. 그 관계를 원형으로 그린다면 태극과 유사한 형태가 될 수 있다. 안쪽 원에서 바깥쪽 원에 이르기까지의 순서는 다음과 같다.

가장 안쪽 원은 기업 문화다.

가치관은 기업 행위를 지배하는 것으로, 올바른 가치관이 있어야 기업이 올바른 행위를 할 수 있으므로 가장 중요하다고 할 수 있다. 기업 문화의 내부로서 가려진 부분은 도라고 할 수 없지만, 기업 문화의 외부로서 드러나는 부분은 도라고 할 수 있다. 기업 문화는 바로 무를 통해서 그 오묘함을 살필 수 있어야 하고, 유를 통해서 그 실마리를 알 수 있어야 한다.

다음 원은 직원이다.

기업 경영자와 직원은 기업 행위의 주체로, 그들의 수준과 능력, 업무에 대한 노력 정도는 기업의 성공과 실패에 크나큰 영향을 미친다. 가장 안쪽 원인 기업 문화는 사실 직원들이 만드는 것이다. 이로 미루어볼 때 직원은 곧 기업이다.

그다음 원은 전략이다.

기업의 발전을 도모하려면 전반적인 전략과 당면한 전략, 그리고 장기적인 전략을 세워야 한다. 뚜렷한 전략이 있다면 그 기업은 이미 절반의 성공을 이룬 셈이다.

다음은 조직이다.

조직, 인력 · 재정 · 물자, 조직 활동, 회사 내부 규칙 등이 확실히 보장되어야 기업 전략의 실현도 보장할 수 있다.

그 바깥 원은 기술과 관리력이라는 병렬되는 두 요소다.

먼저 기술을 보면 과학 기술이야말로 오늘날 생산력을 좌우하는 중요한 요소다. 기술력이 다른 경쟁사에 비해 뒤떨어졌다면 기업의 제품 개발과 확대, 생산 변화와 확장, 시장 개척, 수익성 제고 활동 등은 모두 공염불이 되고 만다.

마지막으로 한 가지 요소를 덧붙인다면 그것은 바로 정보다.

정보는 어떤 단계에 속하지 않고 여러 단계에서 전후, 좌우, 상하, 내외로 움직이며 기업의 생산과 경영 활동이 정상적이면서도 효과적으로 작동하게 한다.

기업의 '하나'는 그 구성 성분의 사이가 나뉘기도 하고 합쳐지기도 한다. 때로는 어느 요소와 어느 요소가 합쳐지고, 때로는 어느 요소와 어느 요소가 나뉘기도 한다. 어떤 때는 어느 요소가 주도적 작용을 하기도 하고, 어떤 때는 다른 요소가 주도적 작용을 일으키기도 한다. 때로는 이 요소와 저 요소 사이에 모순이 생기기도 하고, 때로는 이 요소와 저 요소가 재통합되기도 한다. 이러한 모순은 보편성을 띤다. 예컨대 인간과 우주의 관계의 모순, 인간관계의 모순 등이 바로 그것이다. 이는 반드시 적절하게 관리돼야만 한다.

하되 하지 않은 것처럼 하라

함이 없지만 또한 하지 않음이 없다.
無爲而無不爲.

《노자》 제37장

노자는 도를 근본으로 삼고 '함이 없지만 또한 하지 않음이 없다(無爲而無不爲)' 란 말을 원칙과 수단으로 삼아 덕의 경지에 이르렀다. 현대 철학자의 고증에 따르면 '위(爲)' 자에는 의도나 의향, 또는 '하다' 라는 두 가지 의미가 있다.

노자가 말한 무위의 위는 첫 번째 의미로 해석이 되며 '무불위(無不爲, 하지 않는 것이 없음)' 의 위는 두 번째 뜻으로 통한다. 철학 이론인 존재론의 관점에서 보면, 노자의 무위는 도의 목적과 의도가 없다는 특성이 있다. 무불위는 도가 만물을 생성시키고 만물을 포용하는 모습이다. 사회인성론의 관점에서 보면, 무위는 주로 도를 깨달은 사람이 지혜를 이용하려 하지 않고 탐욕을 부리지 않으며 허정징명(虛靜澄明, 아무것도 생각하지 않고 사물에 마음이 움직이지 않는 맑고 깨끗한 정신 상태)함을 가리킨다. 그리고 무불위는 도가 몸과 마음 안팎의 모든 속박에서 벗어나 도달한 '유위(有爲)'를 뜻한다. 무위는 아무 일도 하지 않는 것이 아니라 자연법칙을 거스르지 않는다는 의미다. 그래서 무위(無爲)는 불위(不爲, 아무것도 하지 않음)와 다르다.

기업을 운영하는 데 엄격한 직원 관리는 분명히 필요하지만, 엄격한 도가 바탕이 되어야 한다. 적합성의 척도인 도는 기업의 현실을 반영해야 한다. 절대 현실과 동떨어져서는 안 된다.

기업 경영자는 그래서 엄격한 관리가 바탕이 되어야만 우수한 상품을 생산하고 이를 토대로 유명한 브랜드로 성장하면서 이익을 올릴 수 있다는 이치를 직원들에게 분명하게 알려야 할 책임이 있다. 직원들이 사리에 밝고 옳고 그름을 판단할 수 있다는 전제만 있다면 나머지는 직원들에게 맡기라. 단, 그들이 자발적으로 회사 내부 규칙에 따른 단속과 규제를 받아들이도록 해야 한다. 이 과정에서 경영자는 엄격하지만 애정이 있어야 한다. 냉혹하고 무정하기가 철로 만들어진 인간 같아서는 안 된다. 직원들을 단순히 이익을 올리기 위한 도구나 기계쯤으로 생각해서도 안 된다.

이렇게 되려면 단지 규칙을 알리는 데 그치지 않고 각각의 기준이 자발적인 지지를 얻을 수 있게 끊임없이 노력해야 한다. 예를 들면, 직원들이 엄격한 회사 내부 규칙에 불만을 나타내면 열심히 개선 방법을 궁리해서 서로 다른 인식의 차이와 거기에서 비롯된 오해를 풀어야 한다. 이런 상황을 서로 생각을 교류하며 소통할 기회로 삼아야 한다. 이를 위해선 경영자와 직원 사이에 서로 감정을 교류할 수 있는 다리가 존재할 필요가 있다. 이를 통해 경영자는 인간에 대한 깊은 애정을 가지고 경영에 임하며 기업 내에 조화로운 관계가 형성되도록 노력할 수 있는 것이다. 생산력 관리 또한 수동적인 관리에서 능동적인 관리로 전환해야 한다.

나무를 키우듯 조직을 운영해야 한다

무위의 핵심은 '만물이 자연을 따르도록 도우나 감히 억지로 하지 않는 것(以輔萬物之自然而不敢爲)' 이다. 즉, 사람은 법칙에 순응해야 하며 주관적인 의도로 자연의 추세를 어지럽혀서는 안 된다는 뜻이다. 기업을 경영하여 성과를 내고자 한다면, 반드시 대세를 따라야 하며 억지로 하지 말아야 한다. 다시 말해 적극적으로 시장 흐름에 따라 대응해야지 겁 없이 행동해서는 안 된다.

당(唐)나라 시대의 문학가이자 철학자로 당송팔대가(唐宋八大家)의 한 명인 유종원(柳宗元)이 쓴 《곽낙타 나무를 심다郭橐駝種樹》에서 곱사등이 곽씨 영감은 장안성(長安城)에 관상용으로 꽃나무와 과일나무를 심고 그 나무에 열린 과일을 팔아서 부자가 되었다. 사람들은 너도나도 앞다투어 그를 고용하려 했다. 낙타[9]가 심은 나무는 옮겨 심더라도 죽는 법이 없었기 때문이다. 게다가 굵고 튼튼하게 자라고 열매가 일찍 열릴 뿐만 아니라 풍성하기까지 했다. 나무를 심는 다른 사람이 몰래 곽낙타의 방법을 흉내 내보기도 했지만 그에 비할 바가 아니었다. 결국 어떤 사람이 비결을 물어보자 곽낙타는 이렇게 말했다.

"저, 곽낙타에게 나무가 오래 살거나 빨리 자라게 하는 특별한 재주는 없답니다. 다만 나무의 천성을 살펴 그것의 본성이 최대한 발휘되도록 할 뿐이라오. 대개 나무를 심는 방법은 이러하지요. 나무의 뿌리가 쭉 뻗어 나가게 하고, 흙을 고르게 북돋아야 합니다. 만약 나무뿌리의 흙이 오래된 것이라면 흙을 단단하게 다져야 하지요. 이와 같이 했다면 다시 그것에 손을 댈 필요도 걱정할 필요도 없답니다. 나무 심기를 끝냈으면 뒤돌아볼 필요도 없이 떠나면 됩니다. 다시 말해 나무를 심을 때는 자녀를 보살피듯 세심해야 하고, 나무 심기가 끝난 다음에는 포기한 듯이 내버려두면 된다는 뜻이지요. 그러면 나무의 천성이 지켜지고, 나무가 본성을 잃지 않게 됩니다. 이처럼 저는 단지 나무의 성장을 방해하지 않을 뿐, 나무가 굵고 튼튼하게 자라게 하는 무슨 특별한 비결이 있는 것이 아닙니다."

그는 이어서 이렇게 덧붙였다.

"사람들은 보통 이런 방법으로 나무를 심지 않는답니다. 나무를 심을 때 나무의 뿌리를 구부리고, 새 흙을 채우죠. 흙을 북돋울 때는 지나치거나 부족하게 하는 게 다반사입니다. 뿐만 아니라 애정이나 걱정이 지나친 나머지 아침저녁으로 가서 살피는 것도 모자라 되돌아가서 또 봅니다. 심지어는 나무껍질을 벗겨 내서 나무가 죽었는지 살았는지를 살피고, 나무줄기를 흔들어서 나무가 튼튼하게 자리를 잡았는지 아닌지를 확인하죠. 이렇게 하면 나무는 자신의 천성과 나날이 멀어지게 됩니다. 설령 나무에 대한 애정이 깊어서 하는 행동이라고 해도 실제로는 나무를 해치는 것이며, 나무를 걱정한다고 하지만 실제로는 그것을 미워하는 것입니다."

질문한 사람이 다시 물었다.

"당신의 나무 심는 방법을 관리가 백성을 다스리는 데 응용할 수 있을까요?"

낙타는 대답했다.

"저는 나무 심기의 이치만 알 뿐 관리가 백성을 다스리는 일은 잘 모릅니다. 다만 내가 시골에 살면서 보니 관리라는 사람들은 끊임없이 명령 내리는 것을 좋아하는 것 같더군요. 백성을 무척이나 어여삐 여기는 관리일수록 그런 것 같습니다. 그 결과는 도리어 백성에게 재난만 가져올 뿐입니다. 밤낮없이 아전들이 달려와 이런저런 명령을 전하느라 북을 울려서 사람들을 불러 모으고 또 딱따기를 쳐서 불러 모으니, 우리 같은 한낱 백성은 밥그릇 내려놓기가 무섭게 아전들을 맞느라 한가할 틈이 없습니다. 이러하니 어떻게 백성이 풍족해지고 민심이 안정될 수 있겠습니까? 관리의 애정과 걱정이 지나친 까닭에 백성은 이처럼 고생스러우면서도 피곤한 것입니다. 이렇게 비교해보니, 백성을 다스리는 일과 나무를 심는 일이 대체로 비슷한 것 같기도 합니다."

나라를 다스리는 일이 이와 같다면 기업을 경영하는 일도 마찬가지다. 노자는 우리에게 본성에 따를 것을 요구한다. 한마디로 자연에 순응하라(順應自然)는 것이다.

시대에 발맞추는 게 곧 '무위'

자연에 순응한다는 것은 무엇일까? 이 개념은 두 가지 문제를 포함한다.

첫째는 행위 주체와 외적 환경, 외재적 역량 사이의 문제다. 이 관점에서 보면 자연은 '스스로 그러할 따름'이다. 여기서 강조하는 것은 사물의 내적 동력과 발전 원인이다.

둘째는 행위 주체의 시간, 역사적 변화 속의 상태 문제다. 이 관점에서 보면 자연은 '본래 그러할 따름'이고 '일반적으로 그러할 따름'이며 '형세가 그러할 따름'이라고 볼 수 있다. '본래 그러할 따름'이란 원래의 상태에 중점을 두는 것이고, '일반적으로 그러할 따름'이란 현재 상태의 지속을 중시하는 것이다. 그리고 '형세가 그러할 따름'이란 미래의 추세에 중점을 두는 것으로, 여기서 강조하는 것은 사물의 존재와 연속의 상태, 사물의 존재와 발전의 안정성이다. 요약하면 노자가 말한 자연은 자발성, 원시성, 연속성, 예측 가능성의 네 방면을 포괄한다.

이 네 가지는 다시 두 가지로 요약할 수 있다. 동력의 내재성과 발전의 안정성이다. 더 간략하게 말하자면 전체 상태의 조화라고 할 수 있다. 조화롭지 못한 상태는 내부 갈등, 대외적인 갈등을 막론하고 모두 자연적인 상태를 파괴할 수 있다. 자연이 의미하는 바를 확실히 이해하는 것은 인간의 자연적 본성에 대한 재해석으로, 현대의 인력 자원 관리에 적용되는 중요한 기준이자 절차다.

자연에 순응하는 것은 판에 박힌 듯 경직된 것이 아니라 시대에 발맞추어 전진하는 것이다. 굳어진 틀 속에서의 사고는 종종 우리에게 발전의 기회를 놓치게 한다. 이와 같은 이치는 다음과 같은 실험을 통해서도 알 수 있다.

유리를 사이에 두고 나뉜 큰 어항의 한쪽에는 북아메리카의 강꼬치고기 한 마리를 넣고 다른 한쪽에는 수많은 작은 물고기를 넣었다. 어항 중간이 유리로 나뉘어 있다 보니 강꼬치고기는 작은 물고기들을 바라보기만 할 수 있을 뿐 가까이 다가갈 수가 없었다. 굶주린 강꼬치고기는 작은 물고기를 잡아먹으려고 수없이 시도했지만, 결과적으로 계속해서 유리에 자기 머리를 부딪칠 뿐이었다. 강꼬치고기는 결국 작은 물고기를 잡아먹을 수 없다는 사실을 깨달았다. 그 후, 유리 칸막이를 치웠는데도 강꼬치고기는 더 이상 작은 물고기를 공격하지 않았다. 이는 마치 우리가 종종 위와 같은 차이를 무시한 채 자신은 이미 전반적인 상황을 파악했다고 착각하는 것과 같다. 실제로는 상황과 환경에 맞게 적절히 대응하는 것이 아니라 판에 박힌 듯한 행동을 기계적으로 답습하고 다른 선택은 고려하지도 않으면서 말이다. 그렇다고 지나치게 부담감을 느끼며 일해서는 더더욱 안 될 것이다.

정신과 육체가 하나가 되는 기업 문화

도란 영원히 이름이 없고 꾸밈이 없는 상태다. 도가 비록 미약하여 보이지 않을지라도, 세상에 그것을 지배할 수 있는 사람은 없다.
道常無名樸. 雖小, 天下莫能臣也.

《노자》 제32장

노자는 살아 숨 쉬는 생명의 본질을 '영백포일(營魄抱一)'로 정의한다. 이는 혼(魂)과 백(魄), 즉 정신과 육체가 하나로 합쳐지는 것을 가리킨다. 여기서 하나(一)는 바로 도이며, 포일(抱一)은 정신과 육체가 도와 하나로 합쳐짐으로써 정신과 육체가 조화를 이루는 것이다.

큰 도는 마치 범람하는 강물과 같이 널리 흘러넘쳐서 두루 미치지 않는 곳이 없다. 만물은 도에 의지하여 생존하지만, 도는 만물을 간섭하지 않는다. 또, 큰 공을 세우고도 자신에게 공이 있다고 생각하지 않는다. 도는 만물을 키웠지만 그것을 주재하지 않으며, 언제나 사사로운 욕심이 없으니 미미하다고 할 수 있다. 만물이 도를 따르지만 도는 만물을 주재하지 않으므로 위대한 것이다. 이처럼 항상 자신을 위대하게 생각하지 않는 데서 바로 자신의 위대함이 비롯된다.

노자는 여기에서 위대한 인격이란 바로 자만하지 않는 데 있다고 지적한다. 자만하지 않는 태도란 애써 겸손한 척하는 것이 아니라 절로 드러나는 겸손한 품성을 말한다.

위대한 인격은 스스로가 그러한지 모른다

기업 문화는 기업의 영혼이다. 이는 직원들의 습관으로 드러나는 것이다. 직원들이 어떻게 행동했을 때 기업에 이익이 되는지를 알게 되면 어느 순간 그 행동이 하나의 습관으로 자리매김한다. 일정한 시간이 흐르면 습관은 천성으로 변한다. 사람들의 머릿속에 왠지 모르지만 그렇게 해야 하는 하나의 관념으로 자리 잡는 것이다. 이러한 관념은 일단 형성되면 행위 규범이 된다.

기업 문화에는 몇 가지 특성이 있다.

첫 번째는 보이지 않는 잠재성이다. 기업 문화란 일종의 의식 형태인 '무'의 운반체, 즉 가치관으로 보이지 않게 부지불식간에 서서히 사람의 심리에 영향을 미친다. 여기에 이상, 신념, 도덕, 탐구와 같은 요소들이 사람들의 영혼에 더해지면서 마침내 그 힘을 발휘하게 된다.

두 번째는 이동성과 확산성이다. 가치관은 고정불변이 아니라 움직이고 변화한다. 시간의 흐름, 지식 증가, 시야의 확대, 상황 변화에 따라 끊임없이 조정되고 바뀌며 이상적인 방향으로 개선된다. 가치관은 서로 영향을 주고받는다. 예를 들어 리더와 같은 인물의 가치관은 타인의 가치관에 큰 영향력을 미치기도 한다. 심지어 타인이 전적으로 자신의 가치관으로 받아들이기도 한다.

세 번째는 시대를 뛰어넘는 유전성이다. 《노자》 제14장에 이런 문장이 나온다.

옛날의 도를 파악하여 오늘의 현실 사물을 다스린다.(執古之道, 以御今之有.)

이 말은 우리에게 '예부터 존재한 도(古之道)'가 역사를 따라 오늘에 이르고 오늘날의 실생활에도 여전히 존재한다는 것을 분명하게 가르쳐준다. 기업의 가치관도 마찬가지다. 기업 문화와 기업 분위기는 신입 사원들에게 전해지면서 영원히 지속될 수 있다.

네 번째는 안정적인 적응성이다. 가치관은 일종의 관념이다. 일단 한 가지 가치관이 정해지면 사람은 일종의 신앙과 같은 형태로 그 기준에 맞추어 관성화, 정형화될 뿐만 아니라 타성에 젖게 된다. 가치관은 이런 안정적인 성질과 함께 적응성, 가변성, 개혁성이라는 성질도 있다. 강력한 교육의 힘과 인내심이 있다면 이미 사람들의 마음속 깊숙이 자리 잡은 가치관이라도 바뀔 수 있다.

기업 문화는 한 조직의 가치관, 신념, 의식, 기호, 업무 처리 방식 등으로 구성된 특유의 문화적 이미지다. 예컨대 널리 알려진 베이징의 오리구이 전문점 취안쥐더(全聚德)는 본래 취안쥐더라는 이름으로 불리지도 않았을 뿐더러 오리구이 전문점도 아니었다. 역사서를 보면, 1864년인 청(淸)나라 동치(同治) 3년에 취안쥐더의 설립자인 양취안런(楊全仁)은 산둥(山東)에서 베이징으로 옮겨와 장사를 하면서 근근이 먹고 살았다. 생닭과 오리를 파는 장사를 한 양취안런은 영리하고 부지런한 데다 평소 근검절약한 덕분에 돈을 제법 모을 수 있었다.

어느 날 양취안런은 첸먼[前門, 정양문(正陽門)의 속칭으로 베이징에서 유명한 상업 거리] 밖에서 말린 과일 등을 파는 더쥐취안(德聚全)이라는 상점이 가게를 내놓은 것을 보았다. 이때 그는 조금의 망설임도 없이 그동안 모아둔 돈을 쏟아부어서 그 가게를 사들였다. 양취안런은 자신의 가게를 마련한 후 가게 이름을 무엇으로 정하면 좋을지 고민했다. 그러다가 결국은 풍수지리 전문가를 불러서 물어보기로 했다. 풍수지리 전문가는 양취안런의 가게를 두 바퀴 빙 둘러 보았다. 그리고 갑자기 멈춰 서서 수염을 쓰다듬으며 말했다.

“이럴 수가! 이 가게는 정말 명당자립니다! 자, 보십시오. 이 가게 양쪽에 있는 두 골목은 마치 두 개의 가마채와 같습니다. 건물을 지어 올리면 팔인교(八人轎, 높은 신분의 사람들이 타던 여덟 사람이 메는 가마)를 들어 올리는 것과 같아서 전망이 매우 밝습니다!”

풍수지리 전문가는 이어서 이렇게 덧붙였다.

“다만 예전 가게가 퍽 운이 없었던 점으로 보아 액운을 없애기가 쉽지 않을 듯합니다. 현재로는 예전 가게의 이름인 더쥐취안을 거꾸로 하는 수밖에 달리 좋은 방도가 없습니다. 가게 이름을 취안쥐더로 한다면 나쁜 운을 씻어내는 역할을 해서 가게는 탄탄대로를 달릴 것입니다.”

풍수지리 전문가의 말을 듣고 양취안런은 싱글벙글 웃음을 감추지 못하며 몹시 좋아했다. 취안쥐더라는 가게 이름이 그의 마음에 쏙 들었기 때문이다. 그의 이름에도 취안(全) 자가 있고, 쥐더(聚德)란 바로 덕이 모인다는 의미이니 사람들에게 자신이 장사하는 것을 덕행이라고 말할 수 있기 때문이었다. 그래서 양취안런은 조금도 주저하지 않고 가게 이름을 취안쥐더로 정했다. 그리고 서예에 조예가 깊은 첸쯔룽(錢子龍)에게 취안쥐더라는 세 글자를 써 달라고 부탁해서 현판을 만들고 간판으로 내걸었다. 첸쯔룽의 서체는 고풍스러우면서 힘이 넘치고 질박하며 자연스러워서 사람들의 시선을 끌었다.

취안쥐더의 기업 이념과 문화적 이미지는 청나라 시대가 끝나고 중국이 일본 제국주의의 지배에서 해방된 후에야 비로소 확립되었다. 그리고 1949년에 중화인민공화국이 수립된 후 취안쥐더는 국가로부터 국빈 영접 장소로 떠올랐다. 저우언라이(周恩來) 총리는 생전에 이곳에서 스물일곱 차례나 외국에서 온 국빈을 대접했다. 한번은 저우언라이 총리가 취안쥐더에서 외빈에게 만찬을 베풀 때 외빈 가운데 한 사람이 호기심 어린 눈빛으로 취안쥐더라는 세 글자에 담긴 의미를 물었다. 그러자 저우언라이 총리는 예리하면서도 재치 넘치는 입담으로 이렇게 설명했다.

"전이무결(全而無缺), 취이부산(聚而不散), 인덕지상(仁德至上)이라고 할 수 있지요. 전이무결이란 취안쥐더에서 오리구이 말고도 산둥 요리, 쓰촨 요리, 화이양 요리, 광둥 요리 등 중국의 다양한 지역 요리의 풍미를 모두 즐길 수 있어 그 맛이 풍부하고 다채로울 뿐만 아니라 결코 흠잡을 데가 없다는 말입니다. 취이부산이란 천하의 귀한 손님들이 이곳에 모여 음식을 먹으며 정을 쌓으니 그 정이 두텁다는 뜻이죠. 마지막으로 인덕지상이란 취안쥐더의 구성원들이 인덕(仁德)으로 정성껏 손님을 대접하고 사회에 봉사한다는 기업 이념을 의미합니다. 이것이 바로 취안쥐더의 상혼이라고 할 수 있지요."

취안쥐더가 전국의 자원을 충분히 활용하여 대규모 요식업 기업으로 성장할 수 있었던 것은 바로 이와 같은 기업 문화를 바탕으로 하기 때문이다. 기업 문화는 기업이 살아남고 발전하기 위해 노력하는 과정에서 정립되는 기본적인 원칙으로, 언제나 '문제 해결'을 최대 목표로 삼는다. 기업 구성원들은 기업 문화란 효율적이면서도 공유할 만한 가치가 있어 모두 따르고 자발적으로 지켜야 하는 것이라고 생각한다. 이처럼 기업 문화는 모든 직원의 행동 습관이자 기업의 문화적 분위기로 서서히 스며든 후에 자연스럽게 형성된 기업 특유의 기질이라고 할 수 있다. 중국의 유명한 약국인 동인당은 '양생으로 세상을 구하고, 지금보다 완벽을 추구하며, 노인과 아이를 속이지 않고 누구나 차별 없이 대한다(濟世養生, 精益求精, 童叟無欺, 一視同仁)'라는 도덕규범을 기업의 가치관으로 내세운다. 아울러 모든 직원이 이와 같은 가치관을 바탕으로 업무에 임하도록 엄격하게 규정하고 있다. 구성원 가운데 누군가가 이런 도덕규범을 어기면 사람들의 질책을 받게 되고, 그 자신도 스스로 큰 죄책감을 느낀다.

문화가 기업을 움직인다

기업이 지속적으로 성장하려면 반드시 그 기업만의 정기(精), 기운(氣), 정신(神)이 있어야 한다. 기업 문화는 기업의 핵심 가치에 매우 큰 비중으로 반영된다. 여기서 기업 문화는 이를테면 진취적인 자세와 방어적인 자세 또는 융통성과 같은 가치관을 말한다. 이와 같은 가치관은 직원들에게서 활력과 아이디어, 행동을 이끌어내는 규범이라고 할 수 있다. 기업 경영자는 이런 규범을 몸소 실천하여 기업의 가치관을 직원들에게 전달하고, 기업 문화가 면면히 이어지도록 해야 한다. 이는 단순히 지식을 전달하고 축적하는 것이 아니라 사람이 지식을 대하는 태도, 단순한 이윤 추구가 아니라 이윤에 대한 마음가짐, 단순한 인간관계가 아니라 인간관계에서 드러나는 처세의 철학을 가리키는 것이다. 기업 문화는 기업의 모든 활동에 스며들어 자리매김한 것이기에 기업의 덕을 담고 있다.

1984년에 중국의 칭다오(青島)에 설립되어 오늘날 중국 내에서 '하이얼 가전왕국' 으로 통할 만큼 영향력이 커진 중국 최대의 가전제품 제조회사인 하이얼(海爾, Haier)을 이끄는 양멘멘(楊綿綿)은 이렇게 말했다.

"사람들은 하이얼의 핵심이 혁신 문화라고 말한다. 그러나 하이얼의 진짜 핵심은 '어떻게 혁신을 실현하는가' 라는 물음이다. 오늘날 하이얼의 성공은 바로 이런 물음을 끝없이 되물은 결과다. 하이얼은 창립 후 30년 가까이 이런 기업 문화를 고집해왔다. 그렇다면 의문이 들 것이다. 왜 하이얼의 문화는 이렇게 변하지 않는가? 바로 '역경지수(역경에 대처하는 능력)'를 높이는 데 도움이 되기 때문이다."

양멘멘은 사람에게는 3Q, 다시 말해 감성지수(EQ, Emotional Quotient), 지능지수(IQ, Intelligence Quotient), 역경지수(AQ, Adversity Quotient)의 세 가지 지수가 있다고 말한다. 여기서 가장 높이기 어려운 것이 역경지수다. 하이얼의 기업 문화는 바로 이 역경지수를 강조한다. 기업 문화는 하나의 도이며, 이러한 도는 기업 발전의 시작과 끝을 관통하여 기업의 세부 사항과 제도 속에서 보이지 않게 움직인다. 문화는 무형이지만 유형의 사물보다 기업 경영에 더 큰 영향을 미친다. 이런 맥락에서 최근 기업 경영의 핵심은 '아이디어로 성공하기'이다. 이는 사회 현상에 대한 과학적 분석을 경영학에 접목한 토마스 데이븐포트(Thomas Davenport)가 그의 저서 《빅 아이디어What's the Big Idea》에서 제시한 개념이다. 그에 따르면 새로운 비즈니스 아이디어는 기업 조직의 분위기를 고취하고 기업 구성원들에게 동기 부여와 함께 활력을 불어넣는다. 즉, 기업의 구성원들은 비즈니스 아이디어를 통해 더 열심히 일하게 되고, 실패하더라도 다시 한 번 시도하고자 노력하게 된다는 것이다.

오늘날 전 세계에서 나라마다 기업 문화의 패턴과 경영 특징은 다르게 나타난다. 미국의 기업 문화는 개인주의를 중심으로 조성되기에 미국 기업에서는 개인 영웅주의가 주목을 받는다. 수많은 기업에서 기업 발전에 크게 기여한 개인을 영웅으로 떠받든다.

한편, 유럽의 문화는 가톨릭의 영향을 많이 받았다. 이 종교는 창조주의 말에 따라 사람들이 서로 사랑해야 한다고 강조한다. 동시에 이상적인 가치관에 따른 도덕적 모범을 제시했다. 이러한 사상의 영향으로 유럽의 기업 문화는 개인의 가치관과 개인의 요구를 존중한다.

기업 문화란 기업의 영혼을 만드는 과정

중국 기업들의 문화를 한마디로 쉽게 특징짓기는 쉽지 않다.

중화인민공화국이 수립되기 전, 외국 자본과 매판적인 봉건 관료의 통제 아래 놓였던 중국 기업의 노동자들은 가혹한 착취와 억압을 받으며 자유도 평등도 누리지 못했다. 당시 중국 노동자들에게 있던 것은 오로지 분노와 저항 정신뿐이었다. 어느 정도 대표성을 띠는 중국의 기업 문화는 민족자본주의 기업에만 존재했다. 여기에서는 민성선박회사(民生輪船公司)의 설립자인 루쭤푸(盧作孚) 선생의 이야기를 하고자 한다.

마오쩌둥(毛澤東)은 중국의 민족 공업에 관해서 '기억해야 할 네 명'을 이야기한 적이 있다. 중공업에서는 장즈둥(張之洞), 경공업에서는 장젠(張謇), 화학공업에서는 판쉬둥(范旭東), 선박운송업에서는 루쭤푸를 기억해야 한다고 말했다. 루쭤푸는 충칭 시(重慶市) 허촨(合川) 사람으로, 1925년 가을에 학업을 포기하고 장사를 하려고 고향으로 돌아와서 민성실업회사(民生實業公司)를 세웠다. 회사 설립 당시의 이름은 민성실업회사이며 이후 민성선박회사로 바뀌었다.

루쭤푸는 선박운송업 운영을 기초로 다른 사업 분야도 함께 개척하려고 했다. 나아가 사업과 교육을 결합해 사회 개혁을 촉진하고 궁극적으로는 중국을 다시 일으키고자 했다. 그는 맨손으로 선박운송업을 시작한 초기에 친구들의 도움으로 자본금 8000위안을 마련할 수 있었다. 그는 이렇게 마련한 자본금을 가지고 직접 상하이(上海)로 가서 적재량 70.6톤인 작은 철제 선박 한 척을 주문했다. 1926년 가을에 그 선박을 몰고 충칭으로 돌아온 그는 민성(民生)이라고 회사 이름을 짓고, 자링 강(嘉陵江)에 충칭-허촨 항로(渝-合航線)를 개통했다. 민성선박회사는 항구에서의 업무 외에도 회사 경영 관리를 개선하기 위해 최선을 다했다. 루쭤푸는 직접 배에 올라서 승객들을 접대하기도 했다. 그는 이 회사 슬로건으로 '모든 것은 고객을 위한 것이다' 라는 신조를 내세웠다. 이에 따라 민성선박회사는 위로는 사장, 아래로는 일반 선원에 이르기까지 모두 친절하고 세심한 서비스를 제공했다. 자연히 오래지 않아 주위에서 좋은 평가를 받았다.

선박은 한 척에서 여러 척으로 늘어났고, 배마다 승객들이 가득 들어차서 종업원들이 쉴 틈이 없을 정도였다. 외국의 여객 운송 회사는 보통 관광객을 끌어모으려고 배에 매춘, 도박, 마약에 이르기까지 불법적인 서비스도 제공했다. 그러나 유독 루쭤푸의 민성선박회사의 선박들은 그런 면에서 티끌 하나 없이 깨끗했다. 종업원들은 깍듯이 예를 갖추었으며 신분의 귀천을 막론하고 배에 오르는 순간 예외 없이 왕을 대접하는 듯한 친절한 서비스를 받을 수 있었다. 민성선박회사는 창업 첫해에 2만여 위안의 수익을 냈다. 루쭤푸가 내세운 '민성' 정신이 바로 민성선박회사의 기업 문화다.

기업 문화는 '나는 어디에서 왔으며 어디로 가는가' 라는 근본적인 문제에 대해 모든 직원이 분명히 이해하도록 돕는다. 이로써 조직 구성원 간에 동질감을 형성하고 성취에 대한 직원들의 자신감과 결의를 강화할 수 있다. 이뿐만 아니라 기업의 구심력, 응집력, 발전 동력도 생겨난다. 상품 유통 기업의 영업 문화와 구매 환경 문화는 소비자가 그 기업의 서비스를 인정하는 기초 위에서 형성된다. 이러한 의의에서 보면 기업 문화는 한 기업의 '영혼을 만드는 과정' 이라고 할 수 있다.

사람을 근본으로 삼다

도를 행하는 것은 나날이 덜어내는 것이다.
爲道日損

《노자》 제48장

노자는 변증법을 토대로 하는 이성적인 사고를 강조하는 동시에 의사결정 과정에서의 직관과 영감을 매우 중요하게 생각했다.

"도를 행하는 것은 나날이 덜어내는 것이다(爲道日損)"라는 말에서 위도(爲道)는 명상이나 체험을 통해 사물로 분화되지 않은 상태인 도를 터득하는 것을 가리킨다. 이 도는 자연의 도, 무위의 도다. 노자는 '도를 행하는 것은 학문을 하는 것이 아니다(爲道不爲學)'라는 이치를 사람들이 깨닫기를 바랐다. 사람의 생명은 유한한데 지식은 무한하니 유한한 생명으로 무한한 지식을 추구하면 난관에 부딪힐 따름이다. 일손(日損)은 외부 세계가 마음속에 불러일으키는 욕망이 나날이 줄어드는 것을 가리킨다. 노자는 학문을 탐구하는 것은 외재적인 지식과 경험을 탐구하는 것이라고 보았다. 그러나 현실에서는 '배우고 나서 여력이 있으면 벼슬을 한다(學而優則仕)'와 같은 공리주의의 영향으로 '녹봉이 그 가운데 있다(祿在其中)'와 같은 사상이 생겨났고, 이것이 사람들에게 지혜, 위선, 탐욕을 부추긴다고 생각했다.

도를 행하는 것은 나날이 덜어내는 것이라는 말에는 사물로 분화되지 않은 도를 직관적인 깨달음으로 파악하라는 의미가 담겨 있다. 이때 위도는 바로 자신의 허정한 마음을 깨닫는 것이라고 볼 수 있다. 이런 위도에 힘쓰면 힘쓸수록 마음속의 자기만을 위하는 욕심과 헛된 생각은 줄어들게 된다. 욕심과 헛된 생각이 사라지면 본연의 참되고 순박한 마음으로 돌아가서 무위에 이를 수 있다.

《노자》 제47장에 "멀리 나갈수록 아는 것은 적어진다(其出彌遠, 其知彌少)"라는 말이 있다. 노자는 영혼이 맑은 거울처럼 만물을 꿰뚫어 보고 세상사를 이해하는 근원적인 지혜를 지녀야 한다고 주장했다.

마음이 외부로 쏠리면 곧 여러 가지 생각으로 복잡해지고 정신이 흐트러져서 마치 거울에 먼지가 낀 것처럼 된다. 그러므로 반드시 자아수양과 같은 노력으로 내면을 비추어봄으로써 욕심, 그리고 영혼의 장애물을 없애야 한다. 근원적인 지혜와 허정한 마음으로 외부의 사물을 관찰하고, 아울러 그것이 운행되는 법칙을 이해해야 한다. "잡념을 씻어내고 심경을 자세히 살핀다(滌除玄鑒)"(《노자》 제10장)라는 말처럼 모든 사심과 잡념을 떨쳐내야만 직관적인 체험과 돈오(頓悟)를 통해 무형의 도를 파악할 수 있다.

노자는 선입견, 거짓되고 교활한 마음, 그리고 지혜를 없애야 할 세

가지로 꼽았다. 일상생활의 개념을 빌어 이야기한다면, 노자는 우리가 현감(玄鑒, 거울에 비추다)을 통해 자아를 되돌아보기를 원했다.

노자의 이런 견해는 방법론 측면에서도 우리에게 교훈이 되는 바가 있다. 수많은 경영 전략을 결정할 때, 의사결정의 주체는 의사결정 과제의 복잡성, 정보의 불완전성, 의사결정 주체의 인지 능력 한계성과 같은 이유로 제한된 조건 내에서 전략을 결정할 수 있을 뿐이다. 이러한 경영 전략 결정 과정에서 아주 중요한 특징 하나는 바로 전략 결정자는 어쩔 수 없이 이전의 경험과 느낌에 따라 직관적인 판단을 내릴 수밖에 없다는 것이다.

노자는 행동력과 사유 능력을 모두 중요시했다. 아울러 사람들이 행동 방식에서 객관적 법칙을 따라야 한다고 생각했다. 그래서 "시의적절하게 움직이고, 도에 따라 행동한다(適時動, 循道行)"라는 말을 남겼다. 노자는 '상사(上士)'와 '중사(中士)', '하사(下士)'가 각각 도를 듣는 태도를 다음과 같이 설명했다.

상사는 도를 들으면 실천하고자 노력하고, 중사는 도를 들으면 반신반의하고, 하사는 도를 들으면 크게 웃고 만다.(上士聞道, 勤而行之, 中士聞道, 若存若亡, 下士聞道, 大笑之.)

-《노자》 제41장

여기서 상사란 성품이 고상한 사람을 가리킨다. 상사가 도를 들으면 열심히 실천하고자 노력한다는 말은 노자가 실천 정신과 행동력을 중요하게 여겼다는 점을 설명한다.

선입견에 주의하라

현대의 리더십 이론은 갈수록 리더의 성취동기[10]를 연구하는 데 관심을 기울인다. 경영자의 성취동기는 업무 상황과 연계된 동시에 경영자의 여러 가지 소양이 유기적으로 결합되어 형성된 종합적인 소양이라 할 수 있다. 특히 이 이론은 경영에서 드러나는 경영자의 성취동기를 강조한다. 즉, 불확실한 위험 상황에서도 책임 의식을 가지고 전략을 결정해서 실제 문제를 해결하는 능력을 중시한다. 이러한 이론 내용은 2000년 전에 노자가 행동력과 업무 처리 능력을 강조한 것과 같다.

노자의 이런 사상은 우리에게 선입견이 초래할 수 있는 부정적인 영향에 주의하라고 경고한다. 사람을 쓰는 데 관한 일반적인 경영 이론은 사람의 장점을 파악하여 활용하는 것이다.

청나라 시대의 시인 고사협(顧嗣協)은 이런 시를 남겼다.

준마는 고생스러움을 감당할 수 있으나 소처럼 밭을 갈지는 못한다. 견고한 수레는 무거운 짐을 실을 수 있으나 배처럼 강을 건너지는 못한다. 자신의 장점을 포기하고 단점을 사용할 수 있어야 한다. 지혜가 높다고 하여 반드시 좋은 성과를 가져오는 것은 아니다. 타고난 재능은 반드시 쓸모가 있으니 절대로 가혹하게 요구해서는 안 된다.(駿馬能歷險, 犁田不如牛. 堅

車能載重, 渡河不如舟. 舍長以取短, 智高難爲謀. 生材貴適用, 愼勿多苛求.)

하지만 노자는 오히려 사람을 쓰는 데는 장단점 자체가 아니라 그 장단점을 어떻게 활용하는가가 중요하다고 주장한다. 노자는 성인(聖人)의 능력을 오선(五善)으로 설명한다. 오선이란 다음과 같다.

행하기를 잘하는 사람은 그 행함에 있어 흔적을 남기지 않고, 말을 잘하는 사람은 틀린 말을 하지 않고, 계산을 잘하는 사람은 산가지(옛날의 계산 도구)**가 필요 없으며, 잘 닫는 사람은 빗장을 걸지 않아도 사람들이 열 수 없게 하고, 잘 묶는 사람은 밧줄을 쓰지 않아도 사람들이 풀지 못하게 한다.**(善行, 無轍迹. 善言, 無瑕讁. 善數, 不用籌策. 善閉, 無關楗而不可開. 善結, 無繩約而不可解.)

-《노자》제27장

도가 있는 성인은 언제나 인재를 적재적소에 잘 배치하여 모든 사람이 자신의 재능을 한껏 발휘하도록 하므로 버려지는 사람이 없다. 마찬가지로 성인은 언제나 사물의 쓰임을 잘 알아서 그 쓰임을 다하도록 하므로 버려지는 물건이 없게 한다.

장점과 단점은 언제나 공존한다

청나라 시대 조정에 양시재(楊時齋, 양스자이)라는 군사 전문가가 있었다. 그는 사람의 단점을 활용하는 데 특히 뛰어났다고 한다. 양 장군은 이렇게 말했다.

"귀머거리는 귀가 막혀 잘 들을 수 없으니 군사 기밀을 누설하지 않을 뿐 아니라 눈치가 빠르다. 벙어리는 입이 무거우니 쓸데없는 짓을 하지 않는다. 절름발이는 걷기가 어려우니 험준한 지형에 의지해 완강하게 저항할 것이다. 맹인은 눈이 어두운 대신 귀가 밝다.(軍營中無人不可用. 旣如聾者, 宜給左右使喚. 啞者, 令其傳遞密信. 跛者, 令其守放砲坐. 瞽者, 讓其伏地遠聽.)"

양시재는 '장점은 단점에 기대어 있고, 단점은 장점에 숨어 있다(長兮短之所倚, 短兮長之所伏)' 라는 이치를 알았던 것이다. 이와 같은 이치를 따르면 모든 사람을 그 쓰임에 맞게 쓸 수 있다. 이처럼 경영의 핵심은 사람을 쓰는 사람이 개개인의 능력을 얼마나 잘 파악하여 적재적소에 배치하는가에 있다.

경영자가 사람을 쓰는 데 가장 중요시할 점은 모든 개인을 충분히 이해하는 것이다. 그래서 개인의 지적 요소와 정서적 요소, 뛰어난 점과 부족한 점, 그리고 장점과 단점을 포괄적으로 이해해야 한다. 이를테면 '사람을 잘 알아보아야(知人)' 하는 것이다. 사람의 능력을 제대로 파악해야만 적재적소에 쓸 수 있다. 이렇게 할 때 비로소 개개인의 장점을 이용할 수 있을 뿐만 아니라 그 재능도 충분히 발휘될 수 있다. 이른바 '대목장에게 쓸모없는 목재란 없다. 보잘것없이 짧은 목재라도 각자의 쓰임이 있다(大匠無棄材, 尋尺各有施)' 와 같은 이치다. 사람을 쓸 때 마치 몽둥이 하나로 사람을 때려잡듯이 첫눈에 상대방의 결점을 잡아내어 비뚤어진 시선으로 그 사람을 판단하거나, 다른 많은 장점을 무시하고 한 가지 결점만 가지고 사람을 공격하는 데 익숙해진 사람은 절대 사람을 잘 쓸 수 없다. 이는 다분히 철학적 의미를 띠는 사람 쓰는 법도라고 할 수 있다.

사실 어느 조직이든지 조직 규모에 상관없이 사람이 저마다 자신의 재능을 발휘할 수 있는 곳이 있기 마련이다. 다양한 인재를 적절하게 활용하지 못하는 것은 대다수 사람의 앞날을 좌우하는 결정권이 있는 몇몇 사람이 사람을 쓰는 문제에 사견을 개입해서다. 예를 들면 지역적 요소, 친분, 사회적 인맥, 리더 개인의 기호, 파벌 투쟁과 같은 요소를 말한다. 그렇게 되면 인재들이 마음속으로 '영웅이 재주를 발휘할 기회를 얻지 못하는구나(英雄無用武之地)' 하고 탄식하거나 '이곳에서 나를 받아주지 않더라도 어딘가에는 날 받아줄 곳이 있겠지(此處不留爺, 自有留爺處)' 라면서 체념한다. 이런 상황은 결론적으로 사람을 쓰는 법도, 즉 사람을 쓰는 수준에서 나오는 문제라고 할 수 있다.

모든 인간은 순박하게 태어난다

인성론(人性論)은 경영학의 출발점이라고 봐도 과언이 아니다. 서양의 경영학 이론에는 성악설(性惡說)과 유사한 X이론[11], 성선설(性善說)과 유사한 Y이론, 그리고 성선악혼설(善惡相混論)과 비슷한 슈퍼 Y이론(Super Theory Y)이 있다. 고대 중국에서는 맹자의 성선설, 순자의 성악설, 고자(告子)의 무선무악설(無善無惡論), 양웅(楊雄)의 성선악혼설, 동중서(董仲舒)의 성삼품설(性三品說) 등이 제창되었다. 그런데 유독 노자만은 인성자연설(人性自然說)을 내세웠다. 노자는 인간의 본성이란 순박한 자연성이라고 말했다. 선험적인 도덕적 속성이 없을 뿐 아니라 선악과 아무런 관계도 없다고 보는 관점이다. 인성은 인간의 사회화 과정에서 드러나는 선함이나 악함의 표현이다. 이는 사회도덕이 인간의 본성을 왜곡하여 인간의 자연 본성을 거스르기 때문에 나타나는 것이라고 할 수 있다. 사회화를 통해 사람은 소박(素)하고 순박(樸)한 본성에서 멀어진다.

도가 사상을 계승한 장자는 인간을 크게 다섯 부류로 분류했다. 첫 번째는 천인(天人)으로 가장 높은 단계이자 최종 목표다. 두 번째는 신인(神人)으로 '홀로 하늘과 땅의 정신과 왕래(獨與天地精神往來)' 하는 존재다. 장자 자신이 바로 그렇다. 세 번째는 지인(至人)으로 모든 이치에 통달한(博大眞人) 사람이다. 노자가 여기 해당한다. 네 번째는 성인(聖人)으로 오경(五經, 유학의 다섯 가지 경전, 즉 《서경》, 《시경》, 《주역》, 《예기》, 《춘추》)을 편찬한 공자가 여기 속한다. 다섯 번째는 군자(君子)로 제자(諸子, 춘추 전국 시대 각 학파의 대표 인물들)가 바로 이들이다. 장자가 말하는 도가의 성인은 유가의 성인과 의미하는 바가 다르다.

도가의 성인은 도덕적 수양의 모범이 아니다. 욕망을 자제하고 모든 예법을 따르는 인간은 더더욱 아니다. 도가에서 말하는 성인은 모든 사상, 정치, 교육의 예법을 경멸하며 모든 영혼을 속박하는 교리와 규정에 얽매이지 않는 자다. 이들은 '허정' 과 '부쟁(不爭, 다투지 않음)' 을 이상으로 삼고 영혼의 자유를 추구한다. 이는 영혼과 자연이 하나가 되어야만 가능하다. 이렇게 보면 도가 사상은 유가 사상의 이상향과 근본적으로 상반된다는 것을 알 수 있다. 그래서 보통은 《노자》에 등장하는 성인이라는 개념을 일률적으로 '도를 갖춘 사람(有道之人)', '도를 깨달은 사람(得道之人)' 혹은 '도를 갖춘 성인(有道之聖人)'으로 번역한다.

노자의 철학에 따르면 경영자는 인간의 자연적인 본성을 바탕으로 해 직원을 관리해야 한다. 다시 말하면 인간의 심리와 행동 규율을 따르는 것을 기초로 기업을 경영해야지 직원의 뜻을 억압해 끌고 가는 형태가 절대 아니다. 핵심은 '본래의 순수하고 소박함을 지킨다(見素抱樸)'(《노자》 제19장)라는 태도를 갖는 것이다.

직원들이 소박하고 순박한 인간의 자연적 본성을 회복한 후에는 간사함과 위선, 사리사욕을 배제한 진실한 태도로 그들을 대해야 한다. '소박하다'는 말에서 '소'는 염색하지 않은 생사를 말하며 '박'은 조각하지 않은 본디 그대로의 나무를 말한다. 두 글자 모두 자연 그대로의 상태를 가리킨다. 경영 관리의 목표는 직원들의 적극성을 불러일으키는 동시에 그들의 잠재 능력을 최대한 발휘하게 하는 것이다. 이러한 관점은 이른바 욕구 단계 이론으로 유명한 미국의 심리학자 에이브러햄 매슬로(Abraham H. Maslow)의 자아실현 가설과 많은 공통점이 있다. 그의 관점에 따르면 현대의 기업 경영 환경은 중앙의 구속성이 비교적 약한 경영 방식을 갈수록 선호한다.

인재가 기업의 경쟁력

미국의 경영학자 크리스 아지리스(Chris Argyris)는 인간은 항상 미성숙에서 성숙에 이르는 연속 발전 과정에 있다고 지적한다. 현명하지 못한 경영은 이러한 과정을 가로막아서 인간의 성격을 성숙해지지 못하게 할 수 있다. 이와 반대로 현명한 경영은 이러한 과정을 촉진할 수 있다. 구체적인 실천 방법으로는 먼저 직원의 직무 범위를 확대해서 직원이 다양한 직무에 종사해 많은 경험을 쌓도록 유도해야 한다. 다음으로는 참여 방식과 직원 중심의 지휘 방식을 채택해 직원들의 책임의식을 높이고 직원들이 자신의 지적 능력과 자기 통제에 따라 행동하도록 해야 한다. 이와 같은 이론은 기업 문화의 내용적 기초가 풍부해지는 데 기여했다. 최근 경영학에서는 바로 여기에 근거하여 새로운 H이론을 제시했다. H는 하이얼의 첫 자로 중국적 특색을 띠는 이론이다. 혁신하는 조직은 직원들의 재능, 능력과 발맞추어 인간과 기업의 공동 발전을 실현하게 한다.

《노자》 제25장에는 이런 구절이 있다.

그러므로 도가 크고, 하늘이 크고, 땅이 크고, 사람 역시 크다. 우주에는 네 가지 큰 것이 있는데, 사람이 그 가운데 하나를 차지한다.(故道大, 天大, 地大, 人亦大. 域中有四大, 而人居其一焉.)

노자는 도가 하늘과 땅보다 앞서 존재했다고 말한다. 그렇지만 시간적으로 하늘과 땅보다 앞서 존재한다고 말했을 뿐 논리적으로 하늘과 땅보다 앞서 존재한다고 말한 것은 아니다. 도는 비록 형태도 없고 헤아릴 수도 없지만, 결코 공간을 초월하는 것은 아니다. 그런 까닭에 도는 형체가 고정된 천지만물이 될 수 있다.

노자는 바로 하늘을 빌어 사람을 비유한 것이다. 기업에도 노자가 말하는 도, 하늘, 땅, 사람에 대응하는 네 가지 큰 것이 있다.

도는 기업의 생산, 경영 활동의 법칙이자 기업의 가치관이라고 할 수 있다. 천(天)은 기업의 천시(天時, 하늘이 내린 좋은 기회)를 가리키며, 지(地)는 기업 활동의 지리(地利)를 말한다. 인(人)은 기업의 직원을 가리키며, 인화(人和, 사람 사이의 화합)를 이루어야 함을 의미한다. 천시는 자연의 요소로 사람이 통제하기가 어렵다. 이른바 '하늘에는 예측할 수 없는 풍운이 일어난다(天有不測風雲)' 라는 말로 표현할 수 있다.

기업 활동의 지리 또한 자연과 관계되므로 사람이 통제하기는 매우 어렵다. 오직 인간만이 자기 세계에서 자신을 파악하고 통제할 수 있다. 예컨대 인간은 자기 의지에 따라 부지런히 노력할 수도 있고 게으름을 피울 수도 있으며, 힘차게 전진할 수도 있고 한 걸음 뒤로 물러설 수도 있다. 그래서 '하늘이 주는 좋은 때는 지리적 이로움만 못하고, 지리적 이로움은 사람의 화합만 못하다(天時不如地利, 地利不如人和)' 고 하는 것이다.

시장 경제가 발전함에 따라 인재가 부족한 기업이 발전을 이루기 어려운 상황이 되어가고 있다. 이제 기업들은 인재 확보 경쟁에까지 내몰렸다. 기업의 모든 직원은 잠재적 인재라고 할 수 있다. 그들에게 저마다 적합한 환경이 갖춰진다면 모두 현실적인 인재로 변화할 것이다.

지식 경제 시대에 직원 관리 문제는 기업의 생사존망과 직결된 문제이다. 기업의 모든 업무는 사람을 중심에 두고 전개되어야 한다. 이는 사람이 경영 관리에서 차지하는 중요성을 강조한다. 기업은 모든 직원 개개인에게 최대한의 발전 공간을 제공해 직원이 저마다의 재능을 발휘할 수 있도록 한다. 기업의 미래를 결정하는 것은 공간이나 토지 또는 자연 자원이 아니라 직원의 자질과 능력, 그리고 그들의 수준이다.

직원의 능력과 자질은 한 기업의 성공을 결정하는 관건이다. 따라서 인재를 비합리적으로 쓰는 것만큼 기업에 낭비인 건 없다. 인재를 합리적으로 관리하지 못하면 인재가 유출되거나 인재를 썩히는 결과를 초래하게 된다. 그러므로 인력 관리 핵심은 인재를 최대한 적재적소에 배치하는 것이다. 그런 가운데 직무, 임금, 주거와 같은 하드웨어적 조치를 통해 인재 육성을 꾀하면서 인재 유출 방지에 노력해야 한다. 이외에도 직원들의 안정감, 소속감을 높여주는 각종 프로그램과 업무 교육, 그리고 이를 통한 지위 향상의 기회 등을 제공하는 소프트웨어적 조치로 직원들의 정서적 욕구를 채워주어야 한다.

사람을 근본으로 삼는 기업 경영은 사람됨을 출발점으로 하여 기업의 이미지를 만들어나가야 한다. 다시 말해 직원들의 역량을 결집시켜 기업 전체가 공(共)에 힘써야 한다. 이런 공에는 몇 가지 의미가 있다. 첫째는 '공식(共識)', 즉 전 직원의 공동체 의식이다. 둘째는 '공건(共

建)', 즉 경영자와 직원이 한마음 한뜻으로 함께 만들어나간다는 뜻이다. 셋째는 '공향(共享)', 즉 성과를 공유해야 한다는 의미, 넷째는 '공약(共約)', 즉 전 직원의 행동은 기업의 공통 가치관을 따라야 한다는 당위성이다.

음양이 조화를 이루는 경영

천하 사람들이 아름다움을 알고 아름답다고 하는 것은 추함이 있기 때문이고,
모두 좋은 것을 알고 좋다고 하는 것은 나쁜 것이 있기 때문이다.
天下皆知美之爲美, 斯惡已, 皆知善之爲善, 斯不善已.

《노자》 제2장

보통사람들에게 악(惡)은 추함을 의미한다. 천하 사람들이 아름다움을 알고 아름답다고 하는 것은 추함이 있기 때문이다. 이것은 바로 노자 사상이 지닌 변증법적 개념이다. 아름다움의 관념이 있기에 동시에 또한 추함의 관념을 설명할 수 있다. 그렇지 않으면 아름답다고 할 수 없을 것이다. 이것이 사물이 존재하는 데의 상반(相反), 상관(相關), 대립, 통일의 관계인 것이다.

마르크스주의가 주장하는 유물 변증법의 핵심 법칙으로 대립 통일의 법칙이 있다. 이른바 모순이 그것이다. 일상생활에서 우리가 이럴 수도 없고 저럴 수도 없는 상황이라고 부르는 것이다. 좀 더 정확하게는 이율배반이라고 표현할 수 있다.

한 가지 사건을 이렇게 처리할 수도 있고 저렇게 처리할 수도 있다. 갑(甲)의 방법으로 처리했을 때는 을(乙)의 문제가 나타날 수 있으며, 을의 방법으로 처리했을 때는 갑의 문제가 나온다. 이렇게 이럴 수도 저럴 수도 없는 상황이나 이율배반적인 상황에서는 손해보다 이익이 더 큰 방향으로 문제를 처리해야 한다.

경제 현상에는 갖가지 모순 상황이 함께 존재한다. 계획 경제와 시장 경제, 국가의 이익과 기업의 이익, 기업의 이익과 기업 구성원의 이익, 정량분석(定量分析)과 정성분석(定性分析) 간의 결론이 서로 배치되는 경우가 많다. 이윤을 분배하는 과정에도 자신의 소유가 많아질수록 타인의 몫은 줄어드는 모순도 종종 생긴다.

거시 경제의 관점에서 보면 국가 계획과 시장 조정은 경제 활동에 대한 정부의 조정과 개입으로, 계획이라는 수단을 이용하는 형태이다. 다시 말해 경제적, 행정적 수단을 이용해 국가 전체의 공급량 및 생산과 유통을 조절하는 것이다. 이런 계획 정책엔 약점이 있다. 이를테면 복잡하고 변화가 많은 시장의 수요를 신속하고 정확하게 인식하지 못할 수 있다는 점이다. 계획 집중과 정보 분산의 모순은 생산과 수요의 불균형, 기업의 이익 감소, 자원 낭비와 같은 문제를 일으킬 수 있다. 심지어 성장 동력 부족, 재산성 저하라는 심각한 결과를 가져올 수도 있다. 그러므로 계획 정책을 통한 정부의 시장 경제 조정과 개입은 적절하지 못한 것으로 계획 실패, 시장 조정 실패와 같은 상황이 나타날 수도 있다.

훌륭한 지도자는 현실의 모순을 즐긴다

경영이란 두 가지 상반된 힘의 영향 아래서 균형을 유지해야 한다는 것이다. 경영자는 그 어떤 우수한 경영 관리 방법일지라도 항상 약점이 있다는 사실을 충분히 염두에 두어야 한다. 예를 들어서 인적 자원 플랜을 짤 때 플랜의 방향은 명확할지라도 그 속에는 위험이 잠재해 있다. 기업이 집단행동을 강조하면, 집단사고(Group think)의 오류[12]를 범할 수 있다. 경영계획은 경영 관리의 여러 방면에서 기초를 다지게 하는 역할을 할 수도 있고, 반대로 조직을 형식화의 함정에 빠뜨려 다양성을 잃게 할 수도 있다. 경영계획은 경영에 일관성과 계획성을 제공한다. 그러나 비일관성이 창조력의 원천이라는 사실도 유념해야 한다.

계획이 일부 모순을 해소할 수도 있지만 모순들을 완전히 없애거나 해결하거나 혹은 비켜가게 할 수 없다는 사실도 명심해야 한다. 혼돈, 복잡, 모순은 오늘날 기업들이 맞닥뜨린 현실이다. 특히 사람에 대한 관리는 많은 역설을 낳을 수 있다. 이때 경영자는 역설이 일으키는 각종 상호 모순의 장력(張力)을 적절하게 유지할 때 비로소 좋은 성과를 낼 수 있다.

경영을 하면서 이럴 수도 저럴 수도 없는 상황에 맞닥뜨렸을 때, 어떻게 하면 능숙하게 균형을 유지할 수 있을까? 무형의 모호하지만 탄력적인 경영 수단을 체득하고 유연하게 운용하여 유형의 명확하면서도 제도화된 경영 방식을 보완한다. 그러면 모순 속에서도 균형을 찾아 전체가 조화로운 상태를 유지할 수 있다. 소설《위대한 개츠비》로 유명한 미국의 소설가 프랜시스 스콧 피츠제럴드(Francis Scott Fitzgerald)는 일찍이 이렇게 말했다.

"최고의 두뇌를 검증하는 방법은 대립하는 두 가지 사상을 동시에 두뇌에 입력했을 때 두뇌의 회전 수준을 보면 알 수 있다."

이렇듯 대립하는 두 가지를 이용하는 이선식(二線式) 경영 원리는 경영자의 경영 사고와 경영 이념을 구체적으로 드러낼 뿐만 아니라 기업을 경영하면서 부딪히게 되는 역설의 문제에도 효과적인 해결 방향과 방법을 제공한다.

이른바 이선경영이란 인적 자원 관리가 음과 양이라는 두 가지 맥락에서 시작해야 한다는 것이다. 음과 양은 경영 관리의 두 가지 측면에서 보면 상호 포함되고 보완되므로 둘 중 하나라도 부족해서는 안 된다. 음과 양의 구분은 문제를 보는 시각의 차이에 따라 내용이 달라질 수 있다.

경영 형식의 측면에서 나누면 음은 무를, 양은 유를 나타낸다. 경영 방법의 측면에서 나누면 음은 부드러움을, 양은 딱딱함을 가리킨다. 경영 제도의 측면에서 보면 음은 정(情)을, 양은 법(法)을 의미한다. 경영 상태의 측면에서 보면 음은 경영의 동향을, 양은 경영의 형태를 가리킨다. 경영 대상의 측면에서 보면 음은 인간의 심리와 사상 파악을, 양은 인간의 행동과 직무 관리를 말한다. 경영 주체의 측면에서 보면 음은 경영 주체의 자신에 대한 관리를, 양은 경영 주체의 타인에 대한 관리를 가리킨다. 경영관계의 측면에서 보면 음은 심리적 계약 관계를, 양은 노동 계약 관계를 가리킨다고 할 수 있다. 요컨대 음은 눈에 보이지도 않고 정확하게 말할 수도 없지만 마음으로 이해하고 터득할 수 있으며, 사람들의 마음속 깊이 파고들어 안에서 밖으로 드러나는 경영이라고 할 수 있다. 이와 달리 양은 구체적이면서 명확하며 성문화되고 규정화되어 쉽게 파악할 수 있고, 밖에서 안으로 향하는 경영이라고 할 수 있다.

노자는 "만물이 음을 등지고 양을 껴안아, 음양의 두 기운이 서로 부딪쳐 조화를 이룬다(萬物負陰而抱陽, 沖氣以爲和)"라고 말했다. 즉 조화로운 기운에 의해 만물이 성장한다는 뜻이다. 이를 인적 자원 관리에 응용하면 음선(陰線)의 내재적인 견인력에 의해 직원들은 무의식중에 감화되어 스스로 행동하게 된다. 또한 양선(陽線)은 외재적인 구속력으로 직원들의 행동이 정상 궤도를 벗어나지 않도록 한다. 음선과 양선이 잘 어우러지면 직원은 능동성을 발휘하여 기업 문화와 융합된다. 아울러 끊임없이 자신의 이익 관념을 조정해 개인의 목표와 기업의 목표가 일치하도록 노력해간다. 그렇게 되면 사람과 사람은 사이가 원만해지고 부서와 부서는 상부상조하며, 사람과 회사가 서로 조화로운 상태를 달성할 수 있다. 이로부터 기업의 건강과 안정, 그리고 지속 가능한 발전도 촉진될 수 있다.[13]

이선경영법은 결국 인성을 따르는 경영이다. 필자가 보기에 인성을 간단하게 성선 혹은 성악으로 귀결하기는 어렵다. 인성의 내부에도 두 개의 선(線)이 있는데 이 두 선의 경계를 분명히 밝히는 건 매우 어려운 일이다. 기업이 본심(本心)을 따라 기업의 이윤을 추구하는 동시에 인간 개발도 실현할 수만 있다면 만사형통이다. 기업에 소속된 직원은 자신의 직업을 본업으로 삼아 열심히 일하고 자신의 인생 비전을 기업의 지속적인 성장과 연결해서 생각하게 될 것이다.

음과 양이 조화를 이루는 이선경영

기업 경영자는 경영에 필요한 상생(相生), 상극(相克), 상성(相成), 상화(相和), 상형(相形), 상영(相盈)의 변증법적 관계를 잘 알아야 한다. 다시 말해 사물 사이의 상반상성(相反相成, 서로 대립하는 사물 사이에도 동일성이 있다)과 대립, 그리고 변화가 존재하는 한, 어떤 종류의 경영 모델도 완벽할 수 없다.

현상의 발생, 발전, 쇠락, 쇠망의 성장 법칙을 이해하고 양적 변화에서 질적 변화로의 이행 법칙은 물론 그 역의 법칙도 잘 이해해야 한다. 또한 전략부터가 성패를 가른다는 사실을 인지하고 조절과 용인(容忍)을 터득하게 될 때, 비로소 근원적인 생존의 도를 분명히 이해할 수 있게 된다.

기업 경영에서 도는 기업 운영과 발전의 법칙을 담고 있다. 기업 운영이 발전 법칙을 따르게 하려면, 적절한 경영과 관리가 필요하다. 이것이 바로 '도는 하나를 낳고, 하나는 둘을 낳고, 둘은 셋을 낳고, 셋은 만물을 낳는' 이치다. 여기서 하나는 경영을 가리키며, 하나가 둘을 낳듯이 경영은 두 가지 측면으로 구성된다. 만물은 모두 양면성이 있으며 경영도 예외는 아니다.

경영이나 관리의 영역에서는 딱딱함과 부드러움의 구분이 있고, 정과 법의 구별이 있으며, 명확함과 모호함의 차이가 있다. 또한 마음으로 터득할 수 있는 것과 말로 전할 수 있는 것으로 나뉘기도 한다.

이는 음과 양이라는 두 개의 선으로 분류할 수 있다. 경영의 음과 양 두 개의 선이 서로 조화를 이루어 합리적으로 운영될 때 직원들의 화합도 이루어낼 수 있다. 이 화합에 음양을 더하면 셋이 된다. 셋은 만물을 낳게 되어 효과적인 경영과 기업 내부의 화합을 이룰 수 있게 된다. 그리고 이를 통해 기업은 점차 안정적이면서 지속 가능한 발전의 길로 나아가게 된다.

사실상 딱딱한 경영과 부드러운 경영 목적은 일치한다.

딱딱한 경영이 전제조건이라면 부드러운 경영은 필요충분조건이라 할 수 있다.

딱딱한 경영은 외재적인 규범을 강조하며 주로 각종 정책, 법령, 규정, 제도를 통해 일정한 질서를 형성하는 행위라고 할 수 있다. 경영자의 뜻은 이러한 구체적인 회사 내부 규칙을 통해 표현되고, 이를 통해서 직원들의 행동도 어느 정도 예측할 수 있다. 안정감과 소속감은 직원들이 마음을 놓고 제도의 틀 안에서 자유롭게 행동할 수 있게 한다. 그러므로 딱딱한 경영은 경영 초기에 반드시 필요한 조건이다. 단, 경영의 형식화와 외재성으로 직원들이 자발적으로 받아들이기 전까지는 기계적이고 피상적이면서 단순화하는 부정적인 효과도 있다. 그럼에도 경영자의 관점에서 보면 일정한 질서가 있으면서 목표가 정확한 경영 방식이라고 할 수 있다. 딱딱한 경영은 시간만 허비하고 거추장스러운 일을 생략할 수 있게 하는 동시에 정보를 수집하는 과정에서 많은 고민을 덜어준다.

이에 반해, 부드러운 경영은 정보를 수집하고 구성원들이 원하는 바를 합리적으로 조절하는 경영 방식이라고 할 수 있다. 실무자들이 보고하는 정보라는 건 경영자의 관점에서 볼 때 사실 여부를 짐작하기 어려운 부분이 있다. 정보 수집이 원활하지 않고 당면한 문제를 처리할 뾰족한 수가 없는 상황에서는 어디부터 어떻게 손을 써야 할지 알 수 없는 괴로움을 안겨주기도 한다. 그래서 어떻게 제때 정확하면서도 효과적으로 사람들의 마음속 정보를 포착하는가는 부드러운 경영 면에서 무척 고민할 부분이다.

딱딱한 경영은 직원에 대한 구속으로 나타나지만, 부드러운 경영은 구성원이 스스로 조직의 뜻에 따라 행동하게 한다. 루소는 일찍이 《사회계약론》에서 이렇게 말했다.

"설령 최강자라 할지라도 그가 자신의 힘을 권리로 전환하거나 복종을 의무로 전환하지 않는다면, 절대 영원한 주인일 수 없다."

부드러운 경영은 바로 복종을 의무로 전환하는 한 과정이다.

딱딱한 경영은 강자의 권력과 유사하다. 지휘와 명령을 수단으로 문제를 해결하는 것은 직무 활동과 현실 생활의 이권 측면에 걸친 문제라고 할 수 있다. 그러나 사람들의 사고와 의지 및 인간관계의 모순 측면에 대한 문제 해결은 오히려 부드러운 경영이 역할을 발휘할 수 있는 영역이다. 현실 생활 속의 많은 모순은 조화롭게 해결되어야 한다. 이는 힘으로 해결할 수 있는 문제가 아니며, 소리 없이 촉촉하게 만물을 적시는 봄비처럼 감정의 교류를 통해야만 뿌리부터 해결할 수 있다.

이런 면에서 직원의 의욕을 높이는 일은 매우 중요하다고 할 수 있다. 시의적절한 평가를 포함한 적당한 수준의 비판과 칭찬, 그리고 표창에는 어느 정도 융통성이 필요하다. 다른 말로 진심이 필요하다는 얘기다. 진심이야말로 사람의 마음을 움직이는 가장 좋은 방법이다. 부드러운 경영은 사람의 정서를 안정적이면서 유쾌하게 그리고 지속 가능한 방향으로 전환시킨다.

덕德의 장

낮은 자가 가장 높다

큰 덕의 모습은 오직 도를 따를 뿐이다. 도라는 것은 희미하고 어렴풋한 것이다. 희미하고 어렴풋한 그 속에 형상이 있고, 희미하고 어렴풋한 그 속에 실물이 있다. 심원하고 어두운 그 속에 본질이 있고, 이 본질은 매우 진실하여 그 속에 믿음이 있다.

孔德之容, 惟道是從. 道之爲物, 惟恍惟惚. 惚兮恍兮, 其中有象, 恍兮惚兮, 其中有物. 窈兮冥兮, 其中有精, 其精甚眞, 其中有信.

- 《노자》 제21장

억지로 되는 건 없다

도는 만물을 생성시키고, 덕은 만물을 양육한다.
道生成萬物, 德養育萬物.

《노자》 제51장

'덕'은 《노자》의 중요한 키워드다. 그래서 《노자》의 일부분은 '덕경'이라고 불린다(제38장에서 제81장까지가 덕경, 그 앞부분인 제1장에서 제37장까지는 도경이라 일컫는다). 《노자》의 16개 장에서 특별히 덕을 이야기하며, 글자 그대로 덕이라는 글자가 쓰인 곳만도 10여 곳이다. 그 가운데 가장 집중적이면서도 중심적으로 덕을 언급하는 것은 제38장이다.

그렇다면 덕이란 무엇일까? 덕은 도의 작용이다. 다시 말해 도는 본체이며 덕은 그 쓰임(用)인 것이다. 도가 우주와 자연을 대상으로 삼아 논의한다면, 덕은 사회와 인생을 논의의 대상으로 삼는다. 덕의 근원은 도이며 사회, 정치, 인생에서 도가 작용하는 것이 바로 덕이다. 도가 뿌리(本)라면 덕은 뿌리가 내린 것(植)이라고 할 수 있다. 도는 '이끌다' 라는 뜻의 도(導)와 상통하며, 법칙을 의미한다. 덕은 '얻다' 라는 뜻의 득(得)과 상통한다. 득이라는 것은 만물은 저마다 얻는 바에 의해서 자연히 그렇게 된다는 의미다. 천인상응(天人相應, 대우주인 자연과 소우주인 인간이 서로를 느끼고 영향을 미친다)과 인법자연(人法自然, 사람은 자연을 따른다) 사상에서 알 수 있듯이 노자는 우주의 자연이 이야기하는 일부 이치를 덕을 통해 인간 세상까지 범위를 넓혀서 다루었다. 다시 말해 덕을 통해 인간 세상의 사회, 정치, 인생, 윤리 등을 이야기한 것이다.

중국의 학자 잔젠펑(詹劍峰)은 그의 저서 《노자, 인물과 책, 그리고 사상老子其人其書及其道論》의 '인법자연편' 에서 덕을 이야기한다. 또 다른 학자 천구잉(陳鼓應)은 덕의 문제를 다루면서 《노자》 제38장의 내용을 언급하며, 소제목을 '인간관계 외재화(外在化)의 심화' 라고 지었다.

학자 린위탕(林語堂)의 저서 《노자의 지혜老子的智慧》에는 '생활의 준칙' 이라는 글 한 편이 있다. 이 글에서 다루는 범위는 《노자》 제41장에서 제56장까지의 내용이다. 또한 '정치론' 이라고 이름 지은 글의 토론 범위는 《덕경》에 속하는 제57장에서 제75장까지의 내용이다. 이른바 '생활의 준칙', '정치론' 이라 운운하는 것에서 토론하는 내용은 모두 인간 세상의 문제라고 할 수 있다.

좀 더 상세히 살펴보면 노자가 말하는 덕은 두 가지 의미가 있다.

하나는 도의 덕이다. 이 덕은 실제로는 도의 또 다른 이름이다. 도와 덕은 동체(同體)이자 동의어다. 도가 바로 덕이며, 덕이 곧 도인 것이다.

예컨대 《노자》 제51장에서는 만물이 생겨나고 존재하게 된 유래에 대해 "도는 만물을 생성시키고, 덕은 만물을 양육한다(道生成萬物, 德養育萬物)"라고 설명한다. 다른 하나는 인간 세상의 덕, 곧 우주로부터 연착륙하여 인간 세상에 반영된 도를 의미한다.

노자는 수덕(修德)을 통해 사소한 변화를 보고 미래의 발전 추세를 짐작하거나 작은 것 하나만 보고도 전체를 알 수 있었다. 그 이유는 그가 자신의 상황에 비추어 다른 사람을 이해했고, 자기 집에 비추어 다른 집의 상황을 살폈고 자기 마을에 비추어 다른 마을의 상황을 알았고, 자기 나라에 비추어 다른 나라의 상황을 파악했기 때문이다. 또한 현재의 천하 형세에 비추어 미래의 천하 형세를 예상할 수 있었다. 노자는 이렇게 말했다.

"덕으로 자신을 다스리면 그 사람의 덕은 진실해진다. 덕으로 집안을 다스리면 그 사람의 덕은 여유가 있게 된다. 덕으로 마을을 다스리면 그 사람의 덕은 늘어나고, 덕으로 나라를 다스리면 그 사람의 덕은 넓어지고, 덕으로 천하를 다스리면 그 사람의 덕은 곧 널리 퍼진다."

무위는 경영의 최고 원칙

인간 세상으로 반영된 덕은 《노자》에서 말하는 도의 중심 사상을 벗어나지 않았다. 예컨대 도가 무위를 말하면 덕 또한 무위를 이야기한다. 노자의 덕에 대해 논의하려면 《노자》 제38장에서 이야기하는 바를 생각해볼 필요가 있다. 제38장은 노자가 덕을 논의하는 가장 전형적인 예라고 할 수 있다. 그 가운데에서도 그는 무위의 문제를 이야기하면서 이렇게 썼다.

높은 덕(上德)**은 덕을 마음에 두지 않으니 이로써 덕이 있고, 낮은 덕**(下德)**은 덕을 잃지 않으려고 하니 이로써 덕이 없다. 덕이 높은 사람은 자연에 순응하며 억지로 하지 않으나, 덕이 낮은 사람은 자연에 순응하나 억지로 하려고 한다.**(上德不德, 是以有德, 下德不失德, 是以無德. 上德無爲而無以爲, 下德無爲而有以爲.)

이와 관련해 노자는 다음과 같이 말했다.

"덕이 높은(上德) 사람은 스스로 덕이 있다고 생각하지 않지만 오히려 덕이 있으며, 덕이 낮은(下德) 사람은 스스로 덕이 있다고 하지만 실제로는 덕이 없다. 덕이 높은 사람은 자연에 순응하며 바라는 바가 없고 개의치도 않는다. 이와 달리 덕이 낮은 사람은 바라는 바를 위해 일부러 자신의 덕을 드러내어 보인다."

이 말을 통해서 우리는 노자가 덕을 빌려 자신이 말하고자 하는 도와 무위의 관념을 나타낸다는 것을 분명히 알 수 있다.

공자 역시 무위이치를 말했다. 그러나 공자가 말하는 무위이치는 통치 방법의 관점에서 이야기하는 것에 지나지 않는다. 반면에 노자는 무위를 경영의 최고 원칙, 최고의 경지로 여긴다. 그가 말하는 도법자연은 바로 경영이 추구해야 할 철학적 가치라고 할 수 있다. 공자는 무위이치를 이야기하면서 인, 의, 예와 같은 도덕을 제창했지만, 노자는 그렇지 않다. 노자는 오히려 '인을 끊고 의를 버릴 것(絶仁棄義)'(《노자》 제19장)을 주장했다.

노자는 이렇게 인, 의, 예에 반대했으며 이러한 점은《노자》 제38장에서도 드러난다. 노자는 제38장에서 도와 덕을 이야기하는 가운데 인, 의, 예도 함께 언급한다. 그는 이 다섯 가지를 차례로 논의하는데 가장 높은 것이 도이고 그다음이 덕이다. 덕은 높은 덕과 낮은 덕으로 나뉘며, 그다음은 순서대로 인, 의, 예다. 노자의 말에 따르면 덕이 높은 사람은 자연에 순응하며 억지로 하지 않으나, 덕이 낮은 사람은 일부러 자신의 덕을 드러내는 동시에 억지로 하려 한다.

높은 인의 수준을 갖춘 사람은 스스로를 다소 드러내 보이기는 하지만 일을 억지로 하지는 않는다. 의만 갖춘 사람은 자신을 드러내면서 일을 억지로 하기도 한다. 예만 갖춘 사람은 평소에는 점잖다가도 남들이 응하지 않으면 억지로 하게 한다.

내용을 종합해보면 도를 잃은 후에 비로소 덕이 있게 되고, 덕을 잃은 후에 비로소 인이 있게 되며, 인을 잃은 후에 비로소 의가 있게 되고, 의를 잃은 후에 비로소 예가 있게 된다는 결론을 얻는다.

예는 충신(忠信)이 부족한 것으로 재난과 변란의 발단이다. 이른바 앞서 아는 것(先知)은 도의 화려함에 지나지 않는 것으로 어리석음의 시작이다. 그러므로 대장부는 인정 있게 처신해야지 얄팍하게 처신하지 않는다. 마음씨 또한 꾸밈이 없어야지 가식적이고 화려한 것을 추구해서는 안 된다. 따라서 얄팍하고 화려한 예를 버리고 두터우면서 꾸밈이 없는 도와 덕을 취해야 한다.

여기에서 또 한 가지 짚고 넘어갈 점이 있다. 노자가 긍정한 것은 덕, 그 가운데서도 높은 덕이라고 할 수 있다. 그 개념은 "덕이 높은 사람은 자연에 순응하며 억지로 하지 않는다"라는 말에서 나타난다. 노자는 낮은 덕에 반대했다. 그가 보기에 덕이 낮은 사람은 자연에 순응하나 억지로 하려고 한다.

노자가 말하는 높은 덕은 도의 본질과 일치한다.

바로 《노자》 제21장에서 말한 "큰 덕의 모습은 도를 따라 바뀐다(孔德之容, 唯道是從)", 또 제51장에서 밝힌 "만물을 자라게 하지만 소유하지 않고, 만물이 흥성하게 하지만 교만하게 굴지 않으며, 만물이 자라나게 하지만 주재하지 않는다. 이를 현덕이라고 한다(生而不有, 爲而不恃, 長而不宰. 是謂玄德)"라는 구절에서 노자의 생각이 드러난다. 비록 높은 덕과 낮은 덕이 모두 무위를 말하지만, 높은 덕이야말로 진정으로 '자연에 순응하며 억지로 하지 않는(無爲而無以爲)' 것을 추구하는 도에 걸맞다고 할 수 있는 것이다. 낮은 덕은 그와 반대로 주관적이고 공리적인 색채를 띤 무위로, '자연에 순응하나 억지로 하려고 한다(無爲而有以爲)'고 할 수 있다.

자연에 순응하며 억지로 하지 않는다

여기에는 생각해볼 만한 문제가 두 가지 있다.

첫째, '덕은 자연에 순응하며 억지로 하지 않는다(德無爲而無以爲)'는 관점은 옳은가? 또 이것은 적극적인 관점인가, 소극적인 관점인가?

둘째, 이러한 관점은 보편적인 가치가 있는가? 기업 경영에 적용할 수 있는가?

먼저 무위 관념이 옳은지 그른지를 논의해보자. 이 문제는 아주 오랫동안 논쟁거리였으며 필자는 기본적으로 무위를 긍정한다.

무위는 노자가 이야기한 중요한 개념 가운데 하나다. 《노자》에서는 무위라는 말을 10번 이상 사용한다. 노자가 말하는 무위를 바라는 바가 전혀 없고 아무것도 하지 않는 것이라고 생각해서는 절대 안 된다. 이는 사실과 다르다. 노자는 사실상 유위(有爲)를 말하고 있는 것이다. 우리는 《노자》의 제3장과 제63장의 일부 서술에서 이러한 견해를 뒷받침하는 내용을 확인할 수 있다. 제3장에서는 이렇게 적고 있다.

무위하면 다스려지지 않는 것이 없다.(爲無爲, 則無不治.)

또한 제63장에서도 '무위하다(爲無爲)' 라는 말이 나온다. 이 두 개 장에 나오는 '무위하다' 라는 말에서 '위(爲)' 는 목적을, '무위(無爲)' 는 방법을 의미한다. 무위하면 곧 유용한 '위' 와 함께 "그러므로 다스려지지 않는 것이 없다(而無不治)"의 '위' 를 얻을 수 있다. 《노자》에는 이와 비슷한 의미의 말이 여러 차례 나온다. 예를 들면 "성인은 무위를 행하므로 실패하지 않는다(聖人無爲故無敗)"(제64장), "무위하면 하지 않는 것이 없다(無爲而無不爲)"(제48장), "내가 무위하면 백성이 저절로 교화된다

(我無爲而民自化)"(제57장), "무위의 이로움을 안다(知無爲之有益)"(제43장) 등이 있다. 여기에서 '그러므로 실패하지 않는다(故無敗)', '하지 않는 것이 없다(無不爲)', '백성이 저절로 교화된다(民自化)', '그것의 이로움을 안다(之有益)' 라는 말은 '유위' 의 범주에 속하는 내용이다.

그렇다면 우리는 《노자》에서도 가장 논쟁의 여지가 많은 제37장의 내용부터 분석해보자.

노자는 이렇게 썼다.

도는 항상 아무것도 하지 않지만 오히려 하지 않는 것이 없다. 군주가 만약 그것을 잘 지킨다면 만물이 스스로 태어나고 자랄 것이다. 만물이 스스로 태어나고 자라면서 탐욕이 일어날 때 나는 도의 소박함으로 그것을 진정시킬 것이다. 도의 소박함이란 바로 탐욕이 없는 것이다. 탐욕이 생기지 않으면 안정될 수 있고 그러면 천하가 저절로 안정된다.(道常無爲而無不爲. 侯王若能守之, 萬物將自化. 化而欲作, 吾將鎭之以無名之樸. 無名之樸, 夫亦將無欲. 不欲以靜, 天下將自定.)

어떤 사람은 이 구절을 노자의 이야기 가운데 소극적이고 악독하며 간사함의 전형으로 본다. 소극적이라 함은 그가 아무것도 하지 않으며 모든 탐욕을 버려야 한다고 주장하는 점을 근거로 한다. 악독하다고 함은 사람이 '탐욕을 느낄(欲作)' 때 도의 소박함(無名之樸)으로 그것을 억누른다고 주장하는 점을 근거로 한다. 간사하다고 함은 표면적으로는 '무위' 를 말하지만 실제로는 '무불위' 를 추구한다는 점에서 그렇다. 게다가 능청스럽게도 군주에게 '그것을 지키고(守之)', '탐욕 없이(不欲)' 할 것을 요구한다.

그렇다면 노자의 무위 사상은 정말로 악독하고도 간사한 것일까?

우리는 '부드러움(柔)' 이론으로부터 논의를 진행해보도록 하자.

노자의 사상을 과연 소극적이라고 할 수 있을까? 앞서 언급한 바와 같이 노자의 '무위' 는 '위' 를 위한 것이므로 결코 소극적이지 않다.

무위가 의미하는 두 가지는 바로 '적극적인 것', '가치 있는 것' 이라고 할 수 있다. 노자는 먼저 자연에 순응할 것을 이야기한다. 무위를 인간의 행위 방식의 하나로 보는 것이다. 도법자연(《노자》 제25장)이라는 말은 법칙에 어긋나는 일은 하지 않는다는 것이다. 다음으로 '무위' 를 '위' 가 있는 노력으로 간주한다.

다시 말해 '위' 에 '무위' 가 사용된 것이라고 할 수 있다. 아무것도 하지 않는 것이 아니라, 하지 말아야 할 것은 하지 않고 해야 할 것은 한다는 뜻이다. '위' 가 필요한 때와 장소에서는 '위' 해야 하지만, '위' 하기에 적합하지 않은 상황에서는 '무위' 해야 한다는 것이다. '위' 는 의미 있는 일을 하되 저속한 취미와 같은 일은 하지 않는 것을 의미한다. 더욱이 공명과 출세를 위해 수단과 방법을 가리지 않는 일은 하지 않는 것이다. 시간과 노력을 쏟아 유익한 큰일을 하고자 하고 어떤 일에 '무위' 할 수 있을 때, 비로소 어떤 일에 대해서 '위' 할 수도 있다. 요컨대 '무위하다' 의 효과를 얻도록 힘써야 한다는 뜻이다. 이와 같은 이해가 본래 노자가 뜻한 바에서 벗어날 수도 있겠지만 그리 문제가 될 것은 없다. 노자가 추구하는 것이 바로 '무위하다' 이자 '하지 않는 것이 없다', '백성이 저절로 교화된다', '그것의 이로움을 안다' 이기 때문이다. 우리는 이러한 것들을 기업이 추구해야 할 경영 기법의 하나로 응용할 수 있다.

쓸데없는 것의 쓸모 있음

장자는 노자의 무위를 발전시켜 무용(無用, 쓸모없음)을 대용(大用, 쓸모 있는 물건)으로 삼았다. 그는 이러한 이치를 종종 나무에 빗대어 설명한다.

남백자기(南伯子綦)는 말 네 필이 끄는 마차 천 대가 그늘에서 쉴 수 있을 만큼 커다란 나무를 보았다. 이 나무는 가지가 곧게 뻗지 않고 구불구불했으며, 뿌리는 속이 텅 비고 뒤틀려 있었다. 혀로 나뭇잎을 핥으면 독성으로 입과 혀가 짓무르고, 코로 냄새를 맡으면 사흘 동안 취해서 깨어나지 못했다. 그래서 수백 년 동안 살아남아 이렇게 커질 수 있었던 것이다.

또 다른 나무 얘기다.

석(石)이라는 장인은 어느 날 사당에서 떡갈나무 한 그루를 보았는데, 그것으로 배를 만들면 가라앉아버리고 관을 만들면 오래지 않아 썩어버렸다. 그것으로 도구를 만들면 쉽게 부서지고 기둥으로 만들면 금세 좀이 쏜다. 또한 그것으로 문과 창문을 만들면 진딧물투성이가 된다. 그런 까닭으로 나무는 천수를 누릴 수 있었다.

다음과 같은 이야기도 전해진다.

어느 날 장자가 산속을 걷다가 가지와 잎이 아주 무성한 커다란 나무 한 그루를 보았다. 그리고 그 나무 옆에 서 있던 나무꾼은 그 나무를 베려고 하지 않았다. 장자는 나무꾼에게 왜 나무를 베지 않느냐고 물었다. 그러자 나무꾼은 "이 나무는 아무 쓸모가 없소"라고 답했다. 그 대답을 듣고 장자는 깨달음을 얻은 듯 말했다.

"이 나무는 쓸모가 없어서 천수를 누리는구나."

사람도 이와 마찬가지다.

지리소(支離疏)라는 사람은 머리는 아래로 수그러지고 두 어깨는 머리 위로 솟았으며, 오장과 혈관은 등에서 위로 향하고 사지가 온전하지 않았다. 그러나 그는 옷감을 바느질하는 일을 하며 충분히 생계를 꾸려나갈 수 있었다. 나라에서 병사를 모집해 온 동네가 불안해할 때도 그만은 유유히 건들거리며 시장에 나다녔다. 또 나라에서는 굶주린 백성에게 식량을 나눠줄 때마다 그를 빼놓지 않았다. 이렇게 그는 무용으로써 천수를 누릴 수 있었다.

어느 날 장자는 산에서 내려와 친구 집에 묵었다. 친구는 기뻐하며 사내아이 종을 시켜 거위를 잡아 장자를 정성껏 대접하게 했다. 사내아이 종이 주인에게 물었다.

"한 마리는 울 수 있고, 한 마리는 울지 못합니다. 어느 것을 잡을까요?"

주인은 "울지 못하는 것을 잡아라"라고 말했다.

이튿날 제자가 장자에게 물었다.

"어제 산에서 본 커다란 나무는 쓸모가 없어서 천수를 누렸는데, 이 집의 거위는 쓸모가 없어서 죽임을 당했습니다. 스승님이라면 어떻게 하셨겠습니까?"

장자가 웃으며 답했다.

"나라면 쓸모 있음과 쓸모없음의 사이에 서 있겠네. 자연에 순응하며 자유롭게 노닌다면 칭찬도 없고 비방도 없으며, 때로는 용처럼 날아오르고 때로는 뱀처럼 기어 다니며 시간의 추이에 따라 변화할 수 있지. 나는 이처럼 어느 한쪽으로 치우치는 것을 원하지 않네. 또 때로는 앞으로 나아가고 때로는 뒤로 물러나기도 하며 모든 것에 조화를 도량으로 삼아 유유자적하며 생활한다면, 만물이 태초의 상태에 놓여 명예나 재물을 탐내지 않게 되지. 욕망에 마음이 미혹되지 않을 수 있다네. 이러하다면 어찌 탐욕에서 비롯되는 속박과 고단함이 있을 수 있겠는가? 이것이 바로 신농씨와 황제(黃帝)의 처세 원칙이네. 그러나 만물의 참된 모습이라 할 수 있는 인류의 가르침은 이러하지 않다네. 한데 모이기도 하고 뿔뿔이 흩어지기도 하며, 성공이 있으면 파괴도 있고 모서리가 날카로우면 좌절당할 수도 있으며, 명성이 높으면 무너지기 마련이고 전도가 유망한 것은 쇠약해지기 마련이며, 현명하고 유능한 인재는 모략에 빠질 수 있다네. 그러나 무능해도 업신여김과 모욕을 당하기 마련이니. 이러하다면 굳이 어느 한쪽에 치우칠 필요가 있겠는가? 서글프구나! 제자들아, 기억하거라. 아무래도 자연으로 돌아갈 방법밖에는 없는 듯하구나!"

장자의 이러한 태도는 우리에게 노자와 장자의 '위'와 '무위'는 나름의 판단 가치가 있으며, 좀 더 자연에 순응한다면 '위'의 효과도 누릴 수 있다는 것을 알려준다.

이제 다시 두 번째 문제로 돌아가 보자. 그렇다면 노자의 덕 이론은 보편적인 가치가 있을까? 답하자면 그렇다. 덕은 인간 세상의 명제 가운데 하나다. 그것은 실천에서 드러나며, 반대로 실천에 영향을 미치기도 한다. 덕은 일종의 가치관으로, 올바른 철학관은 보편적인 가르침을 준다. 덕의 철학적 합리성은 인간 세상의 모든 방면에 영향을 미친다. 마치 노자가 '자기', '가정', '마을', '나라', '천하'를 '다스릴 수 있다(修之)'고 말한 것처럼 말이다. 그 대상에는 경영도 포함된다. 기업을 경영할 때도 적극적으로 위무위 사상을 실천해야 한다.

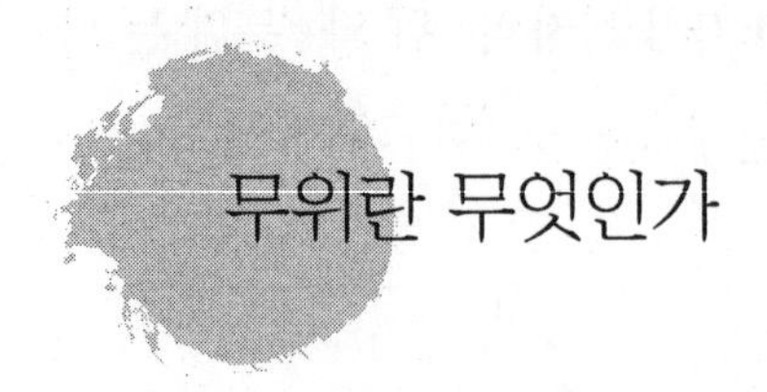

무위란 무엇인가

결백을 알면서 수치스러움을 지키면 세상의 규범이 된다.
세상의 규범이 되면 높은 덕에 어긋나지 않으니 무극으로 돌아가게 된다.
知其白, 守其黑, 爲天下式. 爲天下式, 常德不忒, 復歸於無極.

《노자》 제28장

위무위에는 세 가지 경지가 있다.

첫째, 함부로 행동하지 않는다(不妄爲).

둘째, 하되 하지 않음도 있다(有所爲有所不爲).

셋째, 하지 않으나 하지 않는 것이 없다(無爲無所不爲).

이 세 가지는 일상에서 갈등하지 않고 공존한다.

중국의 학자 딩산이(丁善懿)는 1986년에 미국과 캐나다 등지에 가서 《주역》의 국제적인 활용 상황을 살펴보았다. 그리고 귀국한 후에 '역경과 과학 경영(易經與科學管理)' 이라는 제목으로 글을 썼다. 이 글에서 딩산이는 외국의 학자들이 《주역》을 배워서 어떻게 과학 경영과 결합시키는지를 소개하며《주역》의 열 가지 문제와 현대 경영을 대비해 이야기한다. 예를 들면《주역》 속의 '태극' 문제를 이야기하면서 기업을 하나의 태극으로 보았다. 기업 경영과 같이 서로 뒤섞여서 하나가 된 태극 속에는 여러 가지 모순이 존재하게 마련이다. 대표적인 예로 기업 경영자와 직원 사이의 모순이 있다. 이러한 모순은 적절하게 해결되어야 한다.

딩산이가 꼽은 열 가지 문제는 다음과 같다. 첫째는 태극 문제다. 태극은 혼연일체의 극(極)을 말한다. 따라서 경영은 모순의 존재와 해결에 힘써야 함을 가리킨다. 둘째는 양과 음(兩儀)의 문제다. 태극은 양과 음이라는 양의를 생성시킨다. 이는 경영이 모순의 양극단 사이에서 중용을 지키는 데 힘써야 함을 가리킨다. 셋째는 삼재(三才) 문제다. 삼재란 하늘과 땅과 사람을 말한다. 다시 말해 경영은 하늘, 땅, 사람이라는 삼자(三者)의 관계를 잘 처리해야 함을 가리킨다. 넷째는 사상(四象) 문제다. 양의가 분열되어 사상[노양(老陽), 소음(少陰), 소양(少陽), 노음(老陰)]이 형성된다. 이는 경영에서는 시간(時), 공간(位), 가운데(中), 반응(應)이라는 네 가지 기본 문제를 자세히 살펴야 함을 가리킨다. 다섯째는 오행(五行) 문제다. 즉 금목수화토(金木水火土)를 말한다. 경영에도 우주에 존재하는 금목수화토와 같은 요소가 있다. 예컨대 경영에는 계획, 조직, 지휘, 인사, 통제 등의 기능이 있다. 이는 이러한 경영 요소를 잘 관리해야 함을 가리킨다. 여섯째는 육효(六爻) 문제다. 태극에는 64개의 괘(卦)가 있으며 괘의 구성 요소를 효(爻)라고 한다. 하나의 괘는

6개의 효로 구성된다. 6개의 효가 하나의 괘로 구성될 때 배열 문제가 발생하는데, 경영에서도 이와 같은 순서 문제가 있을 수 있다. 일곱째는 칠정(七政) 문제다. 서구의 역학자들은 《주역》을 실용 원리 일곱 가지로 귀납한다. 예를 들면 변역[14] 원리가 그러하며, 경영에서도 역학의 원리와 그 변화에 통달해야 함을 가리킨다. 여덟째는 팔괘(八卦) 문제다. 팔괘에는 건손감간곤진리태(乾巽坎艮坤震離兌)가 있다. 경영을 통해 팔괘가 나타내는 상수기리(象數氣理)[15]의 변화 속에서 깨달음을 얻을 수 있음을 가리킨다. 아홉째는 구궁(九宮) 문제다. 구궁은 하락도[16]에서 발전한 아홉 방위(方位)의 자리를 말한다. 이는 경영에서도 어떤 활동은 위치, 즉 지리적 요소를 고려하여 행동해야 함을 가리킨다. 열째는 십상(十象) 문제다. 십상은 하락도 위에 그려진 열 개의 수(數)를 말한다. 이 기하학적 도형이 반영하는 1에서 10까지의 숫자는 그 변화가 무궁하다. 경영 또한 이러한 변화와 마찬가지로 각양각색의 변화에 능숙하게 대처할 수 있어야만 함을 가리킨다.

《주역》과 기업 경영

필자가 중국 외 학자들의 《주역》 연구 상황을 완벽하게 파악한 것은 아니다. 그러나 위에서 이야기한 1에서 10까지의 자연수 10개를 가지고 심오한 역학의 원리를 토론한다는 점에 완전히 동의하지도 않는다. 특히 《주역》과 경영의 관계에 대한 설명 일부는 다시 검토해봐야 한다. 다만, 《주역》에 관한 국외의 이와 같은 연구는 의미가 남다를 뿐만 아니라 상상력도 아주 돋보인다고 할 수 있다. 게다가 기업 경영을 연구하는 필자와 같은 사람에게 다양한 방면의 폭넓은 지식을 토대로 해야 한다는 점을 시사한다.

딩산이가 말하는 《주역》의 여러 가지 문제는 사실 그 기원을 연구해보면 많은 것이 노장 사상에서 이야기하는 이치라는 것을 알 수 있다. 태극 문제를 그 예로 들어보자. 《노자》 제14장의 "한데 섞여 하나로 어우러지다(混而爲一)"라는 사상과 제42장의 "음을 등지고 양을 껴안아, 음양의 두 기운이 서로 부딪쳐 조화를 이룬다"라는 사상이 그렇다. 《장자》에서도 "만물은 하나다(萬物一也)"라고 말한다. 노자와 장자 두 사람이 여기에서 말하는 '하나'가 바로 태극이다. 노자가 말하는 '음을 등지고 양을 껴안다'와 '음양의 두 기운이 서로 부딪쳐 조화를 이룬다'는 것은 바로 태극이 양과 음이라는 양의를 낳는다는 의미다.

태극이라는 명칭은 노자와 장자의 저술에서도 보인다. 옛사람들은 태극을 무극(無極)이라고 불렀다. 송나라 시대의 학자 주돈이(周敦頤)는 《태극도설 · 역설太極圖說 · 易說》에서 이와 관련하여 무극과 태극은 서로 의미가 통한다고 이야기했다. 무극이라는 말은 《노자》에서도 보인다. 《노자》 제28장에 이런 구절이 있다.

결백을 알면서 수치스러움을 지키면 세상의 규범이 된다. 세상의 규범이 되면 높은 덕에 어긋나지 않으니 무극으로 돌아가게 된다.(知其白, 守其黑, 爲天下式. 爲天下式, 常德不忒, 復歸於無極.)

《장자》에도 무극과 관련된 서술이 보인다. 《장자》 '재유편(在宥篇)' 에는 이렇게 쓰여 있다.

무궁의 문으로 들어가 무극의 들판을 노닐다.(入無窮之門, 以游無極之野.)

요즘도 도를 믿는 일부 사람들의 복장이나 도가와 관련된 저서의 표지 디자인에서 흑백이 엇갈리며 서로 맞물린 물고기 형태의 도안을 흔히 볼 수 있는데, 이것을 태극도라고 일컫는다. 전해지는 바에 의하면, 태극도를 만들어낸 사람이 바로 주돈이다. 그러나 명(明)나라 시대에 황종염(黃宗炎)은 태극도를 "하상공이 창조했다(創自河上公)"라고 주장했다. 여기서 언급되는 하상공은 누구인가 하면, 바로 한(漢)나라 시대의 저명한 도가 주석가(注釋家)다. 하상공이라는 그의 이름은 세상 사람들에게 도가의 가짜 이름으로 받아들여지고 있다. 황종염의 말이 옳다고 한다면, 비록 태극도에 주돈이의 태극에 관한 이해와 창조성이 있다 할지라도 태극도는 도가에 속한다고 볼 수 있다.

지금까지 딩산이의 글을 인용해서 태극에 관해 장황하게 이야기했는데, 이는 태극의 이치를 기업의 경영 관리 모델과 연결해서 논의하기 위함이다.

기업 경영은 태극과 같다

딩산이가 말했듯이 기업 경영은 태극과 같다. 기업 경영은 혼연일체의 태극으로, 기업 경영에도 "태극은 음양이라는 양의를 낳는다(太極生陰陽兩儀)"와 같은 문제가 있다. 또한 "도는 하나를 낳고, 하나는 둘을 낳고, 둘은 셋을 낳고, 셋은 만물을 낳는다"(《노자》 제42장)와 같이 기업 경영에서도 여러 가지 문제가 파생될 수 있다. 태극에 태극도가 있듯이 기업 경영도 경영모식도로 나타낼 수 있다.

중국과 서양의 비교 연구로 유명한 철학자인 미국 하와이 대학의 청중잉(成中英) 교수는 수년 동안 중국의 경영과학화와 과학 경영의 중국화를 연구하는 데 힘썼다. 그는 중국의 전통 지혜와 서양의 과학 경영 학설을 접목하여 중국식 현대 기업 경영 철학을 수립하고자 노력하고 있다. 《주역》, 《노자》, 《논어》 등의 기본 사상을 기업 경영에 도입하여 이야기하며, 《주역》에서 말하는 만물의 운행과 사물이 끊임없이 생장하고 번성하는 현상은 모두 외적인 요소의 변화에 의해 내적인 요소에도 변화가 발생하는 과정이라고 보았다. 청중잉은 이와 같은 인식에 근거하여 독창적인 기업 경영 이론 모델인 C이론을 제시했다. C는 중국(China) 철학의 원류 중 하나인 《주역》[17]의 창조성(Creativity)을 가리킨다. 이와 동시에 청중잉이 이해한 유가(Confucius) 문화(Culture)를 가리키기도 한다. 이 모델은 다섯 가지 요소를 포함하는데, 자아 수양의 중심성(Centrality), 왕자지도(王者之道)의 통제력(Control), 외부의 변화에도 침착하게 대처하는 임기응변 능력(Contingency), 쉼 없는 창조력(Creativity), 넓은 포용력(Coordination)이 바로 그것이다. 이 다섯 가지가 모두 영어 C 자로 시작하기 때문에 C이론 모델이라고 부른다.

중국에도 기업 경영 모델을 연구하는 사람들이 있다. 중국 런민대학(人民大學) 산업체경영연구실의 리잔상(李占祥) 교수를 포함한 몇 사람은 기업 경영 이론 모델 한 가지를 구상해냈다. 이 기업 경영 이론 모델은 기업 시스템 구조의 관점에서 출발하여 기업 경영을 여덟 가지 요소로 나누어 설명한다. 그 요소는 기업 문화, 경영자와 조직, 조직원의 구성, 경제 이익 분배, 전략, 기술, 경영 기초 작업, 전문 경영이다. 기업 경영은 바로 이 요소들을 효율적으로 조직하여 운용하는 것이라고 할 수 있다.

필자도 《노자》의 위무위 사상과 태극도를 바탕으로 중국과 서양의 학자들이 기업 경영 모델의 연구에서 일군 성과를 참고하여 새로운 기업 경영 모델을 만들어보았다.

먼저 위무위의 '위'를 살펴보자. 기업의 생산 경영 활동인 위는 상품 생산과 노동력 제공을 통해 두 가지 만족을 목표로 한다. 다시 말해 기업의 생존과 발전 및 사회와 시장을 위한 상품과 서비스 제공이라는 만족을 추구하는 것이다.

다음으로 '무위'를 살펴보자. 무위는 위를 실현하는 법칙과 기법을 탐구한다. 앞서 필자는 '한데 섞여 하나로 어우러진' 기업 경영을 기업 문화, 직원, 전략, 조직, 기술, 전문 경영, 정보와 같은 요소로 나누어 설명했는데 그 사고의 맥락은 다음과 같다. 다시 말해, 두 가지 만족을 추구하는 위의 근본은 직원이다. 직원에는 기업 경영자와 기업의 일반 사원이 포함된다. 기업의 직원은 기업의 생산 경영과 관련된 각종 업무에 종사하는 주체로서 이들이 잘하느냐 못하느냐는 기업 경영에 큰 영향을 미친다. 위의 요소 가운데 두 가지 만족을 추구하는 위를 실현하는 관건은 경영 전략이다. 기업의 생산 경영은 지속 가능하면서도 세계를 대상으로 하는 과학적인 경영 전략을 세우고 실행할 수 있어야 한다. 이를 실행에 옮길 때 비로소 기업이 추구하는 두 가지 만족도 실현할 수 있다. 두 가지 만족을 추구하는 위의 실현을 보증하는 요소는 조직이다. 그리고 인력과 재정 및 물자의 조직, 기구 설치, 제도 제정은 경영 전략의 실행을 담보하는 요소들이다. 두 가지 만족을 추구하는 위를 실현하는 힘은 바로 기술이다. 과학 기술은 최고의 생산력으로, 기술 없이는 제품 혁신, 생산 확대, 시장 개척, 효율성 제고가 모두 불가능하다. 두 가지 만족을 추구하는 위를 실현하는 데서 소통의 역할을 하는 요소는 정보다. 기업 내부와 외부, 기업 내 경영진과 사원, 그리고 부서 간에 정보가 원활히 소통되어야만 기업의 생산 경영이 정상적으로 운영될 수 있다. 두 가지 만족을 추구하는 위를 실현하는 근간은 기업의 가치관, 즉 기업 문화다. 기업의 가치관은 기업과 직원의 행동을 지배한다. 따라서 올바른 가치관이 있어야 올바른 기업 행위와 직원 행동도 뒤따른다. 이런 올바른 가치관이 기업을 올바르게 이끌어주어야만 두 가지 만족을 실현할 수 있다.

이 일곱 가지 경영 요소는 위무위를 실행하는 데 일곱 단계를 형성한다. 중요한 순서대로 각 단계를 배열하면 먼저 기업 문화, 직원(경영자와 일반 직원을 포괄), 전략, 조직이 있다. 그다음 단계는 기술과 전문 경영이라는 두 가지 요소의 병렬로 구성된다. 이 밖에 정보라는 요소가 있다. 정보는 지금 이야기한 일련의 순서에는 포함되지 않지만, 기업의 생산 경영 활동 전반에 걸쳐 존재하는 동시에 영향을 미친다.

미국의 노사관계 학자인 워터먼(Robert Waterman)과 피터스(Tom Peters) 등이 제시한 기업 문화 7S 모델에서 7S는 각각 정리(Sort), 정돈(Straighten), 청소(Sweep), 청결(Sanitary), 소양(Sentiment), 안전(Safety), 절약(Save)을 가리킨다. 7S 모델은 무질서하고 어수선한 작업 환경을 해결하여 직원 개인의 자질 향상을 추구한다. 사실, 이 모델 또한 기업 문화라는 요소를 여러 요소의 가운데에 두고 나머지 요소를 소양이라는 요소의 주변에 놓는다. 이를 통해 다른 여섯 가지 요소가 기업 문화의 통제를 받는 동시에 기업 문화에 영향을 준다고 보는 것이다. 아울러 이 일곱 가지 요소는 '음을 등지고 양을 껴안는 것' 처럼 서로 어우러져 빛을 발하며 대립 통일적으로 존재한다. 이는 마치 태극도와 같은 형태라고 할 수 있다.

나라를 다스리는 것은 작은 생선을 삶는 것과 같다

큰 나라를 다스리는 것은 작은 생선을 삶는 것과 같다. 도의 원칙에 따라 천하를 다스리면 귀신은 그 신통함을 잃게 된다. 귀신이 신통함을 드러내지 않는 것이 아니라 신명이 사람을 해치지 않는다는 뜻이다.
治大國若烹小鮮. 以道莅天下, 其鬼不神. 非其鬼不神, 其神不傷人.

《노자》 제60장

"큰 나라를 다스리는 것은 작은 생선을 삶는 것과 같다"라는 말은 《노자》 제60장에 나오는 한 구절이다. 이 명언은 1987년에 당시 미국 대통령이던 레이건(Reagan)이 그의 연두교서에 인용한 것을 계기로 미국인들에게 《노자》에 관한 깊은 관심을 불러일으켰다. 그 후 출판사 7~8곳에서 앞다투어 《노자》를 출판하고자 했다.

전국 시대에 철학자 한비자(韓非子)는 이렇게 말했다.

"작은 생선을 삶을 때 자주 뒤적이면 생선이 부서진다. 큰 나라를 다스릴 때도 자주 법령을 바꾸면 백성이 고통스럽다. 그러므로 도가 있는 군주는 고요함을 중시하며 법령을 가볍게 여긴다.(烹小鮮而數撓之, 則賊其澤, 治大國而數變化, 則民苦之, 是以有道之君貴靜不重其法.)"

이를 중국의 학자 장시창(蔣錫昌)은 이렇게 해석했다.

"무릇 작은 생선을 삶을 때는 함부로 뒤적여서는 안 된다. 그러면 생선이 모두 부서지고 말기 때문이다. 큰 나라를 다스리는 것 또한 이와 같아서 무위를 실천해야 한다. 그렇지 않으면 백성이 상처 입게 된다. 이러한 까닭에 '큰 나라를 다스리는 것은 작은 생선을 삶는 것과 같다' 고 말하는 것이다."

나라를 다스릴 때 백성에게 해를 끼쳐서는 안 된다는 그들의 말은 일리가 있다. 《노자》 제60장을 전부 읽어보면 그 의미가 더욱 분명해진다. 이 구절에서 노자가 전하려는 것이 여전히 도와 덕이라는 것을 알 수 있다. 원래 큰 나라를 다스리는 것은 작은 생선을 삶는 것과 같다는 말은 도로써 나라를 다스리고 무위로 천하를 통솔하는 것을 가리킨다.

"성인이 큰 나라를 다스린다(聖人治大國)"라는 구절은 분명한 논리와 생동적인 비유, 그리고 조리 있는 추론이 돋보이는 훌륭한 문장이라고 할 수 있다. 이 문장은 우리에게 나라를 다스리는 일은 번잡한 정책으로 백성에게 피해를 주어서는 안 되며 빈번하게 정책을 바꾸어 백성을 다스리려 해서도 안 되며, 곳곳에 검문소를 설치하듯이 법규를 많이 만들어서 백성을 통제하려 해서도 안 된다는 철학적 이치를 알려준다. 무릇 나라를 다스리는 일은 작은 생선을 삶듯이 조용히 도를 따라 무위이치를 실현해야 한다는 뜻이다.

노자는 생동적이고 비유적이면서도 대비를 이루는 언어를 이용하여 나라를 다스리는 일과 같은 큰일을 이야기했다. 큰 나라를 다스리는 것은 작은 생선을 삶는 것과 생동적이면서 비유적인 대비를 이룰 수 있다. 이러한 이치는 다른 일을 처리할 때도 마찬가지다. 예를 들어 사회를 다스리거나 사업을 하거나 가업을 경영하는 등의 일 또한 작은 생선을 삶듯이 처리해야 한다는 사실을 가르쳐준다. 즉 여기에는 기업 경영도 포함된다.

도로써 천하를 다스린다

"큰 나라를 다스리는 것은 작은 생선을 삶는 것과 같다"라는 말의 의미를 분석해보면, 적어도 네 가지 시사점을 알 수 있다. 첫째, 지도자의 중요성이다. 나라는 성인이 다스리므로, 지도자가 도로써 천하를 다스린다(道莅天下)면 곧 덕으로 돌아가게 된다(德可交歸). 바꿔 말하면 나라가 사라지게 된다는 뜻이다. 둘째, 나라를 다스리는 일은 도로써 하되 작은 생선을 삶는 것과 같은 마음으로 다스린다면 나라가 고요하면서도 침착해질 수 있다. 셋째, 지도자는 나라를 다스릴 때 관용과 관대함이 있어야 하며 온화함으로 이끌어 나가야지 가혹한 정책으로 다스려서는 안 된다. 또한 자연에 순응해야지 강제적인 규율을 실시해서는 안 된다. 넷째, 지도자는 자기 수양으로 소박하면서 꾸밈이 없는 상태로 돌아가야 한다. "하나를 지켜 천하의 규범이 된다(抱一爲天下式)"(《노자》 제22장)라는 말처럼 소박하고 꾸밈없는 원칙을 바로 천하의 일을 처리하는 규범으로 삼아야 할 것이다.

한 국가에서 '덕으로 돌아가는(德交歸焉)' 이란 말의 핵심은 나라의 지도자에게 있다. 기업에서 '덕으로 돌아가는' 이란 말의 핵심은 기업 경영자에게 있다. 기업 경영자가 사리에 밝아서 체통을 잃지 않으면서 공평무사하고 겸손하게 행동한다면 기업 경영자와 직원이 조화를 이루어 만물이 스스로 자라나고(萬物將自化) 천하가 스스로 바르게 된다(天下將自正).(《노자》 제37장)

"큰 나라를 다스리는 것은 작은 생선을 삶는 것과 같다"라는 말은 나라를 다스리는 원칙이자 기업을 다스리는 원칙이기도 하다. 기업 경영은 크게 업무 관리와 사람 관리라는 두 가지 내용에서 벗어나지 않는다. 이른바 업무 관리란 기업의 생산 경영을 관리하는 것이며, 사람 관리란 기업 안팎의 각종 인간관계를 조화롭게 하는 일을 가리킨다. 업무 관리에서 기업의 생산 경영을 둘러싼 기획, 조직, 지휘, 협조, 통제에 이르는 각종 업무는 작은 생선을 삶는 것과 같은 자세로 처리해야지 원칙 없이 제멋대로 처리해서는 안 된다. 사람 관리를 살펴보면 기업 경영에서는 인간관계가 복잡하게 뒤얽혀 있다. 경영자와 직원 사이, 기술직과 관리직 사이 및 숙련 노동자와 비숙련 노동자 사이, 기업과 다른 기업 사이 등에 이르기까지 그 관계를 적절하게 조율하고자 한다면 역시 작은 생선을 삶는 것과 같은 원칙을 바탕으로 해야 한다. 다시 말해 자연에 순응하여 순조롭게 처리해야 한다는 뜻이다. 일이라는 것은 결국 사람이 하는 것으로, 그 속에 사람이 있다. 결론적으로 업무 관리는 곧 사람 관리인 것이다. 그러므로 기업 경영자는 반드시 직원 관리에 힘써야 할 뿐만 아니라 자신의 언행에도 주의해야 한다. 기업 경영자의 언행은 침착하면서 겸손해야 한다. 공정함은 밝음에서 나오고 청렴함은 위엄에서 나오듯이 모두 한마음 한뜻으로 기업과 하나가 되어 기업의 생산 활동에 활력이 넘치도록 해야 한다.

작은 생선의 비유는 형벌을 기초로 하는 정치사상과 대립된다. 노자는 형벌을 기초로 하는 정치에 반대했을 뿐만 아니라 형벌을 규정하여 사람을 처벌하거나 제도를 정하여 사람을 억압하고 통제하는 것에도 반대했다. 《노자》 제58장에 이런 구절이 있다.

정치가 관대하면 백성이 순박해지고, 정치가 엄격하고 가혹하면 백성이 교활해진다.(其政悶悶, 其民淳淳, 其政察察, 其民缺缺.)

노자는 너그럽고 관대한 정치야말로 백성을 순박하고 인정 있게 한다고 생각했다. 반대로 정치가 엄하고 가혹하면 백성은 불만이 생기고 간사해진다고 보았다. 또한 《노자》 제57장에서도 "법령이 엄해질수록 도적이 더욱 기승을 부린다"라고 했다.

공정함은 밝음을 낳고, 청렴함은 위엄을 낳는다

노자의 말은 조금 지나친 면도 있다. 하지만 사람을 관대하게 대하라는 그의 주장은 분명히 일리가 있다. 명나라 곽윤례(郭允禮)라는 사람은 《관잠官箴》에서 다음과 같이 말했다.

"관리들은 나의 위엄을 겁내는 것이 아니라 나의 청렴함을 두려워한다. 백성은 나의 재능에 탄복하는 것이 아니라 나의 공정함에 감복할 따름이다. 청렴하면 관리들이 태만할 수 없으며, 일 처리가 공정하면 백성이 감히 거짓을 행할 수 없다. 공정함은 밝음을 낳고, 청렴함은 위엄을 낳는다.(吏不畏吾嚴, 而畏吾廉, 民不服吾能, 而服吾公. 廉則吏不敢慢, 公則民不敢欺. 公生明, 廉生威.)"

이 말은 우리에게 사람 관리가 반드시 엄격할 필요는 없고 반드시 정치가 필요한 것도 아니라는 것을 알려준다. 자기 수양에 힘써 자신의 맑고 고요함, 공정함과 청렴함으로 사람을 다스리고 일을 처리하면 더욱 큰 효과를 볼 수 있다는 것이다.

현실의 기업 경영에서도 위 주장을 뒷받침하는 사례가 있다. 어떤 기업 경영자는 마음을 비우지(虛其心) 못해 경영진 사이에서 엄격하고 가혹(其政察察)하게 행동하며, 경영진 회의에서는 마치 유엔 상임이사국 회의에서처럼 자신의 부결권 한 표로 상대방을 제지하기에 바쁘다. 아랫사람이나 직원을 대할 때도 '엄격하고 가혹' 하게 모든 일에 관여한다. 가는 곳마다 경계심을 늦추지 않고 혹여 아랫사람이 일을 그르치지 않을까 걱정한다. 경영자의 그런 태도는 직원의 사기를 꺾을 뿐만 아니라 때로는 반발 심리를 불러일으키기도 한다.

그러나 필자도 경영에 '정(政)' 이 필수적이라는 점은 인정하는 바이다. 이와 함께 '법(法)' 과 '팽(烹, 삶다)' 역시 기업 경영에 꼭 필요한 요소다. 경영은 결국 일정한 회사 내부 규칙, 제도, 기강, 상벌을 기초로 실행되기 때문이다. 이 또한 일종의 도법자연이라고 할 수 있다. 다시 말해 규율성이 있는 일은 '정' 이 필요하되 지나치게 엄격하고 가혹해서는 안 되며, 법령이 지나치게 번잡(滋彰)해서는 안 된다. 큰 나라를 다스리는 일은 작은 생선을 삶는 것과 같아서 '삶는' 불의 세기가 지나치게 강해도 안 되며 너무 자주 뒤적여도 안 된다.

미국의 학자 로런스 밀러(Lawrence M. Miller)는 "기업의 성공은 사람의 창조력에 달렸다. 경영자의 가장 중요한 임무는 바로 좋은 환경을 조성하여 직원들이 저마다 자신의 능력을 최대한 발휘하게 하는 것이다"라고 말했다.

그는 "창조력은 흔히 재능 있는 사람들이 자유롭고 격의 없이 의견을 교류하는 가운데 창출된다"라고 주장한다. 밀러가 여기에서 말하는 '좋은 환경'과 '자유롭고 격의 없는' 의견 교류 분위기란 바로 노자의 '정치가 엄격하고 가혹해서는 안 된다(其政不察察)', '법령이 엄해서는 안 된다(法令不滋彰)', '큰 나라를 다스리는 것은 작은 생선을 삶는 것과 같다'와 같은 생각으로 드러난다.

노자는 무위를 제창했으며 공자는 인의를 제창했다. 노자학이 하나의 학문이듯이 공자학도 하나의 학문이다. 두 학문은 각기 존재의 이유와 가치가 있다. "큰 도가 널리 넘쳐흐르다(大道氾兮)"라는 말은 노자가 추구하는 일종의 경지다. 노자 시대에 그런 경지가 존재하지 않았듯이 노자 이후에도 그것을 실현한다는 것은 불가능하다. 도는 인과 의를 완전히 배제할 수 없기 때문이다.

현대 기업 경영에서도 도법자연을 주장하고 무위에 주목해야 하지만, 그렇다고 해서 인의를 버려서는 안 된다. 사람 관리에서 인은 타인을 사랑하는 것이며, 의는 위선적이지 않음을 가리킨다. 또한 신(信)은 기만하지 않는 것이며, 예(禮)는 사람을 예로써 대하는 것을 말한다. 여기서 문제는 인, 의, 예와 같은 것들이 필요한지 아닌지가 아니라 이러한 것에 과학적인 의미를 부여해야 한다는 것이다. 이를 통해서 그것의 정확한 내용을 확실히 할 수 있다. 우리는 선별 과정을 통해 무릇 사회에 필요한 것은 지키고 반대로 사회에 맞지 않는 것은 버려야 할 것이다.

결국은 저절로 그렇게 되었다

공을 이루고 일이 잘되어도 백성은 모두
저절로 그리되었다고 한다.
功成事遂, 百姓皆謂我自然.

《노자》 제17장

미국의 학자 클리블랜드 할렌(Cleveland Harlan)은 "공을 이루고 일이 잘되어도 백성은 모두 저절로 그리되었다고 한다"라는 말을 다음과 같이 해석했다.

"좋은 지도자는 말수가 적다. 그가 묵묵히 맡은 바 책임을 완수했을 때 사람들은 '이건 우리가 해낸 거야' 라고 말한다."

《노자》 제17장을 전부 읽어보면 그 의미는 더욱 뚜렷해진다.

가장 좋은 지도자는 사람들이 그 존재를 느끼지 못하는 사람이다. 그다음은 사람들이 그를 친근하게 여기고 칭송하는 지도자다. 그다음 좋은 통치자는 사람들이 두려워하면서 따르는 자다. 가장 형편없는 지도자는 사

람들의 경멸을 부르는 자다. 통치자의 신뢰가 부족하면 사람들은 그를 신임하지 않게 된다. 가장 좋은 통치자는 언제나 여유로운 태도로 좀처럼 명령을 내리지 않는다. 그러므로 공을 이루고 일이 잘되어도 백성은 모두 저절로 그렇게 되었다고 한다.(太上, 不知有之, 其次, 親而譽之, 其次, 畏之, 其次, 侮之. 信而不足, 有不信焉. 悠兮其貴言. 功成事遂, 百姓皆謂我自然.)

이 구절은 지도자가 도법자연해야 한다고 말한다. 가장 좋은 통치자로 성공하는 방법은 바로 도법자연인 것이다. 가장 형편없는 통치자는 사람들이 '업신여긴다'. 그가 도법자연하지 않기 때문이다. 지도자가 여유로운 태도로 일에 임하면 성사될 수 있지만, 그렇지 않으면 실패하는 것은 불을 보듯 분명하다.

일본의 사업가로 현재의 파나소닉을 세운 마쓰시타 고노스케(松下幸之助)는 그의 저서《경영의 마음가짐實踐經營哲學》에서 경영자가 갖춰야 할 경영 철학을 분명한 어조로 밝혔다.

그가 보기에 경영자가 수립해야 할 올바른 경영 철학이란 사업에 대한 경영자의 주관적인 견해를 가리키는 것이 아니라 자연의 이치와 사회 법칙을 바탕으로 형성되는 올바른 가치 관념을 말한다. 도대체 자연의 이치란 무엇이며 사회 법칙이란 또 무엇인가? 이는 너무나 방대하면서도 심오한 학문인지라 인류의 지혜로는 도저히 이해할 수 없는 이치라고도 할 수 있다. 우주의 무한한 성장 발전에 순응하는 것이 그것의 가장 기본적인 조건이라고 할 수 있겠다. 대자연과 우주는 무한한 과거에서 무한한 미래로 끊임없이 성장 발전하며 진화해왔다.

마쓰시타 고노스케가 말하고자 하는 것은 노자가 말하는 이치와 같다. "사람은 땅을 본받고, 땅은 하늘을 본받고, 하늘은 도를 본받고, 도는 자연을 본받는다"(《노자》 제25장), "하늘과 땅이 서로 화합하여 단비가 내린다. 백성에게 명령을 내리지 않아도 절로 균형을 이루게 된다"(《노자》 제32장)와 같은 이치다. 하늘과 땅이 서로 화합하여 단비가 내리고 사람들이 윗사람의 지시가 없어도 행복하게 살아갈 수 있는 관건은 바로 자연에 순응하는 것이다.

공을 이루고 일이 성공했을 때, 백성은 모두 "저절로 그렇게 되었다"라고 말한다. 이 말에는 심오한 통치 철학의 이치가 담겨 있다.

첫째, '가장 좋은 통치자(太上)' 는 무위하며, 무위가 백성에게 이르면 백성은 그의 존재를 느끼지 못한다.

둘째, 가장 좋은 통치자가 유위하면 "일을 성공시키고 공을 이루었다(功成事遂)"라고 할 때 그 가운데 통치자의 공헌이 있다.

셋째, 가장 좋은 통치자는 무위와 유위가 통일될 때 나온다. "가장 좋은 통치자는 언제나 여유로운 태도로 좀처럼 명령을 내리지 않는다"라는 말처럼 권력을 백성에게 돌려줌으로써 백성이 공을 이루고 일이 잘되어도 모두 저절로 그렇게 되었다고 느끼게 한다. 이 도법자연의 이론은 "군자의 도는 무위고 신하의 도는 유위다(君道無爲, 臣道有爲)"라는 노자의 주장으로 귀결된다.

군자의 도는 무위고, 신하의 도는 유위다

적어도 동양권에서 기업 경영자가 결정권을 장악했는지 아닌지는 기업 경영에서 매우 중요한 문제다. 경영자의 권위는 현대의 기업 및 대규모 생산 조직을 효율적으로 경영하기 위한 객관적 조건이다. 한편으로 권한을 분산시키는 것 또한 중요하다. 다시 말해, 기업 경영자는 권한 집중과 권한 분산의 관계를 잘 조화시켜야 한다.

기업 경영에서 경영자의 권한 분할 문제는 모든 기업이 부딪힐 수 있는 문제로, 두 가지 측면에서 이야기해볼 수 있다. 먼저 기업 전체를 놓고 볼 때, 권한은 종적으로는 계층으로 나뉘고 횡적으로는 부문으로 나뉜다. 종적으로 나뉘는 계층은 일반적으로 최고관리(top management), 중간관리(middle management), 하급관리(lower management)로 구성된다. 횡적으로 나뉘는 부문은 생산, 공급, 판매, 인사, 재무 등의 직무로 구성된다. 계층과 부문 사이에는 권한 분할 문제가 공통되게 존재한다. 최고관리는 중간관리와 하급관리 및 일반 직원 사이에서 위와 무위를 조율하여 잘 처리해야만 한다. 상황에 따라 적절하게 위를 무위로 변화시키거나 또는 아랫사람이 위하게 해야 한다. 기업 경영자는 '군자의 도는 무위고, 신하의 도는 유위'라는 이치를 터득하여 기업 경영에 반영해야 한다.

우리는 흔히 스스로 책임지는 기업 문화가 필요하다고 말한다. 이를 위해서는 권한 분할에 관한 여러 문제를 해결해야 한다. 정부 조직 운영에 있어서도 반드시 기업의 주관 부서가 일부 권한을 하부 기관에 위임하거나 기업에 일임해야 한다. 그때 비로소 기업이 자주 경영을 할 수 있는 기반을 갖추게 된다. 기업이 가져야 할 권한을 제삼자의 손이 틀어쥐고 있으면 기업이 생기를 잃게 된다. 기업에 '저절로 그렇게 되었다' 라는 느낌을 주어야 공을 이루고 목표에 이를 수 있다. 기업 내부에서도 마찬가지다. 기업 경영자도 권한을 위임할 줄 알아야 한다. 이것은 경영학에서 다루는 중요한 문제이기도 하다.

권한의 분할에는 과학적인 자세는 물론 기술도 필요하다. 다시 말해 기업의 시간 · 공간 상태와 내부 조건에 따라 무위와 유위의 관계를 과학적이면서도 기술적으로 잘 처리해야 한다. 예컨대 '군자는 무위한다(君無爲)' 를 실천할 때는 어느 정도로 무위를 행할지가 관건이다. 경영자가 수수방관하거나 아무 일도 하지 않는 것은 불가능할뿐더러 그렇게 해서도 안 된다. 경영자가 정말로 그렇게 한다면 직무 유기 또는 직무 소홀이 된다. '신하는 유위한다(臣有爲)' 는 말을 실천할 때는 먼저 유위할 것이 무엇인지 자세히 살피고 검토해야 한다.

군자의 도가 무위라고 해서 기업 경영자가 아무 일도 하지 않는다는 뜻이 아니다. 위무위, 곧 어떤 일은 반드시 기업 경영자가 나서서 처리해야 한다. 다만 경영 전략에 대해 아랫사람과 직원들이 충분히 의사를 표현할 수 있게 해야 한다. 경영자는 의견을 모으는 과정에서도 제한을 두지 않는 무위의 태도로 폭넓은 민주주의를 실현하도록 노력해야 한다. 그리고 이런 기초 위에서 경영 전략을 결정해야 한다.

기업 경영자가 위무위를 실천하는 데는 일종의 수양이 필요하다.

1991년에 중국의 많은 기업은 잇달아 기업의 영향력을 확대하고자 노력했다. 그러나 상하이제2모방직공장(上海第二毛紡織廠)은 오히려 이와 정반대의 길을 걸었다. 다시 말해, 헛된 명성을 좇지 않고 기본에 충실한 경영을 통해 무위를 추구하며 자연법칙을 따르고 거짓으로 꾸미지 않았다. 그렇게 하면서 '나는 나다' 라는 구호 아래 성실하게 생산과 경영에 힘써 시장에서 인정받고 효율성을 추구했다.

있는지 없는지 모르는 지도자가 최고의 리더

현실에서 우리는 도리어 본래 부하 직원에게 속하는 업무조차 자신이 행하는 사례를 볼 수 있다. 공장장이 과장의 일을 하면 공장장은 과장의 권한을 떠맡는 격이 되는데, 이와 같은 기업은 성공할 수 없다. 미국 제너럴모터스(General Motors Corporation)의 창립자이자 최고경영자인 윌리엄 듀랜트(William C. Durant)는 직원들의 일에 일일이 참견하면서 회사를 좌지우지했다. 얼마 후 회사는 위태로운 상태가 되었고, 뒤를 이어 앨프리드 슬론(Alfred Sloan)이 최고경영자로 임명됐다. 그가 회사 경영을 맡은 후 제너럴모터스에서는 듀랜트의 방법과는 완전히 다른 분권화가 실행됐다. 자신의 권한 일부를 아랫사람들에게 넘겨준 것이다. 물론 중요한 권한은 여전히 최고경영자인 자신이 구사했다. 이렇듯 권한의 중앙 집중화와 분권화를 조율해 조화를 이루자 제너럴모터스는 다시 활기를 찾고 번영하기 시작했다.

이런 슬론의 행동이 노자의 무위 관념을 무의식적으로 실천한 것이라고 한다면, 미국 벨 실험실(Bell Laboratories)의 성공은 그와 달리 적극적으로 노자의 위무위 사상을 실행한 결과다. 벨 실험실은 세계 최초로 전화기, 텔렉스와 태양전지, 유성 레코드를 발명하고 통신 위성을 처음으로 설계한 연구개발 기관이다. 실험실 책임자인 중국계 미국인 천위야오(陳煜耀) 박사는 자신의 사무실 벽에 걸린 족자를 가리키며 "이것을 따랐을 뿐입니다"라고 말했다. 족자에는 무위이치(無爲而治)라는 네 글자가 쓰여 있었다. 그리고 그 아래에는 천 박사가 덧붙인 영문 주석이 있었다.

"가장 좋은 리더는 타인을 도울 수 있지만 타인은 그럴 필요가 없다고 느낀다."

그는 "리더의 책임은 부하를 통솔하되, 그들이 결코 그것을 인식하지 못하게끔 하는 것이다"라고 말했다. 이러한 사례는 벨 실험실의 경영이 《노자》 제17장에서 말하는 "가장 좋은 통치자는 사람들이 그 존재를 느끼지 못한다"라는 경지에 이르렀음을 설명해준다. 벨 실험실의 성공을 통해서 천 박사의 이야기가 옳다는 것을 확신할 수 있다. 이 실험실은 노자의 무위이치 사상을 실천함으로써 성공할 수 있었던 것이다.

제도가 명분을 만든다

제도를 만들어 명분이 있게 되었고, 명분이 정해졌으면 적당한 정도에서 멈출 줄 알아야 한다. 멈출 줄 알면 위태롭지 않다.
始制有名, 名亦旣有, 夫亦將知止. 知止可以不殆.

《노자》 제32장

지금까지 경영 전략의 방면에서 위무위 사상이 작용하는 바를 알아보았다. 우리는 경영과 조직, 회사 내부 규칙 등이 서로 연관되어 존재한다는 것을 알고 있다. 조직 기구와 조직 활동은 경영 목표를 실현하기 위해 필요한 것이다. 경영을 효율적으로 하려면 반드시 관련된 회사 내부 규칙을 제정해야만 한다. 따라서 기업 경영을 이야기할 때 조직 문제와 회사 내부 규칙 문제를 빼놓을 수 없다. 마찬가지로 조직과 회사 내부 규칙을 이야기할 때도 경영 문제를 빼놓을 수 없다. 위무위는 리더십에 영향을 줄 뿐만 아니라 조직 영역과 회사 내부 규칙을 정하는 데도 영향을 미친다.

조직학에서 다루는 위무위 문제를 살펴보려면 먼저 조직 개념에서 이야기를 시작해야 한다. 조직이란 무엇인가? 조직은 한두 마디로 쉽게 설명할 수 있는 개념이 아니다. 그러나 대체로 두 가지로 해석할 수 있다. '활동을 조직하다' 에서처럼 조직을 동사로 본다면, 예컨대 일부 사람들을 조직하거나 어떤 일을 조직한다는 뜻이다. '조직 기구' 에서처럼 조직을 명사로 본다면, 어떤 조직 단체나 조직 단위 등을 가리킨다.

조직의 정의, 즉 실체로서의 조직은 일종의 사람들의 집합으로, 어떤 경영 목표와 경영 행위를 실현하기 위한 조직적 담보라고 할 수 있다. 과정으로서의 조직은 일종의 일이라고 볼 수 있다. 어떤 경영 목표와 경영 행위를 실현하기 위해 펼치는 활동으로 관계자와 자원을 조직하는 것이 그렇다. 이는 현대 경영 이론의 주류 중 하나인 관리과정학파(the management process school)의 조직 관념이다.

이 밖에 행동 과학의 관점에서 조직 문제를 연구하는 인간행동학파(the human behavior school)가 있다. 그들은 리더십의 관점에서 일반 조직의 문제뿐만 아니라 대중이 자발적으로 형성한 비정규 조직의 문제도 연구 대상으로 삼는다.

어떤 관점이든 조직 문제란 결국 사람 문제다. 사람 문제는 조직학의 핵심이다. 사람이 모여 조직을 이루고, 또 이 사람들이 다양한 조직 활동을 한다.

노자의 위무위 사상은 인생철학이자 정치철학이며 처세철학이다. 조직학을 연구할 때도 《노자》의 사상에서 영양분을 섭취할 수 있다.

클리블랜드 할렌이 쓴 《미래의 행정 수뇌The executive heads of the

future》에 이런 구절이 있다.

"현대의 정치가들이 정부의 방대한 기구에 대해 불평할 때, 그들은 중국의 위대한 철학자, 즉 노자가 제시한 것보다 좋은 공식을 찾기 어렵다. 노자는 한 나라를 다스리는 것이 꼭 작은 생선을 굽는 것과 같아서 너무 자주 뒤적이면 작은 생선이 모두 부서져서 형편없게 된다고 말했다."

그는 위에 인용한 이야기를 끝맺은 후 이렇게 덧붙였다.

"어떤 역사학자는 노자가 단순한 개인이 아니라 사색적인 관료들로 구성된 위원회라고 보기도 한다. 탁월한 지혜가 정말 한 집단에서 나왔다면, 이는 횡적 연계를 증명한다. 예를 들어 일본인이 이른바 '만장일치'라고 하는 것, 인도네시아 사람들이 '무샤와라(musyawarah, 합의와 협의에 의한 의사결정 방식으로 다수결보다 만장일치를 선호)'라고 말하는 것, 마르크스레닌주의에서 '다수결 원칙'이라고 일컫는 것, 중국인이 '협동'이라고 말하는 것이 모두 그것이다. 이는 피라미드 형태의 조직에서 오랫동안 존재했다."

클리블랜드는 직접적으로 《노자》의 사상과 조직을 연결하여 이야기할 뿐만 아니라 조직 내의 경영 협력 문제도 연관시킨다.

《노자》 제32장은 군주가 천하를 다스리려면 관리 조직과 관리 제도를 세워야 한다고 강조한다. 관리 조직에 그에 맞는 제도까지 갖춰야만 관리의 명분도 정해진다. 명분이 정해지면 분업이 분명해지고, 각각의 일 또한 적절하게 처리된다. 멈출 줄 알고 이렇게 실천할 때 비로소 관리(管理)가 위태롭지 않다. 어떤 사람은 "제도를 만들어 명분이 있게 되었다"라는 구절의 '제도를 만들다'를 '만물이 흥성하다'라고 풀이하기도 한다. 이 해석을 이 책에서 이야기한 내용과 연결해서 살펴보자. 예를 들어 《노자》 제28장 후반부에 이런 구절이 있다.

통나무를 쪼개면 그릇이 되고, 성인이 이를 이용하면 관리의 우두머리가 된다. 그러므로 훌륭한 다스림은 나누어 자르지 않는다.(樸散則爲器, 聖人用之, 則爲官長, 故大制不割.)

이 구절에서 '통나무를 쪼개면 그릇이 된다'는 말은 '순박한 도가 흩어져 만물을 형성한다'는 의미다. 그리고 '성인', 즉 지도자가 순박한 도를 사용하면 백관의 우두머리가 될 수 있고, 훌륭한 정치 제도는 자연스럽게 저절로 이루어지는 것이어서 나누어지지 않는다고 설명한다. 다시 말해 노자는 도를 지도자, 관리, 제도와 연결시켰다. 그러므로 우리는 '제도를 만들어 명분이 있게 되었다'는 해석을 기초로 경영 해법을 생각해야 한다.

멈출 줄 알면 위태롭지 않다

노자는 앞에서 인용한 구절과 관리 문제에 관해 쓴 글에서 '제도를 만들어 명분이 있게 되었다', '멈출 줄 알면 위태롭지 않다'는 견해를 제시했다. 하지만 이 말에서 '제도를 만들다'의 내용과 '멈출 줄 안다(知止)'는 내용을 어떻게 실천할 것인가는 직접적으로 자세하게 서술하지 않는다. 《노자》의 전체 사상 체계에서 볼 때, 제도를 만드는 것과 멈출 줄 아는 것의 정도는 모두 위무위의 원칙을 근거로 자세히 검토해야 한다.

군주는 아랫사람에게 권한을 분할할 때 위무위해야 한다. 이때 군주는 무위를 실천해야 하지만 위도 해야만 한다. 가장 이상적인 경지는 바로 '훌륭한 지도자는 말을 아끼고 삼간다', '가장 좋은 통치자는 사람들이 그 존재를 느끼지 못한다'이다. 이 부분에 관해서는 앞 절에서 상세하게 다뤘으므로 여기에서는 생략하도록 하겠다.

조직 기구를 설립하고 관리 단계와 관리 폭을 결정할 때도 위무위의 자세가 필요하다.

관리 계층이란 기업의 최고관리부터 하급관리에 이르는 관리 단계를 가리킨다. 관리 폭이란 경영자 한 사람이 얼마나 많은 직원을 관리할 수 있는가를 말한다. 관리 계층과 관리 폭은 서로 반비례한다. 전체 직원의 수가 변동하지 않는다면 관리 계층이 줄어들 때 관리 폭은 커진다. 반대의 경우도 있다. 관리 계층과 관리 폭은 전체 직원 수의 변동 말고도 많은 요인의 영향을 받는다. 예컨대 조직 구성원의 자질과 기업 생산 경영의 외부 환경 및 내부 조건이라는 요인이 있다. 경영자의 자질과 능력이 뛰어나면 관리 폭은 넓어질 수 있다.

문제는 반드시 그런 것만은 아니라는 데 있다.

능력이 뛰어난 경영자는 분권 경영에 능하기 때문이다. 서양의 현대 경영학자들은 흔히 볼 수 있는 피라미드식 관리 조직을 축소해 관리 계층을 간소화하고 경영자가 직원들을 느슨하게 관리하기를 제안한다. 한 사람이 모든 분야를 일괄적으로 관리하려는 망상을 없앰으로써 몸도 마음도 지치는 독재자가 되지 않도록 하는 것이다. 미국의 자동차 부품회사 데이너코퍼레이션(Dana Corporation)에서 1969년에 최고경영자에 오른 르네 맥슨(Rene Mcson)은 회사의 관리 계층을 열한 단계에서 다섯 단계로 간소화했다. 이렇게 되자 항간의 우려와는 달리 매출액은 거꾸로 10억 달러에서 30억 달러로 증가했다. 이런 경영 전략의 밑바탕에는 사실 노자의 위무위와 제도를 만들어 자신의 관리 욕구를 멈출 줄 알아야 한다는 사상이 있다고 봐도 과언이 아니다.

직선관리(直線管理)와 참모관리(參謀管理)를 조율할 때도 같은 철학이 필요하다. 직선관리란 경영자가 아랫사람을 직접 관리하는 것으로, 주요 권한이 경영자에게 집중된다. 참모관리는 지휘 체계의 통일과 수평적 협력 관계를 해치지 않는다는 전제 아래 경영자가 참모부서의 역할을 강화해 참모부서가 일부 사항을 직접 처리하는 것이다. 기업 경영자는 직선관리와 참모관리철학에 따라 적절한 권한 분할을 결정할 수 있어야 한다.

딱딱한 조직과 유연한 조직을 조율할 때도 그렇다. 딱딱한 조직은 안정성이 강한 조직을 가리킨다. 반면에 유연한 조직은 형세 변화에 대한 적응력과 탄력성이 비교적 큰 조직이다. 효율적으로 기업을 경영하려면 당연히 안정적인 정책과 조직 기구가 필요하다.

경영 전략은 형세에 따라 변해야 한다.

'제도를 만들어 명분이 있게 되었다' 라는 노자의 말처럼 조직 기구도 변화에 적절히 적응해야 한다. 이는 관리 조직을 세울 때 지나치게 딱딱한 것도 지나치게 부드러운 것도 지양해야 한다는 사실을 알려준다. 이를 통해서 우리는 강함과 부드러움이 서로 적절하게 조화를 이루어야 한다는 이치를 알 수 있다. 그러나 노자는 부드러움을 더 중시한다. 예컨대 '부드럽고 약한 것이 강하고 단단한 것을 이긴다'라는 말에서 알 수 있듯이 노자는 형세 변화에 적응하려면 아무래도 부드러움의 측면을 더 중시해야 한다고 말한다.

조직 기구의 체계는 복잡해서는 안 된다. 각종 위원회와 사무실 등이 지나치게 많이 설치되면 서로의 역량을 상쇄하고 사람들의 창조성을 떨어뜨리는 결과를 초래할 수 있다. 심각하면 파킨슨 법칙(Parkinson' s law)[18]에서 말하는 현상이 나타나기도 한다. 불필요한 부서와 사무실, 그리고 쓸데없이 많은 인원은 대개 쓸데없는 일을 만들 뿐이다. 공연히 긁어 부스럼을 만들거나 괜히 일을 복잡하게 만들고 말썽을 일으키기도 한다. 바로 이와 같은 상황에 노자의 무위 원칙에 따른 제도가 필요하다.

엄격하고 가혹한 정책과 번거로운 법령에만 의지해서는 안 되며, 응당 자연에 순응해야 한다. 이때 내부 규율을 세우는 일은 '올바름으로 나라를 다스린다(以正治國)'의 한 방법이라고 할 수 있다. 그래도 그 정도가 넘치거나 지나쳐서는 안 된다.

노자는 "발꿈치를 들면 제대로 설 수 없고, 보폭을 크게 하면 제대로 걸을 수 없다(企者不立, 跨者不行)"(《노자》 제24장)라고 했다. 번거롭고 자질

구레한 회사 내부 규칙에 기대어 경영을 한다면 결과는 노자의 말처럼 발꿈치를 들어 까치발을 한 채 멀리 있는 사물을 보려 하지만 오히려 똑바로 서는 것조차 어려운 것과 같다. 큰 걸음으로 걸어 나가고자 하지만 오히려 멀리 가지 못하는 것처럼 얻는 것은 원한 것과 상반된 결과일 수 있다. 그러므로 노자가 말한 위무위의 원칙에 따라 일을 처리해야 할 것이다. 즉, 위를 과학적인 무위의 기초 위에 두고 기업은 생산 경영 활동에 적합한 자신의 법칙에 따라 회사 내부 규칙을 정해야 할 것이다.

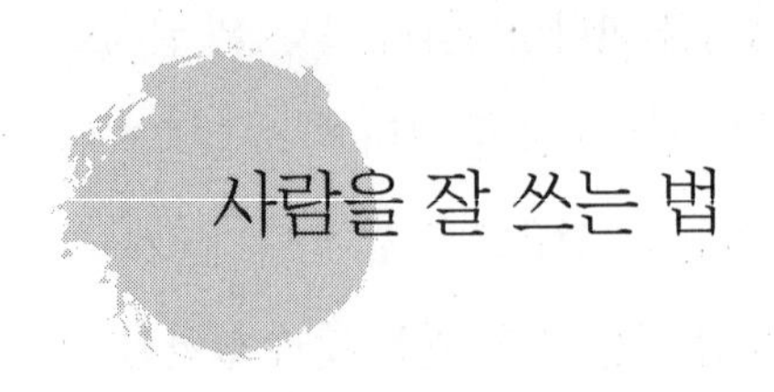

사람을 잘 쓰는 법

사람을 잘 쓰는 자는 자신을 낮춘다.
이를 다투지 않는 덕이라 하고, 남의 힘을 활용하는 것이라 이른다.
善用人者, 爲之下. 是謂不爭之德, 是謂用人之力.

《노자》 제68장

리더십은 크게 지도력, 조직, 인사라는 세 가지 내용을 포함한다. 노자의 위무위 사상은 리더십과 조직 활동에 적용할 수 있을 뿐만 아니라 인사 업무에 활용할 수도 있다.

미국인 엘부르트(Elburt)는 《스물두 가지의 관리 도구22 kinds of management tools》의 서문에서 "사람을 잘 쓰는 자는 자신을 낮춘다. 이를 다투지 않는 덕이라 하고, 남의 힘을 활용하는 것이라 이른다"라는 《노자》의 한 구절을 인용했다.

그는 여기에 자신의 견해를 덧붙였다.

"이 몇 마디가 나온 지 적어도 2000년의 역사가 흘렀다. 이는 식견이 뛰어난 관리자들이 오랫동안 노력했지만 여전히 그 누구도 이런 도의 경지에 가까이 가지 못했음을 보여준다. 어떤 의미에서 보면 관리의 역사는 이러한 기본 관념을 실천하는 데 힘쓴 역사다."

위 구절은 사람을 잘 부리는 사람은 아랫사람을 겸손하게 대한다는 뜻이다. 그것은 일종의 타인과 다투지 않는 덕이자 타인의 힘을 잘 이용하는 능력이다. 노자는 "이것이 바로 천도의 이치다(是謂配天古之極)"(《노자》 제68장)라고 말했다.

세상에 쓸모없는 사람은 없다

"사람을 잘 쓰는 자는 자신을 낮춘다"라는 말이 의미하는 것은 사람을 쓰는 데의 원칙, 지도자가 마땅히 갖춰야 할 인품과 덕성의 수양이라고 할 수 있다. 지도자의 수양에 관해서는 이 책의 제6장 '최고의 선은 물과 같다(上善若水)'에서 상세하게 이야기할 것이다. 《노자》에는 사람을 쓰는 문제와 관련된 통찰력 있는 견해가 많다. 그로부터 아래에 설명하는 대략 다섯 가지의 교훈을 얻는다.

첫째, 지인(知人)의 중요성이다.

사람을 쓰려면 먼저 사람을 알아야 하며, 그래야 비로소 사람을 적재적소에 쓸 수 있다. 《노자》 제33장에는 "타인을 아는 것이 곧 지혜로움이라면 자신을 아는 것이야말로 현명한 것이라 할 수 있다(知人者智, 自知者明)"라는 명언이 있다. 이처럼 타인을 아는(知人) 것은 중요하다. 자신을 아는 것이야말로 현명한 것이란 생각 위에서 지인이 이루어질 때 비로소 타인을 아는 것이 곧 지혜로움이란 가치를 실현할 수 있다. 노자는 스스로를 아는(自知) 데는 두 가지 포인트가 있다고 말한다.

하나는 '스스로를 아는 지혜로움이 있어야 하지만 고집스러움과 같은 폐단이 없어야 한다. 스스로를 사랑하는 마음이 있어야 하지만 거만하게 자신을 높여서는 안 된다(自知不自見, 自愛不自貴)'(《노자》 제72장)라는 관점이다. 노자는 항상 자신의 부족함과 알지 못하는 것에 대해 알아야만 하며(知不知, 尙矣)(《노자》 제71장), 알지도 못하는 것을 알고 있다고 하는 것은 병(不知知, 病也)(《노자》 제71장)이라고 말한다. 즉, 자신을 낮춰야 한다는 주장이다.

또 하나는 현명하고 능력 있는 자를 숭상하지 않아야 백성이 다투지 않게 된다(不尙賢, 使民不爭)(《노자》 제3장)는 입장이다. 하상공의《노자》'장구(章句)편'의 주석에 따르면 불상현(不尙賢)의 '현(賢)'은 세속적인 현명함을 말한다. '불상(不尙)'은 녹봉을 귀하게 여기지 않고 관직을 귀하게 여기지 않음을 뜻한다. 그러므로 이 말은 공명이나 관록과 같은 '현'을 추구해서는 안 된다는 뜻이다. 사람을 알고자 할 때 이러한 관점을 이용하여 파악하고, 이러한 관점에서 사람을 써야 한다. 그때야 비로소 백성이 다투지 않게 된다.

둘째, 사람을 쓰는 기준은 도라는 견해다.
《노자》 제2장에 이런 구절이 있다.

무위의 태도로 세상일을 처리하고, 말 없는 가르침을 행한다.(處無爲之事,

行不言之教.)

이 구절을 통해 노자의 인재관을 엿볼 수 있다. 사람이 무위의 덕을 갖추면 자신이 내세우지 않더라도 사람을 가르치고 인성을 길러주는 효과를 얻을 수 있다. 이와 같은 사상에 기초하여 노자는 지도자마다 도를 깨달은 정도가 서로 다르기 때문에 지도자에 대한 백성의 태도 또한 다르다고 말한다.

셋째, 사람을 잘 구하다(善救人)라는 개념이다. 이 개념은 노자의 주장에서 매우 중요한 내용이다. 《노자》 제27장에 이런 구절이 있다.

성인은 항상 사람을 잘 구하여 사람을 버리지 않으며, 항상 사물을 잘 구하여 사물을 버리지 않는다.(聖人常善救人, 故無棄人, 常善救物, 故無棄物.)

여기서 '사람을 잘 구하다'와 '사물을 잘 구하다'라는 개념은 좋은 지도자는 사람을 쓸 때 상대방의 강점과 장점을 잘 파악하여 사용하여 세상에 버려지는 쓸모없는 사람이나 사물이 없게 한다는 뜻이다. 이런 사상은 황금 가운데에도 완벽한 순금이 없듯이 사람 가운데에도 완벽한 사람은 없다는 이치를 알려준다.

사람을 쓸 때는 상대방에게 무리하게 완벽함을 강요해서는 안 된다. 상대방의 장점은 살리고 단점은 보완함으로써 장점이 충분히 발휘되도록 해야 한다. 세상에 쓸모없는 사람은 없지만 사람을 쓸 줄 모르는 사람은 있다. 지도자가 마음을 비우고 자신을 낮춰야 비로소 인재를 알아보게 된다. 지도자는 사람을 존중하고 신뢰하며 도와주고 가르쳐서 장점을 찾아낼 수 있어야 하며, 나아가 그 장점을 이용해 더욱 발전시켜야 진정으로 사람을 잘 구할 수 있다.

미국의 경영학자 피터 드러커(Peter Ferdinand Drucker)는 사람을 쓰는 노하우는 그 사람의 단점을 줄이는 게 아니라 장점을 발굴하는 데 있다고 말했다. 이는 노자의 사상과 겹치는 부분이다. 경영자가 아랫사람과 직원을 부리는 데 능숙하지 못하면 장점은 보지 못하고 단점만 보게 되며 나아가 그 단점을 부각시킨다. 그 결과 직원들은 자포자기하게 된다. 기업 경영자가 노자의 생각에 따라 '사람을 잘 구하게' 되면 결점이 있는 사람이라도 얼마든지 유용한 인재로 쓸 수 있다.

넷째, 선결(善結)이라는 개념이다. '선결'이란 단결을 잘한다는 의미다. 이는 《노자》 제27장에 나오는 다음 구절에서 비롯된 개념이라고 할 수 있다.

잘 묶는 사람은 밧줄 없이 묶어도 풀지 못하게 한다.(善結無繩約而不可解.)

즉, 잘 묶는 사람은 밧줄을 사용해서 묶지 않더라도 튼튼하게 묶을 수 있다는 뜻이다. 사람을 쓰는 데 이와 같은 선결이 필요하다. 다시 말해 억지로 묶어서는 친구가 될 수 없다. 겸손한 태도로 상대방을 대할 때 비로소 진정한 친구가 될 수 있다. 더 나아가 자신에게 나쁜 감정이 있는 사람일지라도 겸손한 태도로 대해야 한다. 노자는 "원한을 덕으로 갚는다(報怨以德)"(《노자》 제63장)라고 말했다. 인재를 사용할 때는 "네모나지만 그 모서리로 사람을 베지 않고, 날카롭지만 사람을 다치게 하지 않는다. 또한 거리낌이 없지만 제멋대로 굴지 않고, 빛나지만 눈부시지 않다(方而不割, 廉而不劌, 直而不肆, 光而不燿)"(《노자》 제58장)란 말과 같아야 한다. 또한 "만물을 자라게 하지만 소유하지 않고 만물을 흥성하게 하지만 교만하게 굴지 않으며, 만물을 자라나게 하지만 주재하지 않는다(生而不有, 爲而不恃, 長而不宰)"(《노자》 제51장)라는 말에 따라 수양한다면 침착하게 일을 처리할 수 있을 뿐 아니라 대중의 적극성도 불러일으켜 통합으로 나아갈 수 있다.

다섯째, 말 없는 가르침(不言教)이라는 개념이다. 사람을 쓰려면 인재를 길러야 한다. 인재를 기르는 데 관해 노자는 '말 없는 가르침'을 주장한다. 그는 "무위의 태도로 세상일을 처리하고, 말 없는 가르침을 행한다"(《노자》 제2장)라고 말한다. 또 그는 "만물을 낳았지만 주재하지 않으며, 만물을 자라게 하지만 소유하지 않고, 만물이 흥성하게 하지만 교만하게 굴지 않으며, 공을 이루어도 자기 것으로 자처하지 않는다. 스스로 공이 있다고 자처하지 않으니 그 공적이 사라지지 않는다(萬物作而不始, 生而不有, 爲而不恃, 功成而不居. 夫唯不居, 是以不去)"(《노자》 제2장)라고 밝혔다. 인용한 두 구절은 《노자》 제2장에서 연속되는 한 구절이다. 이를 나눠서 인용한 것은 이 한 구절에 두 가지 의미가 있기 때문이다. 하나는 '말 없는 가르침'이라는 명제를 제시하고, 다른 하나는 그 실천과 의의를 이야기한다. 노자는 비유로써 말 없는 가르침을 어떻게 실천할 수 있는지를 강조했다. 그는 만물을 낳았어도 자기 소유로 하지 않으며, 만물을 움직였어도 공적이 있다고 교만하게 굴지 않으며, 만물을 성장시켰어도 그것을 주재하려 하지 않아야 한다고 생각했다. 지도자는 이와 같은 인품과 덕성으로 사람을 대하고 일을 처리해야 한다. 그러면 그의 공덕과 업적은 세상에 길이 빛날 것이며 말 없는 가르침의 효과도 거둘 수 있게 된다.

참고로 한마디 더 덧붙이자면 말 없는 가르침을 행한다는 구절은 《노자》 제43장에서 다시 한 번 그대로 반복된다. "만물을 자라게 하지만 소유하지 않고, 만물이 흥성하게 하지만 교만하게 굴지 않는다"라는 구절도 제10장에서 글자 하나 틀리지 않고 그대로 반복된다. 이를 통해서 노자가 '말 없는 가르침'이라는 문제를 매우 중요시했음을 짐작할 수 있다.

《장자》 '지북유(知北游)편'에서도 말 없는 가르침에 관한 이야기가 나온다. 장자는 "도의 이치를 아는 사람은 도에 대해 크게 떠들지 않고, 도에 대해 떠드는 사람은 도리어 진정한 도를 알지 못한다. 그러므로 성인은 가르치지 않고 가르칠 것을 주장한다(夫知者不言, 言者不知, 故聖人言不言之教)"라고 했다. 이 구절에서 이른바 '아는 사람(知者)', '떠들어대는 사람(不知)'이란 바로 도를 아는 사람과 도를 알지 못하는 사람을 가리킨다.

말 없는 가르침을 실천하는 것을 어떤 형식의 실천도 하지 않는 별도의 '가르침(教)', 예컨대 '말로써 가르치는(言教)' 것을 부정하는 뜻으로 해석해서는 절대 안 될 것이다. 몸소 행동으로 가르치는 것(身教)도 중요하고, 도를 알리는 것도 매우 중요하다. 문제는 말로써 가르치는 것이 필요한가 아닌가가 아니라 말로써 가르치는 내용과 언교를 실천하는 방법이다. 기업 경영자는 기업을 경영하면서 말 없는 가르침을 실천할 뿐만 아니라 말로써 가르치는 것도 실천해야 한다. 다시 말해 말과 행동에서 모두 모범을 보여야 한다.

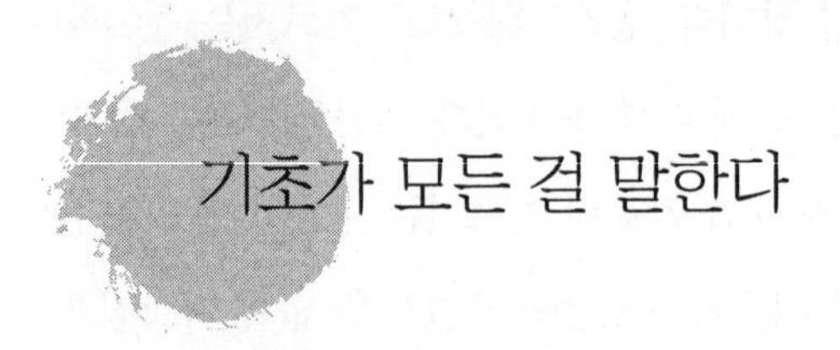

기초가 모든 걸 말한다

세상의 어려운 일은 반드시 쉬운 것에서 시작하고,
세상의 모든 큰일은 반드시 사소한 것에서 시작한다.
天下難事, 必作於易, 天下大事, 必作於細.

《노자》 제63장

통치자가 나라를 통치할 때 통치 기반을 마련하는 노력을 잊어서는 안 된다. 그와 마찬가지로 기업 경영자는 경영의 기초를 다지는 일을 소홀히 해서는 안 된다.

"원대한 목표를 실현하는 것은 사소한 일에서 시작한다(爲大於其細)"는 글은 《노자》 제63장에 나오는 한 구절이다. 어려운 일을 처리할 때는 쉬운 일부터 시작해야 하듯이 원대한 목표를 실현하고자 한다면 사소한 일을 처리하는 것부터 시작해야 한다는 뜻이다.

현대 사회에서 분업이 날로 세분화되고 전문화되어감에 따라 시대는 정교하면서도 디테일한 기업 경영을 요구하고 있다. 여기서 노자의 철학 이념은 기업 경영에 유익한 교훈을 또 한 가지 준다. 국내외 많은 기업의 성공 비결을 살펴보면, 그들이 뛰어난 성과를 낼 수 있었던 것은 생산 경영 과정에서 경영진이 디테일 경쟁을 관철했기 때문이다. 디테일 경쟁이란 원가 경쟁, 가공 기술 혁신의 경쟁이자 각 단계의 효율성에 대한 경쟁 등을 통칭해 표현한 말이다.

디테일 경쟁은 기업 경쟁의 성패를 결정한다. 다음의 두 가지 원인 때문이다.

첫째, 경영 전략이나 경영 방침과 같은 요소에서 뚜렷한 우위를 차지하기란 매우 어렵다. 그런 요소가 중요하다는 점은 모든 경쟁자가 아주 잘 알고 있기 때문이다.

둘째, 현대 사회에서는 이미 많은 시장에서 극히 적은 이익을 두고 경쟁한다. 기업은 겨우 몇 퍼센트의 이윤을 얻기 위해 대량의 자금과 인력을 투입한다. 이때 디테일에 소홀하면 한정된 이윤을 얻지 못할 수 있다.

중국에는 '작은 부분에서 그 실상을 볼 수 있다(細微之處見精神)'는 격언이 있다. 디테일 경쟁은 판매 촉진을 위한 경영 전략 따위처럼 곧바로 효과를 내어 제품 판매량이 급등하게 하지도 못한다. 디테일 경쟁은 비와 바람이 소리 없이 초목을 적시며 자라게 하듯이 아주 작은 관심과 서비스로도 브랜드에 대한 소비자의 믿음을 만들어낼 수 있다. 이것이 바로 디테일의 힘이자 매력이다.

디테일이 성패를 결정한다

《노자》와 혈연관계에 있다고 해도 과언이 아닌 《주역》도 우리에게 비슷한 깨우침을 준다. 《주역》은 크게 본문과 해설의 두 부분으로 구성된다. 본문을 경(經), 해설을 전(傳)이라고 부른다. 본문의 경은 표상(表象) 부호 64개를 사용해서 나타낸 괘의 조합으로 이루어진 것이다.

괘에는 괘상(卦象)이 있고, 그 풀이인 괘사(卦辭)와 효사(爻辭)가 있다. 그리고 각 괘는 '⚊' 부호와 '⚋' 부호의 효 6개로 이루어진다. '⚊' 부호를 양효(陽爻) 또는 강효(剛爻)라고 하며, '⚋' 부호를 음효(陰爻) 또는 유효(柔爻)라고 한다.

고대 중국에서 각각 3개의 효로 8괘를 만들었고, 이를 경괘(經卦)라 했다. 나중에 8괘를 2개씩 겹쳐서 64괘가 만들어졌으며, 이를 별괘(別卦)라 불렀다. 2괘가 겹쳐져 만들어진 괘상은 사물의 형상(象)을 나타내며 이러한 상(象)에는 무리(群)의 의미가 있다.

《주역》 원문에는 64괘의 해석이 모두 언급되어 있다. 괘의 해석은 두 가지로 나뉜다.

하나는 괘의 의미를 풀이한 괘사다. 예를 들어 '화수미제(火水未濟)' 라는 괘의 괘사는 "미제(未濟), 형(亨), 소호흘제(小狐汔濟), 유기미(濡其尾), 무유리(無攸利)"다. 여기서 흘(汔)은 '거의' 라는 뜻이고, 유(濡)는 '적시다' 라는 뜻이다. 이 구절의 전체 뜻을 살펴보면 미제(未濟), 즉 미완성이다. 여기서 나아가 요령이 있다면 결국 성공할 수 있음을 의미한다.

이 괘사는 작은 여우를 들어 비유한다. 작은 여우가 용감하게 강을 건너지만 경험이 부족한 탓에 그만 꼬리를 물에 적시고 강의 반대편에도 도달하지 못했다는 의미다. 그러나 이 상황을 뒤집어보면 상세한 계획과 경험이 있었다면 성공할 수 있음을 보여준다.

괘를 해석하는 다른 방법으로 효를 풀이한 효사라는 게 있다. 효사는 사실 공자가 주해한 역전(易傳)으로 64괘의 1괘 속 1효에 대한 공자의 전문적인 토론과 해석이라 할 수 있다. 우리는 변괘(變卦, 괘와 효가 서로 변화하며 만들어진 새로운 괘)를 구한 후 이 효사를 참고해서 괘상을 분석할 수 있다.

지금까지 이야기한 내용은 역학의 가장 기본적인 몇몇 지식이다. 역의 원리를 통해 도를 이야기하기 위해 한 말이다. 여기서는 경영의 기초를 설명하는 데 필요한 배경 지식이라고 할 수 있다. 괘는 맨 밑의 첫 번째 효인 초효(初爻)부터 그 위로 하나하나 겹쳐져서 맨 위의 여섯 번째 효인 상효(上爻)까지로 구성된다. 이는 노자의 원대한 목표를 실현하는 것은 사소한 일에서 시작한다는 생각과 일치한다. 이는 사물의 형성과 발전을 따르는 법칙으로 기업을 효율적으로 경영하는 원리이기도 하다. 기업 경영의 틀을 세우는 일은 그 기초를 튼튼히 하는 것에서부터 시작한다.

기초를 튼튼히 하라

초(初)는 처음을 의미하며, 초(礎)는 기초를 말한다. 초(初)와 초(礎)는 발음이 같을 뿐만 아니라 의미도 기본적으로 상통한다. 일을 장악하려면 처음을 장악해야 하고, 집을 지으려면 기초를 먼저 다져야 한다. 초(初)와 초(礎)의 중요성은 《노자》 제64장에서 아주 분명하게 드러난다.

한 아름 되는 나무도 싹에서부터 자라고, 9층의 누대도 한 더미 흙에서 시작되며, 천 리 길도 한 걸음부터 시작한다.(合抱之木, 生於毫末, 九層之臺起於累土, 千里之行, 始於足下.)

이 구절은 사실 《노자》 제63장에 나오는 "어려운 일을 처리하는 것은 쉬운 일에서 시작하고, 원대한 목표를 실현하는 것은 사소한 일에서 시작한다"라는 말에서 발전한 생각이다.

《노자》 제64장은 세 측면의 이치를 비유적으로 설명한다.

'한 아름 되는 나무도 싹에서부터 자란다' 는 말은 인재를 양성하는데 필요한 이치에 대한 비유다. '9층의 누대도 한 더미 흙에서 시작된다' 는 말은 힘써 사업을 새로 일으키는 상황에 얽힌 이야기다. '천 리 길도 한 걸음부터 시작한다' 는 자세는 마음을 가다듬어 뜻을 굳힐 때 필요하다.

첫째, 인재 양성에 관한 한 아름 되는 나무도 싹에서부터 자란다는 말은 아주 작고 가냘픈 새싹이 동량지재(棟梁之材, 마룻대나 들보가 되는 재목, 즉 나라나 한 가정을 떠받치는 중대한 책임을 질 만한 인재)로 자라난다는 뜻이다. 여린 새싹이 거목으로 자라나려면 작고 어린 새싹이 성장하는 동안 잘 보살펴줘야 한다. 가지를 손질하고, 흙이 마르면 물을 주고, 땅이 척박하면 자양분을 주어야 한다. 인재를 양성하는 것도 이와 마찬가지다. 직원 교육은 기업 경영의 기초 작업이라고 할 수 있다.

둘째, 9층의 누대도 한 더미 흙에서 시작된다는 말은 한 더미 한 더미의 흙이 쌓여 높은 건물이 된다는 뜻이다. 기업이 번창하려면 세 방면에 흙이 고르게 쌓여야만 한다. 기업의 생산 관계, 생산력, 상부 구조에서 흙을 잘 쌓아 올려야 한다. 생산 관계 방면에 흙을 쌓아 올리는 것은 기업 내부의 사람과 사람 사이의 관계를 조율하는 데 힘써야 함을 말한다. 기업 경영진 간의 관계, 간부와 평사원의 관계, 기술 인력과 관리 인력의 관계, 노동자와 노동자 사이의 관계 등이 모두 원만하게 잘 어우러져야 한다. 그 가운데에서도 경영진 간의 관계를 원만하게 유지하는 것이 특히 중요하다. 경영진 사이의 불화는 때로 기업을 곤경에 빠뜨리기도 한다. 그래서 적절한 지도 체계가 필요하다. 기업의 경영진이 제대로 꾸려지고 나면, 최선을 다해서 각 부서 구성원들의 적극성과 창조성을 불러일으키기 위해 노력해야 한다. 그와 함께 기업 문화와 조직 측면에서 직원이 기업의 주인으로서 권리를 누릴 수 있게 하는 제도를 마련해야 한다. 예를 들면 직원대표총회제도, 이익분배제도, 상벌제도가 있다.

생산력 조직 방면에 흙을 쌓아 올리는 데는 다양한 작업이 필요하다. 원활한 작업을 위해서는 생산 시스템이 표준화돼야 한다. 표준이 없으면 기업의 생산 활동은 엉망이 되고 만다. 생산 시스템에는 일정한 데이터와 정보, 그리고 지식이 필요하다. 불완전한 데이터와 불확실한 정보나 부정확한 지식은 경영자가 정확한 결정을 내리는 데 있어 치명타다. 정보 수집 또한 생산력 시스템 방면에 흙을 쌓아 올리는 중요한 작업이라고 할 수 있다. 각 방면에서 흙을 쌓아 올리는 작업은 특별한 의의를 지닌다. 부서는 기업에서 가장 기본이 되는 조직이다. 기업의 그 누구든, 경영자든 평사원이든 모두 한 부서의 구성원이다. 경영자가 '자신을 낮춘다' 라는 이치를 실천하는지 아닌지는 모두 여기에서 검증된다. 생산량 기준, 표준화, 계량화, 정보화 등의 흙을 쌓아 올리는 작업은 모두 최종적으로는 부서에서 확정되고 실행된다. 때문에 부서 관리가 제대로 되지 않으면 흙을 아무리 과학적으로 잘 쌓아도 한낱 흙더미에 지나지 않는다.

셋째, 마음을 가다듬어 뜻을 굳힐 때 천 리 길도 한 걸음부터 시작한다는 자세가 중요하다. 인생을 살아가는 데는 원대한 이상이 필요하다. 하지만 그런 목표에 이르려면 먼저 한 발을 내디뎌야 한다. 《장자》 '칙음(則陰)편' 에는 "산은 낮은 것을 다 포개놓아서 높게 되었고, 강은 도랑물을 다 받아들여서 넓어졌다(丘山積卑而爲高, 江河合水而爲大)"라는 구절이 있다. 같은 책 '소요유(逍遙游)편' 에는 이런 말이 나온다.

"무릇 물이 쌓여 두텁지 않으면 큰 배를 띄울 힘이 없다. 또한 바람이 쌓여 두텁지 않으면 큰 날개를 띄울 힘이 없다.(且夫水之積也不厚, 則其負大舟也無力. 風之積也不厚, 則其負大翼也無力.)"

물이 깊지 않으면 어떻게 큰 배를 띄울 수 있으며 바람이 거세게 불지 않으면 어떻게 대붕(大鵬, 하루에 구만 리를 날아간다는 상상의 새)의 날개가 뜰 수 있겠는가! 노자와 장자의 이야기는 우리가 뜻을 세우고(立志), 마음을 가다듬어 뜻을 굳히도록 일깨워준다. 산은 낮은 것을 다 포개놓은 것에 지나지 않는 것이라는 식의 마음으로 한 걸음부터 시작하면 꾸준히 성과를 올릴 수 있다.

유柔의 장

부드러운 것이 강한 것을 이긴다

천하의 가장 부드러운 것이 천하의 가장 굳센 것을 뚫는다. 형체가 없는 것은 틈이 없는 곳으로도 들어가니 나는 이로써 무위의 유익함을 알겠다. 말 없는 가르침과 무위의 유익함은 천하에 능히 도달할 자가 드물다.

天下之至柔, 馳騁天下之至堅. 無有入無間, 吾是以知無爲之有益. 不言之教, 無爲之益, 天下希及之.

- 《노자》 제43장

노자와 손자의 모략

천하에 도가 있으면, 전쟁이 없어 군마가 백성이 밭을 갈고 농사짓는 데 쓰인다.
천하에 도가 없으면, 전쟁이 빈번하여 군마가 전쟁터에서 새끼를 낳게 된다.
만족을 모르는 것보다 큰 재앙은 없으며, 욕심이 끝이 없는 것보다 큰 죄악은 없다.
天下有道, 却走馬以糞. 天下無道, 戎馬生於郊.
禍莫大於不知足, 咎莫大於欲得.

《노자》 제46장

이번에는 《노자》를 경영 모략과 연결해 논의해보자. 모략은 군사학에서 가장 중요한 내용이다. 우리는 먼저 《노자》와 군사학의 관계에서 이야기를 시작해야 할 것이다.

어떤 사람은 《노자》를 병서(兵書)라고 일컫는다. 《수서 · 경적지隨書 · 經籍志》의 병서 저술 목록에는 《노자병류老子兵類》가 포함되어 있다.[19] 당나라의 왕진(王眞)은 《노자》 "5000자 가운데 병법과 관련되지 않은 내용은 하나도 없다(五千之言未嘗有一章不屬意於兵也)"[20]라고 말했다. 또 송(宋)나라의 소식(蘇轍)은 "노자의 지혜로움이 관중이나 손무와 무슨 차이가 있는가(此幾於用智也, 與管仲孫武何異)"[21]라고 물었다. 명나라와 청나라의 교체기에 왕부지(王夫之)는 노자를 가리켜 병법을 말하는 이들의 스승(言兵

者師之)이라고 했고 '고지식하고 기만적인 요행의 시조(持機械變詐以徼幸之祖也)' [22]라고 평가한 이도 있었다.

왕진, 소식, 왕부지 등이 《노자》를 병서로 부르는 데는 그럴 만한 근거가 있다. 《노자》의 여러 장(章)에서는 '용병(兵)'과 관련 있는 내용을 실제로 언급한다. 그렇다고 해서 이 책이 병법과 관련되지 않은 내용은 하나도 없다고 하는 것은 과장이다. 그러나 그의 지혜로움이 관중이나 손무와 별 차이가 없다는 평가 정도는 수긍할 만하다.

명나라 초횡(焦竑)은 《담원집澹園集》 4권, '노자익서(老子翼序)'에서 "노자는 용병에 대해 말하는 것이 아니다(老子非言兵也)"라고 단호하게 이야기한다. 청나라 위원(魏源)도 마찬가지다. 그는 "《노자》를 병서로 보는 것은 그 잘못이 심하다(以《老子》爲談兵之書, 其失甚矣)"라고 평가했다. 현대에 들어 양빙안(楊丙安)은 "노자의 뜻은 도를 말하는 데 있지 용병을 말하는 데 있지 않다. 비록 용병을 이야기해도 그 뜻은 역시 도를 비유적으로 설명하는 데 있다"라고 설명한다. 도를 논의하는 과정에서 용병을 언급하는 것을 가지고 책 자체를 병서라고 볼 수는 없다는 의견이다.

《노자》의 십여 개의 장을 보면 '병(兵)'이나 '전(戰)'이라는 글자가 나온다. 예를 들면 제68장과 제69장이 그렇다. 다른 여러 장에서도 용병과 관련한 이야기가 엿보인다. 예를 들어 노자는 "무력으로 천하를 지배하지 않는다(不以兵强天下)"(제30장), "병기는 상서롭지 못한 것이다(兵者, 不祥之器)"(제31장)라고 했다. 이 밖에도 "무릇 타인과 다투지 않으므로 천하에 그와 다툴 수 있는 사람은 없다(夫唯不爭, 故天下莫能與之爭)"(제

22장), "부드럽고 약한 것이 강하고 단단한 것을 이긴다(柔弱勝剛强)"(제36장), "거두고자 하면 반드시 먼저 펼쳐야 하고, 약하게 하고자 하면 반드시 먼저 강하게 하라(將欲歙之, 必固張之, 將欲弱之, 必固强之)"(제36장) 등의 글이 나온다. 노자의 용병에 관한 견해는 대단한 통찰력이 있다. 이런 이유에서 노자의 사상 체계를 구성하는 중요한 부분의 하나인 용병을 연구하는 것은 《노자》의 도를 연구하는 데 있어 많은 도움이 된다. 도는 경영과 관련이 있고, 경영은 용병과 관련이 깊다.

만족할 줄 아는 만족

노자와 손자, 모두 지략가지만 용병이라는 분야에서만 보면 노자가 군사 전문가인 손자만 못하다. 그는 전쟁 자체에 반대 입장이다. 《노자》 제46장에서 그는 "천하에 도가 없으면, 전쟁이 빈번하여 군마가 전쟁터에서 새끼를 낳게 된다"면서 그 해결책으로 만족을 든다. 만족을 모르는 것보다 큰 재앙은 없으며, 끝없는 욕심보다 큰 죄악은 없다는 설명이다. 그는 만족할 줄 아는 만족이 영원한 만족이라고 주장했다.

노자는 만족할 줄 모르면 전쟁이 계속 일어나 새끼 밴 암말까지 징발하여 전쟁터에 내보내는 일도 생긴다고 우려했다. 춘추 시대의 제후국의 귀족과 영주 무리는 남의 토지를 강제로 빼앗고 전쟁을 빈번하게 일삼았다. 이런 상황에서 노자는 한마디로 정곡을 찌른다. 그는 전쟁의 근원이 바로 봉건 통치자의 만족할 줄 모르는 마음이라고 봤다. 그래서 탐욕과 만족을 모르는 심리가 세상에서 가장 무서운 일이자 화근이라고 말했다. 한 가지 예를 들어보자. 노자는 "도로써 군주를 보좌해야지 무력으로 천하를 지배해서는 안 된다. 무력을 사용하면 반드시 대가를 치르게 된다"(《노자》 제30장)라고 말했다. 참모는 도로써 군주를 보좌해야지 병력에 의지해 천하에 위세를 부려서는 안 된다는 얘기다.

노자의 이런 관점은 《손자》에서는 볼 수 없다. 《손자》는 6000자 가까이 되는 13편에서 구구절절 용병에 관해서 이야기한다. 간략히 말하면 문치(文治), 군비(軍備), 전략, 전술에 관해 폭넓은 이해와 통찰력 있는 견해를 토대로 치밀하면서도 힘 있게 용병에 대해 서술한다.

《노자》와 《손자》의 공통점

《노자》와 《손자》 사이에 차이점만 있는 것은 아니다. 먼저 전략과 전술을 분석하면 대략 다섯 가지 공통점이 있다. 도를 숭상하는 사상(崇道思想), 싸우지 않고 이긴다는 사상(全勝思想), 부드러움을 중시하는 사상(貴柔思想), 기발한 전략을 써서 승리한다는 사상(奇勝思想), 얻고자 하면 주어야 한다는 사상(予取思想)이다. 단, 여기에서 말하는 공통점은 상대적이라는 점을 기억해야 한다. 노자는 용병을 언급하지만 그것은 어디까지나 도를 이야기하기 위한 수단이다. 노자가 보기에 도를 갖춘 사람은 전쟁을 가까이하지 않는다. 또 그는 "전쟁은 많은 사람을 살상하므로 애통한 심정으로 참가하고, 전쟁에서 승리하더라도 상례로써 처리한다"(《노자》 제31장)라고 밝혔다.

노자는 현실에서 동떨어진 이상주의자는 아니다. 그렇기에 전쟁을 완전히 반대하지는 않았다. 부득이하게 전쟁을 할 경우 담담하게 대처하는 것이 바람직하며, 승리했을지라도 득의양양해서는 안 된다고 충고했다. 노자는 덕행이 있는 사람이라면 전쟁을 꺼리지만 어찌할 수 없어 전쟁에 참여한다는 점을 나타내고자 했다. 이런 심리 상태는 무력을 숭상하는 호전적인 사람이 전쟁에서 흥분하고 격앙되는 것과 대조된다. 승리한 것에 자만하여 우쭐거린다면 곧 살인을 즐기는 것이라는 묘사는 무력을 숭상하는 자의 심리를 꿰뚫는 부분이라고 할 수 있다.

다투지 않고도 이길 수 있다

《손자》 역시 책의 첫머리에서 도에 관해 이야기한다. 용병은 나라의 큰일(兵者, 國之大事)이라고 설명하며 이를 좌우하는 핵심 요소들을 나열했다. 도(道), 천(天), 지(地), 장(將), 법(法)이라는 '오사(五事)'가 그것이다. 손자는 이들 중 첫째는 도라고 명쾌히 밝혔다.

그가 말하는 도는 노자의 그것과 매우 다르다.

노자가 말하는 도는 하늘과 땅에 위치하며 우주에 존재하고 인간 세상으로 떨어진 허상적 의미의 도이자 다분히 철학적인 도다. 이와 달리 손자가 말하는 도는 정치 측면에서의 도이자 실체적 의미의 도로서 구체적으로 가리키는 바가 있다. 그렇지만 노자 역시 어떤 측면에서는 정치적 관점에서 도를 이야기한다. 예컨대 《노자》 제46장의 "천하에 도가 있으면, 전쟁이 없어 군마가 밭을 갈고 농사짓는 데 쓰인다", 제30장의 "도로써 군주를 보좌한다"라는 문장에서 말하는 도는 정치적 요소를 담고 있다.

둘째, 싸우지 않고 이긴다는 공통점에 관해 살펴보자. 싸우지 않고 이긴다는 사상은 《손자》에서 극명하게 드러난다. 예를 들어 《손자》 '모공(謀攻)편' 에 이런 내용이 나온다.

반드시 온전한 그대로 천하를 다투어야 한다.(必以全爭於天下.)

싸우지 않고 적을 굴복시키는 것이야말로 최선이다.(不戰而屈人之兵, 善之善者也.)

병력을 손상하지 않고 이익을 온전하게 한다.(兵不頓而利可全.)

《노자》에서는 명확하게 '온전함(全)' 과 같은 개념을 사용하지는 않는다. 그러나 싸우지 않고 이긴다는 손자의 사상과 비슷한 사상이 있다. 예를 들면 《노자》 제73장에서는 "다투지 않고 이긴다(不爭而善勝)" 라고 말한다. 싸우지 않고도 능히 승리한다는 것은 《노자》의 중요한 사상이다.

길이 아닌데 억지로 가면 아무리 수고로움을 마다하지 않고 가더라도 결국 목적지에 이를 수 없다.

객관적 현실을 고려하지 않은 채 무모하게 함부로 행동한다면 죽음을 자초하는 것이나 다름없다. 그럼에도 현실에 용감하게 맞서 적극적으로 살 필요는 있다. 어떤 면에선 모순이지만 진리다. 용기는 이익이 되기도 하며, 때론 손해가 되기도 한다.

어찌 됐건 침착한 태도를 유지하면서 규율을 준수하고 함부로 행동하지 않는 사람이야말로 발전할 가능성이 크다. 진정으로 지혜로운 사람은 이해할 수 없는 일이라 할지라도 무턱대고 제멋대로 행동하지 않는다. 그래서 다툴 일이 없다.

동남아에서 고무 대왕으로 불리는 리광첸(李光前)은 오래전에 '다투지 않는다(不爭)'는 말을 가슴에 담고 활용했다. 1927년에 그가 난이고무회사[南益樹膠公司, LEE RUBBER(SELANGOR) SDN. BHD]를 세울 당시, 고무 시장은 경쟁이 무척 치열했다. 고무 상인 대부분은 사업을 확장하고 회사의 탄탄함을 과시하기 위해 대량의 자금을 들여서 여러 공장을 사들였다. 그 가운데 리광첸은 달랐다. 그가 소유한 공장은 무아르(muar)의 부킷파지르(Bukit Pasir)에 있는 오래된 담배 공장과 린이순(林義順)에게 임대한 통이(通益) 고무 공장이 전부였다. 상품 제조에 쓰이는 콜로디온견도 소규모 고무 농장주들에게서 구입했다.

리광첸은 당시의 경쟁자들과는 달리 현금 거래를 선호했다. 소규모 농장주들은 콜로디온견을 팔 때 물품을 넘기는 동시에 현금을 손에 넣을 수 있을 뿐만 아니라 급히 자금이 필요할 때는 오히려 선불로 받을 수도 있었다. 이렇게 협력업체들과 끈끈한 관계를 맺어온 난이고무회사는 원료 공급이 중단되거나 부족할까 봐 걱정할 일이 없었다.

1929년 세계경제대공황으로 고무 가격이 폭락했을 당시 다른 경쟁 회사가 겪은 충격은 대단했다. 사업 확장만을 목표로 공장을 사들이는 데 자금을 쏟아 부었던 곳들부터 자금 회전이 되지 않아 줄줄이 도산했다. 리광첸은 그 전까지 이윤을 챙기는 데는 뒤떨어졌지만 넉넉한 자금과 업계 내의 신뢰를 바탕으로 위기를 기회로 삼았다. 1930년에 고무 가격이 파운드당 0.15위안으로 떨어져 최저 가격이 바닥을 쳤을 때도 현금은 충분했다. 이를 바탕으로 1934년에 경제가 회복세를 타자 가파르게 성장했다.

부드러움의 승리

노자와 손자 모두 부드러움을 강조한다. 부드럽고 약한 것이 강하고 단단한 것을 이긴다는 식의 주장이 그들 모두에게서 나온다. 《손자》는 이런 면에서 계략(計)과 모략(謀)을 강조한다. 이는 실질적으로 부드러움의 승리를 제창하는 사상이다.

《손자》 '세(勢)편' 에는 "약함은 강함에서 생긴다(弱生於强)"라는 구절이 있다. 다시 말해 진정으로 강한 군대는 필요하다면 적에게 약하게 보임으로써 싸우기 전에 실제로 군사력을 강화할 기회를 얻는다. 적에게 약하게 보여서 승리를 거두는 것도 계략과 모략으로 승리를 거두는 것으로 모두 부드러움의 승리다.

노자나 손자나 예외 없이 승리를 위해선 기발한 전략이 필요하다고 밝힌다. 《노자》 제57장에서는 "기발한 전략으로 용병을 한다(以奇用兵)" 라고 말한다. 여기서 말하는 '기(奇)' 는 '기(畸)' 와 같다. 이는 매우 생동적이고 기발하면서도 은밀한 계략을 묘사하는 것이다. 《손자》 '세편' 에는 "기습법(奇襲法)과 정공법(正攻法)은 끊임없이 서로 순환한다(奇正相生)"라는 말이 나온다. '계(計)편' 에도 "적이 대비하지 못한 곳을 공격하고, 적이 예상치 못한 방법으로 행동하라(攻其無備, 出其不意)"라는 글이 등장한다.

손자가 말하는 기(奇)는 노자보다 폭넓은 의미를 나타낸다. 예를 들어 "전술의 변화를 모두 알 수는 없다(奇正之變, 不可勝窮)"와 같은 문장이 이를 증명한다. 《손자》에서는 기발한 전략으로 적을 속이는 열두 가지 방법을 솔직한 화법으로 제시하기도 한다.

노자와 손자는 얻고자 하면 주어야 한다고 입을 모아 말한다. 《손자》 '세편'의 "여지, 적필취지(予之, 敵必取之)"라는 구절이 바로 주고 취하는 문제를 이야기한다.

적에게 무언가를 약간 '주고(予)' 적이 그것을 '취하도록(取)' 유인하여 마침내 '큰 승리를 거두는(大取)' 것을 말한다. 이런 사상은 노자의 말과도 일치한다. 《노자》 제36장에 "얻고자 하면 반드시 먼저 주어야 한다(將欲取之, 必固與之)"라는 문장이 있다. 또 노자는 "거두고자 하면 반드시 먼저 펼쳐야 하고, 약하게 하고자 하면 반드시 먼저 강하게 하라. 폐하고자 하면 반드시 먼저 흥하게 하라"라고 말했다.

노자는 모든 것이 끊임없는 대립과 전환의 상태에 놓여 있다고 보았다. 사물의 발전이 어느 한계 지점에 도달하면 그것은 반드시 반대 방향으로 전환하게 된다는 주장이다. 마치 달이 차면 기운다는 이치다. 이렇게 보면 겨울은 곧 봄의 전조인 것이다. 《노자》 제36장에서 말하는 이런 사상은 더 넓은 의미에서 이와 같은 이치를 설명하는 것이라 할 수 있다. 그러나 앞서 인용한 손자의 주고(予之) 취하도록(取之) 한다는 말은 용병에 국한해서 이야기한다고 볼 수 있다.

오늘날 사람들은 흔히 "시장은 총성 없는 전쟁터와 같다"라고 말한다. 필자가 특별히 지면을 할애하여 노자와 손자의 병법론 간에 차이를 다룬 것은 하나의 배경지식을 제공하려는 것이다. 다시 말해 노자의 병법론을 손자의 병법론과 비교함으로써 노자의 병법론과 경영 전략의 관계를 더 효과적으로 토론하기 위해서다.

부드러움과 권모술수의 공통점

세상에 물보다 부드럽고 약한 것은 없으나,
단단하고 힘센 것을 공격하는 데 이보다 훌륭한 것도 없다.
天下莫柔弱於水, 而攻堅强者莫之能勝.

《노자》 제78장

'부드러움' 은 《노자》의 중요한 개념이다. 아래와 같은 문장들에서 알 수 있는 내용이다.

기에 전념하여 지극한 부드러움에 이른다.(專氣致柔.)
– 제10장

부드럽고 약한 것이 강하고 단단한 것을 이긴다.(柔弱勝剛强.)
– 제36장

천하의 가장 부드러운 것이 천하의 가장 굳센 것을 뚫는다.(天下之至柔, 馳

騁天下之至堅.)

– 제43장

부드러움을 지키는 것을 강함이라 한다.(守柔曰强.)

– 제52장

뼈는 약하고 근육은 부드러우나 그 잡는 힘은 단단하다.(骨弱筋柔而握固.)

– 제55장

부드럽고 약한 것은 살아 있는 것들이다.(柔弱者生之徒.)

– 제76장

세상에 물보다 부드럽고 약한 것은 없으나, 단단하고 힘센 것을 공격하는 데 이보다 훌륭한 것도 없다.(天下莫柔弱於水, 而攻堅强者莫之能勝.)

– 제78장

《노자》 제37장에는 이런 구절이 있다.

도는 항상 함이 없지만, 또한 하지 못함이 없다.(道常無爲而無不爲.)

여기서 아마도 어떤 이는 이렇게 물을 것이다. '하되 하지 않는 것처럼 하라(爲無爲)', 이것은 권모술수(權術) 사상이 아닌가? 그렇다. 위무위 사상은 권모술수의 경향을 띠고 있다. 펼치는(張) 것은 거두기(歙) 위한 것이며, 함이 없는(無爲) 것은 함(爲)을 위한 것이란 논리가 그렇다. 그래서 왕부지는 노자를 세상에서 더없이 음흉하고 간사한 사람으로 보았다.

물론 권모술수는 일반적으로 부정적인 느낌의 어휘다. 많은 사람이 이를 음모나 계략과 결부시킨다. 그러나 노자가 말한 권모술수, 즉 위물위는 칭찬하거나 비방하는 의도가 없는 가치중립적 개념이다.

역사적으로 음흉한 의도에서 권모술수를 사용한 인물들이 있다. 예를 들면 여불위(呂不韋)와 위안스카이(袁世凱) 등이 그렇다. 반면에 권모술수를 사용하고도 오히려 사람들의 칭송을 받은 인물도 존재한다. 이를테면 춘추 시대 말기의 여상이 그렇다. 여상은 주(周)나라 문왕(文王)을 보좌하여 은(殷)을 수도로 한 상나라를 물리쳤다. 그런데 이 과정에서 권모술수를 사용했다. 손자는 그래서 여상을 주나라의 간첩으로 보기도 했다.

손자에게도 권모술수 이론이 있다. "맹금은 공격을 앞두고 낮게 날며 날개를 거두어들이고, 맹수는 사냥을 앞두고 토끼를 향해 머리를 숙이고, 성인은 행동을 앞두고 얼굴에 우매한 기색을 띤다(鷙鳥將擊, 卑飛斂翼, 猛獸將捕, 兎首偏伏, 聖人將動, 心有愚色)"라는 글에서 드러난다. 이는 더 큰 것을 잡기 위해 일부러 놓아주고 기회를 엿보다가 움직이는 것을 비유적으로 표현한 것이다. 이런 모략은 손자와 그 후대 사람이 쓴 전략서인 《육도六韜》에서도 자주 볼 수 있다.

이번에는 노자와 손자를 비교하여 시비를 판단해보자. 위원은《손자집주孫子集注》의 '서(序)' 에서 이렇게 말한다.

'천하에 물보다 약한 것은 없으며, 그러므로 굳세고 강한 것을 대적하기에 그것보다 나은 것은 없다' 나는 여기에서 용병의 형세를 보았다. 손무의 말은 그 저술에서 명백하게 드러난다. '백 번 싸워 백 번 이기는 것이 최선이 아니다. 싸우지 않고 적을 굴복시키는 것이야말로 최선이다' 그러므로 용병을 잘하는 자는 지략이 뛰어나 보이거나 용맹이 돋보이거나 하지 않으며, 나는 여기에서 용병의 능숙함을 보았다.(天下莫弱之於水, 故敵堅强莫之能先' 吾於斯見兵之形. 孫武其言通之書乎. '百戰百勝非善之善者也, 不戰而屈人之兵善之善者也' 故善用兵者, 無智名, 無勇功, 吾於斯見兵之精.)

위원이 인용한 첫 문장은《노자》제78장에 나오는 "천하에 물보다 부드러운 것은 없으니…(天下莫弱於水…)"라는 구절이다. 뒤에 이어지는 인용문들은 각각《손자》'모공편'과 '형(形)편'에 나오는 "백 번 싸워 백 번 이기는…(百戰百勝…)", "그러므로 용병을 잘하는 자는…(故善用兵者…)"이라는 구절이다. 위원은 노자와 손자의 말을 대조하여 이야기한 것이다.

노자는 모략가인가

위원이 보기에 "천하에 물보다 부드럽고 약한 것은 없다"라는 말은 '용병의 형세(兵之形)'를 의미하며, "싸우지 않고 적을 굴복시킨다"라는 어구는 '용병의 능숙함(兵之精)'을 가리킨다. 여기에서 위원은 노자의 부드러움 이론과 손자의 모략론을 연결한다. '부드러움'에는 '모략'이 포함되어 있고 '모략'에도 '부드러움'이 포함되어 있다. 이렇게 보면 노자와 손자는 모두 모략을 이야기한 것이다.

손자가 모략에 뛰어난 것은 모든 사람이 인정하는 바다. 손자는 "이로움을 따져 그에 상응하는 행동을 한다(因利而制權)"라고 했고 이는《손자》'계편'에 나온다. 이 밖에 "용병이라는 것은 적을 속이는 것이다(兵者, 詭道也)", "용병은 적을 속이는 데서 시작한다(兵以詐立)"라고 말하기도 했다. 손자는 권모술수를 가장 널리 제창하고 또한 가장 잘 활용한 사람이라고 할 수 있다. 하지만 사람들은 그가 권세와 모략을 이야기한다고 해서 그를 배척하거나 내치지 않았다. 오히려《한서 · 예문지漢書 · 藝文志》에서는 그를 '군사모략가'로 칭했다.

용병술에서 기만, 속임수, 권모는 유용한 수단이다. 그럼에도 노자는 일부 사람들에 의해 안 좋은 의미의 권모술수가로 폄하되어 불린다. 이유가 무엇일까.

우선 권모술수는 사람들이 드러내놓고 이야기하기를 좋아하지 않는 주제다. 노자는 저서에서 이를 언급하는 정도가 아니라 구체적으로 이야기한다. 예컨대 "거두고자 하면 반드시 먼저 펼쳐야 한다"라는 말이 있다.

일 처리에서는 일 처리의 술수를 따르고, 대인 관계에서는 대인 관계의 술수를 따르며, 처세에서는 처세의 술수를 따라야 한다. 올바르게 학습하고 활용한다는 것은 적절히 합리적이고 과학적이면서 도의에 맞게 사용한다는 뜻이다. 단, 불법적이거나 비합리적이어서는 안 되며 도리에 어긋나거나 본분을 벗어나서도 안 된다.

군대가 강하면 무너지고, 나무가 강하면 꺾인다

사람이 살아 있을 때는 부드럽고 유연하지만, 죽어서는 뻣뻣해진다. 초목도 자랄 때는 부드럽고 약하지만, 죽어서는 시들고 마른다. 그러므로 굳고 강한 것은 죽은 것들이요, 부드럽고 약한 것은 살아 있는 것들이다.

人之生也柔弱, 其死也堅强. 草木之生也柔脆, 其死也枯槁.
故堅强者死之徒, 柔弱者生之徒.

《노자》 제76장

'부드럽고 약한 것이 강하고 단단한 것을 이긴다'라는 명제는 보편성을 띤다. 노자는 비유법을 이용해 자신의 생각을 밝힌다.

노자는 "세상에 물보다 부드럽고 약한 것은 없으나, 단단하고 힘센 것을 공격하는 데 이보다 훌륭한 것은 없다"라고 말한다. 어떤 것도 물을 대신할 수 없기 때문이다. 물은 부드러우면서도 부러지지 않는다. 돌은 단단하고 칼은 예리하다. 그러나 물방울처럼 떨어져 바위를 뚫을 수는 없다. 칼은 물을 자를 수 없지만, 물은 칼을 녹슬게 할 수 있다. 홍수가 나면 토지와 가옥이 물에 잠긴다. 제방과 다리도 물살에 휩쓸리며, 그 어떤 견고한 것도 버티기 어렵다. 이처럼 부드러움이 강함을 이긴다는 것은 자연계의 이치다. 노자는 물이라는 현상을 통해 다스림의 이치를 말한다.

물의 유약하고 자신을 낮추는 품성은 일견으로 수동적이면서 열세인 것처럼 보인다. 그러나 실제로는 능동적이면서 우세를 차지한다. 그러므로 군주 된 자는 응당 물과 같이 자신을 낮추고 부드러움을 지켜 나라의 모든 허물과 불행을 기꺼이 책임질 수 있어야 한다. 이렇게 하면 군주의 지위가 비록 약하고 위태로워 보일지라도 실제로는 굳건하게 통치 지위를 유지할 수 있다.

노자는 사람의 신체 현상과 초목의 외형적인 현상을 들어 이치를 설명한다. 노자는 《노자》 제76장에서 현상 세계를 관찰해 살아 있는 모든 것이 부드럽고 연약하다는 사실을 발견했다. 예컨대 살아 있는 사람의 육체와 자라날 때의 초목이 그렇다. 죽은 것은 굳어 단단해진다. 죽은 사람의 육체와 말라 죽은 초목이 그러하듯이 말이다. 노자는 단단하고 굳은 것은 죽음의 부류에 속하고 부드럽고 약한 것은 생명이 있는 부류에 속한다고 여겼다.

단단하고 강한 것은 살아 있더라도 쉽게 죽음을 맞는다. 외부의 침략에 가장 먼저 공격 대상이 되는 것이다. 커다란 나무가 쉽게 베이듯이, 사람의 재능도 두드러지면 시기와 질투를 받기 쉽다. 노자는 자연재해를 통해 사람으로 인한 재앙을 비유적으로 이야기하면서 수유법강(守柔法剛, 부드러움을 지키고 단단함을 본받는다)의 사상을 제시했다. 《노자》에서도 "부드럽고 약한 것이 강하고 단단한 것을 이긴다"라는 관점을 거듭 밝혔다.

노자는 전쟁의 실례를 들어 자신의 관점을 설명했다.

전쟁에서 부드럽고 약한 것이 강하고 단단한 것을 이긴다는 내용을 보여주는 사례는 무척 많다.

기원전 353년에 손빈(孫臏)이 이끈 제(齊)나라 군대가 계릉(桂陵) 전투에서 위위구조(圍魏救趙, 위나라를 포위해 조나라를 구하다)의 계책으로 방연(龐涓)이 이끈 위나라 군대를 물리친 예는 유명한 일화다. 10여 년 후인 기원전 341년 손빈은 또다시 기발한 계책을 냈다. 아궁이 수를 점점 줄여서 뒤쫓아 오는 적을 속이는 계책으로, 방연이 탈영하는 제나라 병사들이 늘고 있다고 착각하게 하려는 것이었다. 그러고는 제나라 병사가 매복한 계곡으로 위나라 군대를 끌어들여 단번에 적을 전멸시켰다. 이것이 바로 그 유명한 마릉(馬陵) 전투로 이 또한 위의 이치를 보여주는 하나의 예다.

부드럽고 약한 것이 강하고 단단한 것을 이긴다는 말은 지혜의 명제다. 보통 사람들은 팔로 허벅지를 비틀지 못하듯이 약자는 강자를 당해낼 수 없고, 부드러운 것은 굳센 것을 당해낼 수 없다고 믿는다. 또, 약한 것은 강한 것을 당해낼 수 없고, 작은 것은 큰 것을 당해낼 수 없으며, 가는 것은 굵은 것을 당해낼 수 없고, 수비는 공격을 당해낼 수 없으며, 예방은 치료를 당해낼 수 없다고 생각한다. 노자는 타성에 젖은 이런 사고방식에 반대하며 부드럽고 약한 것이 강하고 단단한 것을 이긴다는 탁월한 명제를 제시했다.

노자의 이러한 역발상은 사람들에게 지혜의 창을 열어주었을 뿐만 아니라 사고의 폭을 넓혀주었다.

사람을 근본으로 하는 경영

노자의 생각에 가까운 부드러운 경영에 관해 살펴보자. 부드러운 경영이란 사람을 근본으로 하는 경영이다. 이런 방식은 민주적인 의사 결정을 강조하여 사람들의 잠재된 능력을 최대한 개발하는 동시에 적극성과 창조성을 불러일으키는 데 방점을 둔다. 부드러운 경영을 도입해 사람들의 적극성과 창조성을 이끌어내려면, 우선 구성원들이 필요한 자질을 갖추어야 한다. 민주적인 의사결정을 내리는 데 필요한 기본적인 자질이 없다면 적극성과 창조성의 발휘는 요원하며 민주적인 의사결정 또한 이루어질 수 없다. 부드러운 경영은 직원 개개인에게 더 큰 의사결정권과 자기 관리 권한을 부여한다. 기업 조직 전체가 권력이 한 곳에 집중된 계층 관리에서 권력이 분산된 자기 관리 형태로 조금씩 바뀌면서 구성원 모두 창조적인 일에 참여하게 되고 누구나 경영에 참여하는 분위기가 형성된다. 기업에 속한 사람이 저마다 직원인 동시에 경영자인 것이다. 부드러운 경영을 하는 조직에서는 경영자의 권력이 마치 물과 같아서 겉으로 보기에는 조직 전체가 매우 약하고 힘이 없는 것처럼 보인다. 그렇지만 격려, 감화, 계발, 선도 등의 형태로 조직의 공통 가치관과 문화 및 사내 분위기 등에 의해 발휘되는 전체적인 경영 효과는 조직 운영에서 높은 효율과 성과를 거둘 수 있게 한다.[23]

반면, 딱딱한 경영은 제도를 핵심으로 한다. 딱딱한 경영은 인간을 하나의 사물로 보고 구체적인 방법, 제도, 조치, 규정, 설비, 기구 등에 근거하는 경영 방식이다. 딱딱한 경영은 경영의 '위'를 특별히 강조한다. 이와 달리 부드러운 경영은 직원 개인의 창조성을 강조하고 사람의 생리(生理)와 심리 및 행동 규율 등을 근거로 한 경영을 강조한다. 또한 경영의 비강제성(非强制性), 즉 무위를 강조한다. 이를 통해 직원들의 적극성이 충분히 동원되어 활기찬 조직 분위기가 조성되고 운영 효율성이 높아진다. 즉, 조직 구성원들은 공동의 목표를 달성하기 위해 함께 노력하고 분투한다. 이와 같은 부드러운 경영은 지식 경제 시대에 제기된 중요한 경영 이념이다.

부드러운 경영의 구체적인 실행 방식, 예를 들면 애자일 매뉴팩처링(Agile manufacturing)[24], JIT(just in time)[25] 시스템, 린 생산 방식(Lean Production System)[26], 아웃소싱(Outsourcing), C-커머스(Collaborative Commerce, 온라인 공간에서 다른 기업과 기술 및 정보를 공유하여 수익을 창출하는 새로운 전자상거래 방식), 가상 조직(Virtual Organization) 등은 모두 직원들의 역량을 바탕으로 한다. 그만큼 적절한 자기 관리 기술이 필요하다.

소통만으론 부족, 협력이 필요하다

다음으로는 유연화된 조직 구조에 관해 살펴보자. 전통적인 피라미드형 조직 구조는 정보 전달 단계가 지나치게 많은 데다 일방적인 수직적 의사결정 구조는 너무 길다는 폐단이 있다. 이런 조직 구조는 정보 전달 속도를 늦추고 사실을 왜곡할 수 있다. 또한 각 부서 간의 상호 단절은 정보 장벽을 형성하기 일쑤다. 그러므로 부드러운 경영을 실행하려면 반드시 기업의 조직 구조를 재건해야 한다. 좀 더 구체적으로 말해서, 각 부서의 지식을 단일화하고 부서 구성원 간에 서로 협력하기 어려운 상황을 개선해야 한다. 그리고 주요 업무 목표별로 소그룹 혹은 작업 조직(Work Teams)을 구성한다. 이를 통해 서로 다른 배경 지식을 갖춘 사람들이 특정한 목표에 마주함으로써 최대한 고객의 요구에 맞춘 제품과 서비스를 제공할 수 있게 된다. 그뿐만 아니라 이러한 작업 환경은 임무를 완성하는 과정에서 서로 다른 지식들을 더욱 효과적으로 융합하여 새로운 지식을 창출하기도 한다. 기업 외부적으로는 가상 조직을 구성하여 참여 기업 사이에 활발한 연계가 이루어질 수 있다. 아울러 핵심 능력과 자원을 공유하고 결합하여 신속하게 협력할 수 있다. 작업 조직 혹은 가상 기업(Virtual enterprise)은 개인 혹은 기업의 효과적인 협력 태도가 전제되어야 한다. 이는 효율과 성과를 높이는 기초라고 할 수 있다. 그러므로 기업 조직은 특별히 소통과 협력 작업을 중요시하여 기업 간의 연계에서 발생하는 조직 충돌이 가져올 수 있는 부정적인 영향을 방지하고자 힘써야 한다.

마지막으로 생산 방식의 유연화에 관해 살펴보자. 제품의 차별화, 직무 다양화, 기계 설비의 현대화, 의사결정 권한의 분산 등은 모두 그러한 방식을 실행하는 데 필요한 지식수준과 자기 관리 기술을 전제로 한다. 또한 우수한 품질의 서비스 제공, 공동의 비전 형성, 기업 문화 형성 등을 실행하려면 직원들이 그에 상응하는 도덕적 자질을 갖추어야 한다. 동시에 정상적인 생산 활동, 지속 가능한 발전 등을 실행하려면 직원들이 높은 신체적 자질을 갖추어야 한다. 그러므로 기업의 직원은 자기계발에 힘써 우수한 도덕적 소양과 자기 관리 기술, 신체적 자질을 갖추어 부드러운 경영을 실행하는 데 적합한 인재가 되고자 노력해야 한다. 기업 경영자도 다재다능한 종합형 인재의 육성을 자신의 중요한 임무로 삼아 직원이 기업과 함께 성장해나가도록 해야 한다.

부드럽고 약한 것이 강하고 단단한 것을 이긴다는 사상은 앞서 이야기한 것처럼 기업의 경영에 영향을 미치는 것 외에도 우리에게 철학적 이치와 관련된 교훈을 준다. 우리는 일반적인 사고방식 외에 그것과 상반되는 사유 방식으로도 문제를 바라볼 수 있어야 한다. 다시 말해, 변증법적으로 문제를 바라보아야 한다. 약한 것이 강한 것으로 변할 수 있듯이 강한 것이 약한 것으로 바뀔 수도 있다는 점을 명심해야 한다. 틀에 박힌 듯 약한 것은 약한 것이고 강한 것은 강한 것이라는 고정관념은 버려야 한다. 약하다 하여 주눅들 필요도 없으며 강하다 하여 거만하게 자만해서도 안 된다. 타인을 격려하고 사기를 진작시켜 약한 것은 강한 것이 되도록 노력하고 강한 것은 더욱 강해지도록 힘써야 한다.

일본 학자 무라야마 마코토(村山孚) 선생은 1984년에 중궈런민대학(中國人民大學)에서 열린 학술 강연에서 일본 기업이 생존하고 발전할 수 있었던 것은 미국식 현대 경영 방식과 중국식 전통 경영 방식 두 가지를 양 기둥처럼 활용한 결과라고 설명했다. 다시 말해, 생산 경영이 호경기일 때는 미국식 현대 경영 방식을 이용하고 경기 침체기에는 중국식 전통 경영 방식, 특히 《손자》에서 지적한 경영 모략을 활용했다는 것이다. 무라야마 마코토 선생이 이야기한 이 이론은 사실상 부드러움과 딱딱함의 문제다.

그의 경영 이론은 상당히 일리가 있다. 정상 시기에는 정상적인 방법으로 경영하면 된다. 딱딱한 방식으로 경영하면서 '힘의 강약'과 '강경한 방식', 예컨대 회사 내부 규칙 등의 방법으로 경영하면 된다. 그리고 비상 시기에는 비상한 방법으로 경영하면 된다. 다시 말해, 부드러운 경영 방식을 도입하여 '끈기'와 '부드러운 방법'을 활용해 기업을 경영해야 한다. 아울러 올바른 가치관을 확립하고 정확한 모략에 따라 경영하면 된다. 물론 이런 견해는 상대적인 것이다. 부드러운 경영 방식을 따른다고 해서 딱딱함은 전혀 필요하지 않다는 말이 아니다. 또한 딱딱한 경영 방식을 따른다고 하여 반드시 부드러움을 배척할 필요도 없다. 경기 불황기에 의지와 모략이 필요하다면, 경기 호황기에는 자기반성과 자중(自重), 그리고 모략이 필요하다.

가능성이 60%면 당장 행동하라

우리는 부드럽고 약한 것이 강하고 단단한 것을 이긴다는 노자의 사상에서 그가 언급한 '모(謀)' 자에 유의해야 한다.

첫째, 모략은 미리 준비해야 한다. 무슨 일을 하든지 미리 계획하고 준비하면 성공할 수 있지만 그렇지 않으면 실패하게 된다. 미리 계획을 세우고 또 미리 모략을 세워야 한다. 모략은 장기적인 이익과 전체적인 이익을 고려하여 결정해야 한다. 앞날을 고려하지 않으면 반드시 눈 앞에 근심이 생기는 법이다. 먼 장래를 도모하지 않으면 한때를 도모할 가치도 없으며, 전체를 도모하지 않으면 한 지역을 도모할 가치도 없다. 그런 까닭에 적을 알고 나를 알아야 하는 것처럼 조사 연구와 사전 분석에 더불어 정세를 잘 살피고 이를 토대로 전략을 수립해야 한다.

둘째, 모략은 신중해야 한다. 《손자》의 말을 그대로 인용하면 시장 경쟁이란 기업의 "죽느냐 사느냐의 갈림길(死生之地)"이라고 할 수 있다. 또 《노자》의 말을 그대로 인용하면 시장 경쟁이란 "상서롭지 못한 것(不祥之器)"(제31장)이라고 표현할 수 있다. 그러므로 시장 경쟁에 임할 때는 사전에 신중하게 다각도로 분석하고 또한 여러 승리 요소를 고려해야 한다. 모략에 성공했을 때 어떻게 행동해야 할까? 모략으로 좌절했을 때 어떻게 행동해야 할까? 모략에 실패했을 때 어떻게 행동해야 할까? 이 모든 상황에서의 전략을 신중하게 결정해야 한다. 물론 신중하게 행동하는 것은 우유부단하게 행동하는 것과는 다르다. 마찬가지로, 다각도로 분석한다고 해서 끊임없이 계산해야 하는 것도 아니다. 여러 승리 요소를 고려한다고 해서 모든 승리 요소를 완전히 파악한 후에 비로소 행동하라는 말도 아니다. 앞에서 이야기한 내용을 기계적으로 이해한다면 경쟁에서 틀림없이 패배하고 말 것이다. 옛사람들의 말처럼 가능성이 60%면 수지가 맞다(六十算爲上算)라고 할 수 있다. 미국의 경영학자 피터 드러커와 세계적인 전자제품 제조업체인 소니사를 설립한 일본인 모리타 아키오(盛田昭夫) 모두 이와 비슷한 말을 했다. 신중하게 검토하여 승산이 60%라면 과감하게 안건을 결정하고, 결정된 바를 실행에 옮겨야 한다는 것이다.

셋째, 모략은 변화에 주의해야 한다. 사물은 환경 변화의 함수다. 사물은 환경의 변화에 따라 변화하므로, 자신이 변화하는 환경의 지배를 받는 것이 아니라 환경을 지배하여 자신이 가고 싶은 곳으로 가야 한다. 물을 용병에 비유하고 물을 상업에 비유하면, 물이 고정된 형태가 없는 것처럼 용병도 고정된 형세가 없으며 상업계의 상황 역시 수시로 변화한다. 물은 땅의 형세를 따라 흐르고, 용병은 적의 상황 변화에 따라 승패가 바뀌며, 상업도 그러하다. 경쟁 환경의 변화에 따라 변화하는 사람만이 성공을 이룰 수 있다. 시장 경쟁에 임할 때는 기존의 관례를 고수하거나 한 가지 방식만 고집하는 것은 절대 금물이다. 또한 타인의 방법과 경험을 맹목적으로 답습해서도 안 된다.

넷째, 모략은 반(反)에 주의해야 한다. 노자가 "되돌아가는 것이 도의 움직임이다(反者道之動)"라고 했듯이 도의 운동 법칙은 바로 반이다. 여기에는 두 가지 뜻이 담겨 있다. 하나는 말 그대로 되돌아간다는 것이다. 다시 말해, 사물의 발전 추세를 설명한다. 다른 하나는 대립 통일(對立統一)이다. 대립 통일은 유물 변증법의 기본 법칙으로, 모든 사물은 대립적 통일체로서 서로 모순된다는 의미이다.

우리는 사물을 볼 때 다른 일면에서 사물을 보는 습관을 길러야 한다. 자신이 비교적 강한 위치에 있다고 할지라도 자신을 약자로 여겨야 한다. 경쟁에서는 자신 역시 언제나 다른 강자가 '거두어들이고(歙之)', '약화시키고(弱之)', '폐하고(廢之)', '취하는(取之)' 대상이 될 수도 있다는 사실을 명심해야 한다. 이런 상황을 고려하여 항상 이득이 재앙이 될 수도 있다(以利爲患)는 사실을 염두에 두어야 한다. 사물은 계속해서 변화, 발전해나간다. 그러나 사물의 발전이 언제나 일직선으로 곧게 뻗어나가지는 않는다. '곧음(直)' 속에 '굽음(曲)'을 마주칠 수 있듯이 '굽음' 속에 '곧음'이 내포되기도 한다. 따라서 '반'의 모략을 세워야 하는 것이다.

다섯째, 모략은 승리에 주의해야 한다. 승리에는 성공의 승리와 이익의 승리 두 가지가 있다. 경쟁에서 승리하고 이익을 얻으려면 성공과 이익이 결합해야 한다. 이를 위해 이익을 끊임없이 변화하는 경쟁 상황을 저울질하는 저울추이자 출발점으로 삼아야 한다. 승리하려면 손자의 관점에 따라 일을 진행해야 한다. 손자는 "먼저 적이 승리할 수 없도록 우세를 차지하고 기회를 보아 적을 이긴다(先爲不可勝, 待敵之可勝)"라고 했다. 먼저 이겨 놓고 싸운다(先勝後戰)는 말은 미리 준비를 철저히 한 후에 전쟁에 임해야 한다는 뜻이다. 철저히 준비한 후에 싸우고 승산 없는 싸움은 하지 않으면서 반드시 이기는 전쟁을 해야 한다.

여섯째, 모략은 겸손함에 주의해야 한다. 부드럽고 약한 것은 겸손함을 내포한다. "발꿈치를 들면 제대로 설 수 없다"(《노자》 제24장) 즉, 까치발을 한 채 높은 곳을 바라보면 똑바로 서기도 힘들다는 뜻이다.

"보폭을 크게 하면 제대로 걸을 수 없다"(《노자》 제24장) 즉, 두 걸음을 한 걸음 삼아 걷는다면 넘어지기만 할 뿐 빨리 걸을 수 없다는 의미다. 노자가 이야기하는 이 두 구절에서 알 수 있듯이 경쟁에서 승리하는 것도 중요하지만 사람이라면 마땅히 겸손할 줄도 알아야 한다. 겸손함과 성실함으로 고객을 대해야 하듯 경쟁 상대에게도 겸손한 태도로 대해야 한다. 이와 마찬가지로 파트너를 대할 때도 겸손하고 친절해야 한다. 노자는 "성과를 이루어도 교만하지 않는다(果而勿驕)", "모든 것은 기세가 등등하면 쇠퇴한다(物壯則老)"(《노자》 제30장)라고 했다. 성공했다고 하여 교만해서는 안 된다. 강한 것은 쇠락하게 마련이기 때문이다.

일곱째, 모략은 온전함(全)에 주의해야 한다. 손자에 따르면 온전함이란 '싸우지 않고 적을 굴복시키며', '병력을 손상하지 않고 이익을 온전하게 하여', '반드시 온전한 그대로 천하를 다투는' 것이다. 노자의 견해에 따르면 손해를 보면 오히려 온전하게 유지할 수 있고, 구부러지면 오히려 곧게 펼 수 있으며, 움푹 파여야 가득 채울 수 있고, 낡고 오래되면 새롭게 태어날 수 있으며, 적게 취하면 오히려 많이 얻을 수 있고, 욕심을 많이 부리면 오히려 미혹될 수 있다고 했다. 그러므로 성인은 도를 천하의 운명을 관찰하는 수단으로 삼았다. 자신을 드러내 보이지 않으면 오히려 드러나게 되고, 우쭐거리지 않으면 오히려 돋보이게 된다. 자신을 과시하지 않으므로 공이 두드러지고, 자만하지 않으므로 오래갈 수 있다. 타인과 다투지 않기 때문에 세상에 그와 다투어 이길 자가 없는 것이다. 물론 경쟁에서 어떠한 대가도 치르지 않고

서 싸우지 않고 이기는 것은 불가능하다. 그렇지만 이러한 사상을 바탕으로 경쟁에서 '싸우지 않고 이기는' 것을 목표로 삼아, '모략'을 펼친다면 경쟁에 따른 손실을 최대한 줄일 수 있을 것이다.

멀리 보면 약한 게 약한 것이 아니다

수컷을 알면서도 암컷을 지키면 기꺼이 천하의 계곡이 된다.
知其雄, 守其雌, 爲天下谿.

《노자》 제28장

이제 노자의 '강함을 알면서도 부드러움을 지키다'와 공격과 수비를 적절히 조절하는 사상을 통해 경영 관리의 경쟁 문제와 함께 공격과 수비 문제에 대해 살펴보도록 하자. "강함을 알면서도 부드러움을 지키다"라는 말과 관련해《노자》제28장에서는 다음과 같이 쓰고 있다.

수컷(雄)을 알면서도 암컷(雌)을 지키면 기꺼이 천하의 계곡이 된다.(知其雄, 守其雌, 爲天下谿.)

이 구절을 현대어로 풀이하면 수컷의 강함을 알지만 암컷의 부드러움을 지키면 천하의 계곡이 될 수 있다는 의미다. 여기에서 노자가 말하는 태도는 바로 그가 일관되게 주장한 부드럽고 약한 것이 강하고 단단한 것을 이긴다는 사상에서 비롯한 것이다.

'수컷(雄)'과 '암컷(雌)'은 모순되는 한 쌍이다. 수컷은 강하고 동적이면서 공격적인 특성을 띤다. 반면에 암컷은 약하고 고요하면서 수비적인 특성을 띤다. 암수가 대치할 때 강함을 알면서도 부드러움을 지켜야만 비로소 제대로 지켜낼 수 있다. 그러나 '지킨다'는 것은 움츠러들거나 회피한다는 의미가 아니다. 현대 중국 학자인 천구잉의 견해에 따르면, 수(守)는 "지배성을 내포하여 '암컷'을 통제할 뿐만 아니라 상대방의 '강함'도 이용한다. 그리고 이를 통해 강함을 알면서도 부드러움을 지키는 원칙에 따라 모든 일을 처리하는" 것으로 해석할 수 있다. 근대의 중국학자 옌푸(嚴復)는 "오늘날 노자의 이 말을 인용하는 사람들은 뒤 구절만 알 뿐 그 핵심이 앞 구절에 있다는 사실을 알지 못한다"라고 말했다. 강함을 안다는 것은 매우 중요하다. 강함을 아는 것이 부드러움을 지키는 것의 기초이자 힘을 담보하는 근원이기 때문이다. 동시에 강함은 힘의 응집체이자 힘의 은신처라고 할 수 있다.

앞서 이야기한 노자의 사상은 《노자》 제10장의 한 구절에서도 드러난다. 그는 "자연스럽게 대립하는 열고 닫음 속에서 우리는 부드러움을 지킬 수 있는가?(天門開闔, 能爲雌乎?)"라고 말했다. 노자는 여전히 고요하면서 부드러움을 지키고 기꺼이 약함을 유지하면서 무위를 행할 것을 제창한다.

《노자》 제69장에서는 "병법에 이런 말이 있다(用兵有言)"라는 말로써 고요하면서 부드러움을 지키고 기꺼이 약함을 유지하는 문제에 관해 이야기한다. 노자는 이 문제를 분명하고도 구체적으로 설명한다. 그는 용병의 관점에서 전쟁에 대해 "나는 감히 공세를 취하는 것이 아니라 방어 태세를 취할 것이며, 감히 한 치(寸)를 나아가는 것이 아니라 오히려 한 자(尺)를 물러날 것이다(吾不敢爲主, 而爲客, 不敢進寸, 而退尺)"라고 했다.

적을 알고 나를 알아야 한다

노자는 부드러움을 지키는 관점과 용병의 이론을 결합시켜 자신의 주장을 펼쳐나간다. 이 절에서는 노자의 생각을 따라 부드러움을 지키는 것과 용병을 연관 짓는 한편 용병과 시장 경쟁을 연관 지어 이 문제를 토론해보자. '강함을 알면서도 부드러움을 지키는' 노자의 관점을 경쟁 모략으로 활용하면 유연성이 강조된다. 다시 말해 상대방의 강한 곳을 알고 우리 편의 약한 곳을 지킴으로써 상대방을 이길 수 있다.

부드러운 것이 강한 것을 이긴다는 노자의 사상은 기발하고도 유익하다. 노자의 이런 관점을 극단적으로 이해해서는 절대 안 된다. 군사 전쟁이나 시장 경쟁에서 '강함(雄)', '공격(攻)', '굳셈(剛)', '힘(力)'이 전혀 중요하지 않은 것처럼 받아들이면 안 된다는 이야기다. 부드러운 것이 강한 것을 이긴다는 사상은 궁극적으로 타인의 '강함'을 극복해 승리라는 목표를 추구한다는 점을 명심해야 한다.

시장 경쟁에서 공격과 수비를 적절히 조절하는 것은 매우 중요하다. 군사 전쟁과 시장 경쟁을 비교해보면 두 사상은 일치하는 부분도 있고 서로 다른 부분도 있다. 우리는 이를 제대로 판단하고 구별해서 처리해야 한다.

먼저 군사 전쟁과 상업적인 경쟁을 비교했을 때 일치하는 부분을 살펴보자.

첫째, 경쟁하는 것이다. 경쟁은 전쟁과 같다는 말은 경쟁에 임할 때도 전쟁을 할 때처럼 강함을 알면서도 부드러움을 지키고 공격과 수비를 적절히 조절해야 함을 의미한다.

둘째, 우수한 것이 살아남고 열등한 것이 도태되는 법칙을 따른다.

셋째, 사람이 주체다.

넷째, 모든 경쟁에는 경쟁에 관한 가치관, 경쟁 방침, 경쟁 목표가 있다.

다섯째, 승리를 추구한다. 승리를 차지하는 데 가장 중요한 것은 바로 전략 수립이다.

여섯째, 조직을 이루어 경쟁 목표를 실현한다.

일곱째, 조직 내 상하좌우의 지시, 협조, 통제 같은 관리 기능이 원활히 발휘되어야 경쟁을 잘할 수 있다.

여덟째, 적을 알고 나를 아는(知彼知己) 것이 매우 중요하다.

아홉째, 경쟁 전략이 매우 중요하다. 예를 들어 기정(奇正, 기습과 정면공격), 우직(迂直, 우회함으로써 곧장 가는 것과 같은 효과를 거두는 전략), 허실(虛實, 상대방의 견고한 부분을 피하고 허점을 공격하여 적을 무너뜨리는 전략), 공수(攻守, 공격과 수비), 시효(時效, 시간과 효율), 벌교(伐交, 적의 외교 관계를 끊음) 등의 전략이 있다.

열째, 임기응변의 승리 전략을 매우 중요시한다.

다음으로 두 사상의 다른 부분을 살펴보자.

첫째, 경쟁의 성질이 다르다. 군사 전쟁은 정치성을 띤 경쟁이고, 기업과 기업 간의 시장 경쟁은 대부분 경제와 관련된 경쟁이다. 그러나 시장 경쟁도 특정한 조건에서는 정치적 경쟁이 될 수 있다.

둘째, 경쟁 대상이 다르다. 군사 전쟁의 경쟁 대상은 정치적인 적대 세력이다. 이런 적은 일반적으로 단일하거나, 혹은 손가락으로 헤아릴 수 있을 정도로 적다. 이와 반대로 시장 경쟁의 대상은 동종 업계에서 자사 제품을 대체할 수 있는 모든 기업이다. 잠재적인 대상까지 포함해 국내외에서 관련 있는 모든 기업을 찾아보면 그 수는 어마어마하다. 그러나 기업은 상황에 따라 그중에서 경쟁 대상을 선택할 수 있다.

셋째, 경쟁의 대결 관계가 다르다. 군사 전쟁은 적군과 아군이 직접적으로 겨룬다. 때로는 양방의 경쟁에 제삼자나 동맹이 끼어들어 벌교 전략이 사용되기도 하지만, 이 또한 일종의 경쟁 수단일 뿐 대결 관계의 직접성이 달라지는 것은 아니다. 그에 반해 시장 경쟁의 대결은 이와는 크게 다르다. 시장 경쟁은 언뜻 보기에 자사와 다른 기업의 대결로 보이지만, 실제로는 오히려 제삼자, 즉 고객, 사용자 혹은 소비자에게 좌우된다. 쌍방의 대결은 대부분 고객 쟁탈 경쟁으로, 제삼자의 호감이 누구에게 더 쏠리는가에 따라 승리가 결정된다. 판매자가 많아 구매자가 유리한 구매자 시장에서 제삼자의 권위는 절대적이다. 이런 시장에서 제삼자인 고객, 사용자 혹은 소비자는 시장의 '주재자' 이자 기업의 성공과 실패를 결정하는 '신' 이다.

넷째, 경쟁 내용이 다르다. 군사 전쟁은 칼과 검, 총과 대포의 경쟁인 반면, 상업적인 경쟁은 제조업체의 입장에서 주로 제품과 서비스의 경쟁이다. 기업 간의 시장 경쟁은 유통, 금융, 과학기술 등 분야마다 각자의 경쟁 내용과 표현 형식에 의해 이뤄진다. 우리가 흔히 말하는 기업 경쟁이란 대부분이 생산과 유통이 결합된 기업의 경쟁을 뜻한다.

다섯째, 경쟁 기한이 다르다. 군사 경쟁은 지속 기간에 관계없이 끝이 있게 마련이다. 이기든 지든 비기든, 결과에 상관없이 끝이 있다. 하지만 시장 경쟁은 그렇지 않다. 경쟁의 특수성과 광범위한 경쟁 대상으로 인해 경쟁 기한은 장기적이다. 기업은 경영을 지속하는 한 반드시 고객의 까다로운 비판을 받아들여야 하며 상대의 도전에도 맞서야 한다.

여섯째, 경쟁 규칙이 다르다. 모든 경쟁은 일정한 지역 범위에서 진행되며 일정한 규칙에 따라 움직인다. 흑백의 바둑 게임은 바둑판 위에서 경기가 이루어지고 바둑 규칙에 따른다. 마찬가지로 군사 전쟁은 전쟁터에서 이루어지고 전쟁 규칙에 따른다. 예컨대 무고한 사람을 살상하지 않는 것이다. 한편, 시장에서의 경쟁은 국제 관례와 국가의 관련 정책 및 법률, 상도덕 등을 준수해야 한다. 상업적인 경쟁에서 더 중요한 규칙은 노동관계에 관한 법규와 수요 공급의 법칙이다.

강함과 부드러움을 적절히 조절하라

강함을 알면서도 부드러움을 지키는 원칙은 반드시 시장 경쟁의 특성을 바탕으로 적절하게 활용되어야 한다. 여기서 특별히 주의해야 할 세 가지가 있다. 우선은 상품의 수요 공급의 법칙, 고객의 구매 심리와 구매 활동 법칙을 따라야 한다. 둘째, 처음부터 끝까지 경쟁의 '주재자' 이자 기업의 '신' 인 고객을 중심으로 삼아 대우해야 한다. 이와 마찬가지로 당연히 경쟁 상대의 동향에도 주의해야 한다. 셋째, 상품과 서비스라는 시장 경쟁의 날카로운 검 두 자루를 단단히 움켜쥐고 잘 이용해야 한다.

우리는 경쟁에서 강함과 부드러움을 적절히 조절해야 한다.

자신의 강함을 아는 것은 자사의 제품과 서비스가 어느 정도의 경쟁력을 갖추었는지, 시장에서 얼마만큼의 비중을 차지하는지, 판매 증가율이 얼마나 높은지, 판매 수익률 수준이 어떠한지 등을 파악하고 있는 것을 의미한다. 경쟁 상대의 강점을 알아야만 그에 상응하는 공격과 수비 전략을 세워 자신의 경쟁력을 키울 수 있다.

경쟁에는 부드러움을 지키는 품위가 있어야 한다. 강함은 쉽게 얻을 수 없으므로 기꺼이 부드러움을 지켜야 한다. 그리고 부드러움을 강함으로 삼아 결국에는 부드러움이 강점이 되도록 부지런하고 성실하게 노력해야 한다. 마찬가지로 강함도 부드러움으로 활용할 수 있도록 힘써야 한다. 강함을 아는 것은 곧 부드러움을 지키는 것이요, 부드러움을 지키는 것이 곧 강함을 아는 것이다. 이는 곧 부드럽고 약한 것이 강하고 단단한 것을 이긴다는 노자의 사상과 통한다.

공격과 수비를 적절히 조절하라

경쟁에서 이기려면 공격과 수비를 적절히 조절해야 한다. 상품과 서비스 경쟁이 치열한 시장에서 상품을 고르는 데 까다로운 고객을 만족시키지 못한 기업은 도태되고 만다. 그러므로 기업은 우선 공격태세를 갖춰야 한다. 값싸고 질이 좋으면서도 소비자 욕구에 맞는 상품을 개발해 시장을 공략하는 게 중요하다. 서비스에도 공격이 필요하다. 친절하고 세심한 수준 높은 서비스로 시장을 공략해 어려움을 헤쳐나가는 동시에 미래를 향해서도 공격적으로 나아가야 한다. 호경기에도 '달걀을 쌓아놓은 것처럼 위태로운' 지경에 있다고 여기고 '자신의 공을 스스로 드러내어 과시하는 자세(自伐)'와 '스스로 자랑하는 자세(自矜)'를 피해야 한다.

병법가 손빈은 "적의 약한 곳을 공격한다(必攻不守)"는 말을 강조했다. 이는 시장의 빈틈을 공략하라는 뜻으로 이해할 수 있다. 기존의 시장이 충족하지 못하는 부분과 경쟁 상대가 고려할 겨를이 없는 곳을 공략하라는 것이다.

공격이 필요하듯 수비도 필요하다. 수비는 공격의 또 다른 한 방법이며 역량을 쌓아서 다시 공격하기 위한 준비 과정과 같은 것이다. 공격과 수비의 관계에서 핵심은 이 두 가지를 적절히 조절하는 것이다. 공격해야 할 때 공격하고 수비해야 할 때 수비하는 것을 의미한다.

레닌(Vladimir Il'ich Lenin)은 일찍이 "처음부터 끝까지 승리를 지킬 수 있는 공격은 찾기 힘들다. 설사 있다 하더라도 예외에 속한다"라고 말했다. 프로이센의 장군이자 군사 전략가인 카를 폰 클라우제비츠(Carl von Clausewitz)는 그의 저서 《전쟁론Vom Kriege》에서 "방어 역시 훌륭한 공격의 한 방법이다"라고 밝혔다.

기업은 고유의 제품을 만들고 경쟁력이 약해지지 않도록 해야 한다. 동시에 이미 장악한 전략적 가치가 있는 시장을 지키도록 해야 한다. 이와 같이 공격과 수비를 적절히 조절할 때 기업은 비로소 강함을 알면서도 부드러움을 지키는 노자 사상의 이치를 실현할 수 있다. 그리고 이를 통해 기업의 경쟁력 또한 오랫동안 유지될 수 있다.

얻고자 하면 먼저 주어야 한다

거두고자 하면 반드시 먼저 펼쳐야 하고,
약하게 하고자 하면 반드시 먼저 강하게 하라.
將欲歙之, 必固張之, 將欲弱之, 必固强之.

《노자》 제36장

"얻고자 하면 반드시 먼저 주어야 한다"라는 말은 《노자》 제36장의 한 구절이다. 바로 앞에서 인용한 승리의 기술인 셈이다. 마치 3보 전진을 위한 2보 후퇴, 몸속에 힘을 모았다가 한 번에 폭발시키기 위해 숨을 깊이 고르는 것처럼 말이다.

관자는 이런 맥락에서 "베풀 줄 알아야 얻을 수 있으니, 이는 정치의 핵심이다(知予之爲取者, 政之寶也)"[27]라고 말했다. 관자가 보기에 베푸는 것은 곧 얻기 위한 것으로, 이는 정치를 하는 데 가장 중요한 원칙의 하나인 것이다.

마오쩌둥은 '중국 혁명전쟁의 전략문제(中國革命戰爭的戰略問題)' 라는 글에서 앞서 서술한 노자의 말을 인용해 이렇게 이야기한다.

"이런 경우는 흔히 있을 수 있다. 다시 말해, 잃어야만 잃지 않을 수 있는 것이다. 이는 '얻고자 하면 반드시 먼저 주어야 하는' 원칙이다. 우리가 잃은 것이 땅이라면 얻은 것은 적과 싸워 이긴 것이며, 그 땅을 되찾을 뿐만 아니라 더 넓은 땅을 얻는다면 이는 사업에서 돈을 버는 것과 같다."

특히 '사업에서 돈을 버는 것' 에 대해서는 특별히 주의할 필요가 있다. 이 말은 군사 전쟁과 시장 경쟁을 연결해 경영의 관점에서 비유적으로 설명한다. 마오쩌둥은 이 이야기에 바로 이어서 시장 경쟁의 이치를 들어 자신의 관점을 설명했다.

"시장 교역에서 구매자가 돈을 잃지 않으면 상품을 얻을 수 없다. 마찬가지로 판매자가 상품을 잃지 않으면 돈을 얻을 수 없다." [28]

이 말을 통해 경영 관리와 시장 경쟁에서도 주고 얻는 문제에 주의해야 한다는 점을 알 수 있다. 얻는 것이 주는 것보다 클 때 비로소 돈이 되는 장사라고 할 수 있다.

시세 변화를 살펴라

《사기 · 화식열전史記 · 貨殖列傳》의 기록에 따르면, 일찍이 춘추 시대 말에서 전국 시대에 몇몇 사람이 얻기 위해 주는 기술을 경영에 활용해 성공을 거뒀다. 거상(巨商)인 범려(範蠡)와 백규(白圭) 등이 그랬다.

범려는 춘추 시대 말의 초나라 사람으로 월(越)나라 왕 구천(勾踐)의 지략가였다. 그는 구천이 오(吳)나라 왕 부차(夫差)에게 패했을 때 구천에게 얻고자 하면 주어야 한다는 계책을 올렸다. 구천은 범려의 말에 따라 겸손한 말과 정중한 예로 오나라 왕에게 자신을 낮추었다. 월나라로 돌아온 후, 구천은 오나라에서의 치욕을 씻기 위해 쓰디쓴 곰쓸개를 핥으며 20년 동안 부국강병에 힘썼다. 이것이 바로 와신상담(臥薪嘗膽)의 고사(故事)다. 그렇게 20년이 흘러 월나라는 마침내 오나라를 멸망시켰다.

그 후 범려는 월나라를 떠나 상업에 종사했다. 그는 얻고자 하면 주어야 한다는 병법의 사상을 사업에도 적용했다. 그 결과 19년 동안 세 번이나 천금을 모았다고 전해진다. 여기에서 유래하여 후대 사람들은 "부를 말하는 사람은 모두 도주공을 일컫는다(言富者皆稱陶朱公)"라고 말했다.

한편, 백규는 전국 시대 주나라 사람으로 그 또한 경영에 병법을 매우 잘 활용했다. 경영 수완이 뛰어난 그를 후대 사람들은 '상인들의 시조(天下言治生者祖)'라고까지 불렀다. 그는 자신의 성공 비결을 이렇게 요약했다.

"나는 사업을 운영할 때 상나라 탕왕(湯王)의 명재상 이윤(伊尹)과 주나라 무왕의 명재상 여상(呂尙, 강태공)이 정책을 펴듯 하고, 용병에 능했던 손무와 오기(吳起)가 용병하듯 하고, 상앙(商鞅)이 법을 다루듯 했다.(吾治生産, 猶伊尹, 呂尙之謀, 孫吳用兵, 商鞅行法是也.)"

이어서, 구체적인 방법을 이렇게 설명한다.

"나는 시세 변화에 따른 물가의 변동을 살피는 것을 좋아했다. 그리하여 사람들이 버리고 돌보지 않을 때 나는 사들이고, 사람들이 사들일 때 나는 팔아넘겼다.(樂觀時變, 故人棄我取, 人取我予.)"

다시 말해 경영 상황에 근거해 나아갈 때와 물러날 때, 팔아야 할 때와 사들여야 할 때를 잘 판단하여 궁극적으로 사업의 목적을 달성한 것이다.

백규는 또한 경영자의 자질을 중요시했다. 그래서 "임기응변의 지혜가 없거나 결단을 내릴 용기가 부족하거나 어진 마음이 없거나 지켜야 할 것을 끝까지 지킬 강단이 없는 사람은 내 방법을 배우려 해도 절대 가르쳐주지 않겠다(其智不足與權變, 勇不足以決斷, 仁不能以取予, 强不能有所守, 雖欲學吾術, 終不告之矣)"라고 말했다. 이 이야기는 백규 자신의 장사 경험에서 비롯한 결론이라고 할 수 있다. 경영자가 임기응변, 결단력, 얻고자 하면 반드시 먼저 주어야 한다는 사상, 지킬 것은 지킨다는 강단이 없다면 백규의 경영 기술을 배우더라도 성공할 수 없다.

과학적이고 합리적인 경영 모략

시장 경제 체제에서 기업은 '투입과 산출'이라는 법칙에 따라 행동해야 한다.

원활한 기업의 생산 활동을 위해서는 일단 주는 것이 필요하다. 주는 것이 없다면 어찌 얻는 것이 있을 수 있겠는가. 주는 것이 없다면 상품을 생산하는 것이 불가능하며 이에 따라 이익도 얻을 수 없다.

하지만 무작정 주는 데만 신경을 써서는 안 된다. 적절한 모략이 더해져야 제대로 받을 수 있다. 투입 요소에는 노동력, 노동 대상, 노동 수단 외에도 자금, 기술, 정보 자원, 관리 자원, 시간 자원 등이 있다. 이들은 원가를 결정한다. 모략은 경영 목표 아래 생산 경영 활동에 투입된 자원들이 가능한 한 합리적으로 배치되고 절약되도록 하여 자원 남용을 없애고 최대의 효과를 거두도록 한다. 다시 말해, 투입한 만큼 효과를 얻을 수 있게 하면서 최소한의 지출로 많은 일을 도모할 수 있게 한다.

얻는 데도 적절한 모략이 더해져야 한다. 여기서 얻는 것은 산출의 의미다. 투입 결과 상품을 산출할 때는 반드시 사회에 필요하면서 소비자의 수요와 일치하고, 또한 저렴하면서도 질 좋은 상품을 내놓기 위해 힘써야 한다. 투입한 값어치를 산출할 때는 그 수량이 반드시 투입한 수량보다 많도록 해야 한다. 상품이 사회에서 주목받도록 하는 것도 아주 중요하다. 그렇지 않으면 생산된 상품의 사용 가치를 실현할 수 없게 되어 모든 투자 또한 수포로 돌아간다.

이익을 독점하면 망하게 된다

앞서 이야기한 것은 기업 생산 경영 활동에서 주고 얻는 것의 관계다. 상품 거래 단계에서도 주고 얻는 관계에 신경 써야 한다. 상품 거래 활동에서 주고 얻는 관계는 생산 활동에서보다 훨씬 복잡하다. 기업은 고객에게 값싸고 질 좋은 우수한 상품 외에도 신뢰와 믿음을 주어야 한다. 이윤의 일부까지 고객에게 되돌려줘야 존경받는 기업이 될 만한 최소한의 자격을 갖춘다. 그리고 이를 통해 고객이 자사 제품을 다시 구매하도록 함으로써 많이 얻는 효과를 거둘 수 있다.

경우에 따라 경쟁 상대에게 이익 일부를 양보함으로써 공존, 공영의 목적을 달성할 수 있다. 이해타산을 너무 정확하게 따져 경쟁 상대를 지나치게 몰아세우면 오히려 자신이 손해를 볼 수도 있다.

경영자에게 전해 내려오는 잠언 가운데 "이익을 나누면 흥하고, 독점하면 망한다"라는 말이 있다. 이 이야기는 분명히 일리가 있다. 이는 작은 이익을 포기함으로써 궁극적으로 큰 이익을 꾀하는 것이다.

화베이제약회사(華北製藥廠)에서 생산하는 항생제 약물의 품질은 충분히 믿을 수 있다. 이 제약회사가 생산한 페니실린제제는 본래 근육주사용으로 한정돼 있었다. 그런데 품질이 우수하다는 이유로 일부 병원에서는 그것을 정맥주사용으로도 사용했다. 결국 어느 사용자가 제약회사에 편지를 보내 제제를 공식적으로 아예 정맥주사용으로 바꿔달라고 요청했다. 이를 두고 화베이제약회사는 단 '몇 글자를 바꾸기' 위해 64만 위안이라는 거금을 아낌없이 투자했다. 이는 기존 생산시설을 중단함으로써 발생한 33만 위안에 이르는 수익 손실은 포함하지 않은 것이다. 이 대가는 기업에 대한 소비자의 절대적인 신뢰로 되돌아왔다. 화베이제약회사에 대한 소비자들의 믿음이 더욱 두터워진 것이다. 이 사례에서 화베이제약회사는 한정된 자금을 투자하여 무한한 수익을 얻었다. 그야말로 손해를 감수해 이익을 탄생시킨 사례다.

대책 없이 당장의 이익만 생각하면 미래가 부실해진다. 이와 관련하여 좋은 사례가 있다. 허난 성(河南省)에는 두캉주(杜康酒)를 생산하는 주조회사가 두 곳 있다. 이촨주조회사(伊川酒廠)와 루양주조회사(汝陽酒廠, 원래의 이름은 伊陽)다. 두캉은 역사적으로 유명한 술 빚는 전문가로 그가 빚은 두캉주는 명주(名酒)로 손꼽힌다. 조조(曹操)는 일찍이 이런 시를 지어 읊었다.

"기개가 드높아 감정이 복받쳐도 근심은 잊기 어려우니 무엇으로 이 시름을 풀까. 오직 두캉뿐이로구나.(慨當以慷, 憂思難忘. 何以解憂, 唯有杜康.)"

두 주조회사는 모두 두캉이라는 이름으로 자사를 선전하고 브랜드 효과도 누리고자 했다. 그래서 서로 자사가 두캉주의 진정한 계승자라고 다투었다. 사람들은 우스갯소리로 이 쟁탈전을 '양이(兩伊)'의 싸움이라고 불렀다. 양측이 브랜드 쟁탈을 위해 쏟아부은 광고비용만 해도 1000만 위안에 달해서 기업 경영에 심각한 손해를 끼쳤을 뿐만 아니라 제품 판매도 해마다 줄어들었다. 그 후 관련 기관의 조정으로 두 기업은 연합돼 두캉 그룹으로 다시 태어났다. 어느 쪽도 이득을 보지 못한 결과였다.

사람을 뽑는 데도 기발한 전략이 필요하다

고요함이 천하를 올바르게 한다.
淸靜爲天下正.

《노자》 제45장

《노자》 제57장에 이런 명언이 있다.

올바름으로 나라를 다스리고, 기발한 전략으로 용병한다.(以正治國, 以奇用兵.)

'올바름(正)' 이란 무엇인가? 노자가 생각한 정(正)은 바로 청정무위(淸靜無爲, 고요함으로 순리를 따른다)다.

그는 "아무것도 하지 않음으로써 천하를 얻어야 한다(以無事取天下)"(제57장), "고요함이 천하를 올바르게 한다(淸靜爲天下正)"(제45장)라고 여겼다. 사실 나라를 다스리는 이상 어떻게 아무것도 하지 않고 고요함만을 지킬 수 있는가? 일은 아무래도 생기기 마련이고, 또 아무래도 움직임은 있기 마련이다. 그 점에 관해서는 이 책의 '덕' 이론 부분에서 이미 다루었으므로 다시 이야기하지는 않겠다. 여기서 기(奇)는 정과 대립하는 개념으로 제시되었다. 정을 정상적인 방법으로 이해한다면 기는 비정상적인 방법, 임기응변식 방법, 기발한 방법으로 이해할 수 있을 것이다.

나라와 군대를 빈틈없이 잘 다스리면, 다시 말해 나라의 정치가 안정되면 죽지 않는 나라가 된다. 그런 이후에 기발한 전략으로 용병을 하고 기습 전략을 활용해 전쟁에서 승리할 수 있다.

기발한 전략으로 용병한다는 말에서 알 수 있듯이 노자는 전쟁에서 기를 사용하는 것을 긍정했을 뿐만 아니라 임기응변의 모략도 중요시했다. 중국의 병서는 전통적으로 기를 매우 중요하게 본다.

《손자》 '세편' 에 이런 구절이 있다.

삼군이 적의 공격에도 패하지 않는 것은 기와 정을 사용하기 때문이다.

(三軍之衆, 可使必受敵而無敗者, 奇正是也.)

손자는 전군(全軍)이 적의 공격을 받고도 패하지 않는 것은 기정(奇正)의 전술을 사용했기 때문이라고 생각했다. 《손빈병법孫臏兵法》에는 '기정편' 이 따로 있다. 전해지는 바에 따르면 명나라 시대의 군사 전략가이자 정치가였던 유기(劉基)는 《백전기법百戰奇法》이라는 제목으로 병서를 썼다. 이를 통해서도 용병에서 기가 차지하는 중요성을 짐작할 수 있다.

적이 예상치 못한 방법으로 행동하라

기에 관한 노자의 설명은 명확하지 않다. 손자도 마찬가지다. 《손자》 '계편' 에는 "적이 대비하지 못한 곳을 공격하고, 적이 예상치 못한 방법으로 행동하라"는 구절이 있다.

이에 관해 《손빈병법 · 위왕문孫臏兵法·威王問》과 《백전기략 · 기전百戰奇略 · 奇戰》에서도 관련 있는 구절이 나온다. 《백전기략 · 기전》에는 "무릇 전쟁에서 기라는 것은 적이 대비하지 못한 곳을 공격하고 적이 예상치 못한 방법으로 행동하는 것을 말한다(凡戰, 所謂奇者, 攻其無備, 出其不意也)"라고 쓰여 있다.

기와 정은 서로 대립하면서 또 서로 보완하는 관계다. 정이 없다면 기도 없고, 기가 없다면 정 또한 말할 나위가 못 된다. 《손자병법》과 《손빈병법》은 모두 기와 정을 연관시켜서 이야기한다. 예컨대 손무는 "무릇 전쟁이라는 것은 정공법으로 적에게 맞서고 기습법으로 승리한다(凡戰者, 以正合, 以奇勝)"라고 말했다. 손빈은 "형태가 적의 형세에 따라 변화하는 것이 정이며, 모습을 드러내지 않고 형태를 이루는 것이 기다(形以應形, 正也. 無形而制形, 奇也)"라고 말했다. 손무와 손빈은 모두 일반적인 방법으로 적에게 대응하는 것을 정, 실체를 겉으로 드러내지 않고 적이 방심한 틈을 타 공격하여 승리하는 것을 기로 보았다. 손무와 손빈은 모두 각자의 병서에서 "기습과 정공은 끝이 없다(奇正無窮)"라고 말했다.

이런 인식에 따르면 기와 정은 모순된 한 쌍으로, 서로 바뀔 수 있다. 정은 기로 바뀔 수 있고, 기 또한 정으로 바뀔 수 있다. 여기서 핵심은 손무가 적이 대비하지 못한 곳을 공격하고 적이 예상치 못한 방법으로 행동하라고 말한 것처럼 행동하면 된다는 점이다. 다시 말해서 상황에 따라 상대방이 준비되지 않은 곳을 공격하고 상대방이 예상치 못한 전략을 펼쳐 기를 활용하는 것이다. 마찬가지로 상대방이 준비되지 않은 곳을 공격하고 상대방이 예상치 못한 방법으로 정을 활용할 수도 있다. 마치 당나라 태종(太宗) 이세민(李世民)과 이정(李靖)이 병법에 관해 나눈 문답에서 "정이 아닌 것이 없고 기가 아닌 것이 없어 적이 예측할 수 없도록 한다(無不正無不奇, 使敵莫測)", "정도 승리하고, 기도 승리한다(正亦勝, 奇亦勝)"라고 말한 것처럼 말이다.

기정 전술의 운용은 시간과 공간의 조건에 따라 달라진다. 그 조건은 기후, 지리, 적의 상황, 아군의 상황, 시간 등이다. 시간과 공간의 조건이 다양한 만큼 기정 전술도 얼마든지 다양해질 수 있다. 시간과 공간의 변화에 따라 '기정'도 변화해야 한다. 이런 의미에서 보면 기와 정은 절대적으로 중요하다고 할 수 있다. 역시 손무의 말은 매우 일리가 있다.

"기를 잘 운용하는 자는 그 끝이 없음이 하늘과 땅과 같고, 마르지 않음이 강과 바다와 같다.(善出奇者, 無窮如天地, 不竭如江河.)"

"전술도 기와 정 두 가지에 불과하지만 기와 정의 변화를 다 알 수 없다.(戰勢不過奇正, 奇正之變, 不可勝窮也.)"[29]

손무는 전쟁에 관해 '적이 대비하지 못한 곳을 공격하고 적이 예상치 못한 방법으로 행동하라'는 지침을 강조한다. 이와 마찬가지로 시장 경쟁에서도 상공업 경영에 관한 법규가 허락하는 범위에서 과감하게 기발한 전략으로 용병할 필요가 있다. 즉, 기발한 전략으로 공격하고(奇攻) 기발한 전략으로 수비하며(奇守) 기발한 전략으로 변화하고(奇變) 기발한 전략으로 승리해야(奇勝) 한다. 다른 사람이 아직 생각하지 못했거나 혹은 감히 생각조차 할 수 없는 것을 생각하고, 다른 사람이 아직 시도하지 못했거나 혹은 감히 시도할 수도 없는 것을 시도해야 한다. 또한 다른 사람이 아직 하지 못했거나 혹은 감히 할 수도 없는 일을 하고, 다른 사람이 아직 승리하지 못했거나 혹은 감히 승리할 수도 없는 일에서 목적을 이뤄야 한다.

기발한 전략으로 용병한다는 노자의 사상은 시장 경쟁에 다양하게 응용할 수 있다. 다른 사람이 생산한 적이 없는 제품을 기습적으로 생산하는 것이 그렇다. 시장도 기습적으로 장악하는 방식으로 새로운 시장을 개척해나가야 한다. 제품의 마케팅 방식, 판촉 활동, 가격 책정 전략 역시 기습적으로 실행해야 한다.

정공법이 반드시 이기지는 않는다

기발한 전략으로 용병한다는 노자의 사상에서 기의 내용과 형식은 다양하다. 예컨대 병법에서 말하는 것처럼 본래 소리는 다섯 가지에 불과하지만 다섯 가지 소리가 서로 섞이면 다양한 소리가 만들어진다. 기발한 전략으로 용병한다는 노자의 사상에서 '기'를 어떻게 운용하는가에는 일정한 법칙이 없다. 있는 듯하며 없고(虛則實之) 없는 듯하며 있는(實則虛之) 것이 기다. 없는 듯하며 없고(虛則虛之) 있는 듯하며 있는(實則實之) 것 또한 기다. 시장 경쟁도 이와 같다. 염가 판매와 박리다매가 전략이듯 고가 판매와 초기 고가 정책(market-skimming pricing) 또한 전략이다.

정공법과 기습법은 절대적으로 구별되는 것이 아니라 서로 연결되어 순환한다(奇正相生). 그렇기에 기정에 따라 기습적으로 행동하되 정공법을 잊어서는 안 된다.

《손자》 '세편'에는 "정공법으로 적에게 맞서고 기습법으로 승리한다"라고 쓰여 있다. 정은 항상 필요한 전략이다. 정병(正兵)도 기병(奇兵)으로 사용될 수 있고, 기병도 정병으로 사용될 수 있다. 시장 경쟁에서도 마찬가지다. 기병에 주의해야 하지만 정병 또한 잊어서는 안 된다. 예를 들어 믿을 만한 품질, 공정한 가격 등이 정병에 속한다.

시장 경쟁에서 기습은 고객과 경쟁 상대의 정황을 살펴 실행해야 한다. 적이 변하면 나도 변해야 한다. 그러나 어떤 상황이 됐건 고객이 왕이다. 제품과 서비스를 앞세워 시장을 기습적으로 공략하되 고객의 요구에 부응하도록 노력해야 한다.

기습은 시장의 법칙에 따라야 승리할 확률이 높다. 시장의 법칙에는 대표적으로 수요와 공급의 법칙이 있다. 기업 활동을 하는 데 있어 법률과 법령을 위반해서도 안 되며, 반드시 시장 경쟁 윤리를 준수해야 한다. 다만 시세(時勢)를 따를 뿐이다. 범려와 백규는 큰 가뭄이 든 해에 배를 사들이고, 큰 홍수가 든 해에는 배를 팔아넘기고 수레를 사들였다. 그리고 큰 가뭄이 들면 다시 수레를 팔고 배를 사들였다.

군사 전쟁이든 시장 경쟁 상황이든 기습에는 위험이 따른다. 최악의 경우에 좌절하거나 실패할 수도 있다는 사실을 감수해야 한다. 경쟁에는 위험이 동반되므로 위험과 성공을 연결해서 생각해야 한다. 작은 위험만 무릅쓰면 작은 성공만이 있을 뿐이다. 큰 위험을 무릅써야만 큰 성공도 거둘 수 있다. 한가로이 평탄한 길을 걷기만 해서는 큰일을 이룰 수 없는 것과 같은 이치다.

무력은 어리석은 자의 처세법

나는 감히 공격하는 것이 아니라 방어 태세를 취할 것이다.
감히 한 치를 나아가기 위해 뒤로 한 자 물러날 것이다.
吾不敢爲主, 而爲客. 不敢進寸, 而退尺.

《노자》 제69장

기업이 경쟁에서 꾸준히 승리하기 위해서는 승리에 대한 철학이 있어야 한다. 이와 관련하여 《노자》에 나오는 몇몇 병법론은 참고할 만하다. 여기에서 노자의 두 구절을 인용해본다. 먼저 《노자》 제30장에는 이런 구절이 있다.

도로써 군주를 보좌해야지 무력으로 천하를 지배해서는 안 된다. 무력을 사용하면 반드시 대가를 치르게 된다. 군대가 지나간 뒤에는 가시덤불만 무성하게 자란다.(以道佐人主者, 不以兵强天下. 其事好還. 師之所處, 荊棘生焉.)

《노자》 제69장에는 이런 내용이 나온다.

병법에 이런 말이 있다. '나는 감히 공격하는 것이 아니라 방어 태세를 취할 것이다. 감히 한 치를 나아가기 위해 뒤로 한 자 물러날 것이다' 전투 대형을 펼치지만 마치 펼칠 만한 전투 대형이 없는 듯이 하고, 팔을 휘두르지만 마치 휘두를 팔이 없는 것처럼 한다. 적을 마주하고도 마치 공격할 적이 없는 것처럼 하며, 손에 무기를 쥐고 있지만 마치 무기를 들지 않은 것처럼 한다. 적을 얕잡아 보는 것보다 더 큰 재앙은 없다. 적을 얕잡아 보면 나의 보배를 거의 다 잃게 된다. 그러므로 마주한 두 군대의 실력이 엇비슷하면 슬퍼하는 자가 이기게 된다.(用兵有言. "吾不敢爲主, 而爲客. 不敢進寸, 而退尺." 是謂行無行, 攘無臂, 扔無敵, 執無兵. 禍莫大於輕敵, 輕敵幾喪吾寶, 故抗兵相若, 哀者勝矣.)

이와 관련해 노자는 《노자》 제67장에서 자신이 지닌 세 가지 보배에 대해 매우 흥미롭게 서술한다.

나에게는 세 가지 보배가 있다. 나는 그것들을 잘 보존하여 지키고 있다. 첫 번째 보배는 자애(慈愛)라고 한다. 두 번째 보배는 검소함이라고 한다. 세 번째 보배는 감히 세상 사람 앞에 먼저 나서지 않는 것이다. 자애롭기에 용감할 수 있고, 검소하기에 부유해질 수 있으며, 감히 세상 사람 앞에 먼저 나서지 않기에 만물의 우두머리가 될 수 있다. 지금 자애를 버리고 용기만을 추구하며, 검소함을 버리고 부유함만을 추구하고, 양보를 버리고 앞을 다투기만 하니, 결국 죽음만이 있을 뿐이다. 자애로써 싸우면 곧 승리하게 되고 자애로써 방어하면 곧 방어가 공고해진다. 하늘이 누군

가를 돕고자 하면 자애로운 자를 구제할 것이다.(我有三寶, 持而保之. 一日慈, 二日儉, 三日不敢爲天下先. 慈故能勇, 儉故能廣, 不敢爲天下先, 故能成器長. 今舍慈且勇, 舍儉且廣, 舍後且先, 死矣. 夫慈, 以戰則勝, 以守則固, 天將救之, 以慈衛之.)

지나친 경쟁은 삼가라

위에서 서술한 노자의 말을 시장 경쟁에는 어떻게 적용해야 할까?

무력으로 천하를 지배하지 않는다는 말은 군사 전쟁에서 무력을 남용해서는 안 된다는 뜻이다. 시장 경쟁에서도 지나친 경쟁은 삼가야 한다. 기업은 경쟁력을 향상시켜야 하지만 실제 경쟁에 임할 때는 담담한 태도를 유지해야 한다. 동종업계의 다른 기업에 기어코 '무력으로 천하를 지배하는' 것과 같은 태도를 보여 상대방을 제압하고자 한다면, 결과가 반드시 좋으리라고 장담할 수 없다. 1986년 쑤저우(蘇州)에는 염색약의 일종인 우파바오(烏髮寶)를 생산하는 공장이 두 곳 있었다. 웨중구이우파바오(月中桂烏髮寶)와 둥우우파바오(東吳烏髮寶)이다. 두 공장은 우파바오 시장을 독점하기 위해 사력을 다해 싸웠다. 대량의 자금을 투입해서 광고와 선전을 하고, 서로 상대방 제품의 품질 문제를 거론하며 비방했다. 그 결과 양측 모두 심각한 피해를 입었다. 고객들은 두 공장에서 생산한 제품에 관심을 보이지 않았고 이에 따라 판매량은 매우 줄어들었다. 이후로 쑤저우에서뿐만 아니라 중국 전역의 우파바오 시장에서 두 공장이 생산한 제품은 찾아볼 수 없게 되었다. 이러한 상황은 확실히 노자가 가시덤불만 무성하게 자란다고 묘사한

참상과 일치한다.

무력으로 천하를 지배하지 않는다는 말은 똑똑한 기업가라면 최대한 경쟁 상대와 같은 수준으로 정면충돌하는 것은 피해야 한다는 의미로 해석할 것이다. 경쟁사가 어느 제품을 생산하니 우리도 같은 제품을 생산해야 한다거나, 경쟁사가 가격을 낮추었으니 우리는 가격을 그보다 더욱 낮추어 판매해야 한다는 식으로 경쟁을 하기도 한다. 심지어 광고에서 상대방을 빗대어 욕하며 깎아내리기도 한다. 이는 현명하지 못한 일이다. 이런 태도는 화근을 불러올 수 있다. 심각하게는 전체 업계의 수익률이 줄어들 수 있다. 한 예로 중국의 일부 수출업자들이 국제 시장에서 가격 낮추기 경쟁을 벌여 자기편끼리 서로 죽이는 결과를 낳았다. 이에 따라 중국의 수출 이익은 큰 폭으로 줄어들었다. 심지어 다른 나라 상인들에게 경쟁에서 패한 사실은 이를 여실히 증명해준다.

무력으로 천하를 지배하지 않는다는 말은 똑똑한 기업가라면 기발함으로 상대와 경쟁한다는 것으로 이해할 것이다. 똑똑한 기업가는 경쟁 상대의 강한 곳을 피해서 새로운 길을 개척해 상대에게 맞선다. 그리고 이를 통해서 노자가 말한 좋은 성과를 이루는(善有果) 승리를 노릴 수 있다. 예컨대 상대에게 나는 우수함으로 경쟁할 것이며, 상대에게도 우수함이 있다면 나는 가격을 낮추어 경쟁한다.

일본의 야마하(YAMAHA)는 주로 전자오르간과 피아노를 생산하는 회사다. 그들은 동종 업계와 정면으로 맞서는 판매 경쟁전은 하지 않는다. 오히려 강습회를 열어 음악 지식과 전자오르간 및 피아노 연주 지식을 사회에 보급하는 등의 서비스로 차별화를 꾀한다. 이로써 야마하는 기업의 사회적 영향력을 확대하고 보이지 않게 자사 제품을 선전한다. 이러한 전략은 제품의 판매로 연결됐다. 그 결과 야마하는 세계 최고의 전자오르간 및 피아노 생산업체가 될 수 있었다.

똑똑한 기업가라면 시장 경쟁에서도 기업의 좋은 이미지를 만들어 내어 상대에게 승리할 뿐만 아니라 기업의 보이지 않는 경쟁력을 기르는 데도 뛰어나야 한다는 의미로 이해할 것이다. 예를 들면 품질이 우수한 제품을 생산하여 제품에 대한 신용을 쌓아 고객들의 사랑을 차지하는 것이다. 고객을 위한 친절한 서비스는 많은 손님을 불러 모아 서비스에 대한 신용도를 높인다. 이렇게 눈에 보이지 않는 신용이라는 경쟁력이야말로 가장 영향력이 큰 경쟁 요소다. 신용은 만금으로도 바꿀 수 없다. 이것이 바로 무력으로 천하를 지배하지 않는다는 노자의 말을 실천에 옮기는 것이다.

지나친 경쟁은 쌍방에 모두 커다란 손해는 물론 죽음을 자초하는 결과를 불러올 수도 있다. 《손자》 '구지(九地)편' 에 이런 구절이 있다.

오나라와 월나라 사람은 원수 사이다. 그러나 같은 배를 타고 강을 건널 때 풍랑을 만나자 오히려 한 몸처럼 서로 도왔다.(夫吳人與越人相惡也, 當其同舟而濟, 遇風, 其相救也, 如左右手.)

이 이야기는 우리에게 다음과 같은 교훈을 준다. 비록 원수라 하더라도 공동의 위기 때는 한마음으로 협력해야 한다는 것이다. 그러므로 기업들이 너 죽고 나 살자는 식으로 경쟁하는 것은 어리석은 일이다.

슬퍼하는 자가 이긴다는 말은 사람을 격려하여 분발하게 하는 것이다. "마주한 두 군대의 실력이 엇비슷하면 슬퍼하는 자가 이기게 된다"라는 말은 슬퍼하는 쪽의 비통하고 분한 마음을 격려하여 승리에 대한 의지를 북돋워 병사들이 승리 태세를 갖추면 목숨 걸고 싸운다는 뜻이다. 《손자》 '군쟁(軍爭)편' 에서는 적군의 기세를 빼앗으라고 했다. 다시 말해 우리 측 군대의 필승에 대한 의지를 압도하는 적의 기세를 꺾어야 한다는 뜻이다.

《오자병법吳子兵法》에는 '여사(勵士)편' 이 있다. 여사란 병사들을 격려하여 사기를 높이는 것을 가리킨다. 《위료자 · 전위尉僚子 · 戰威》에서는 "백성이 싸우는 것은 사기 때문이다(民之所以戰者, 氣也)" 라고 말한다. 다시 말해 사기를 높인다는 것은 전쟁을 슬퍼하는 쪽이 승리하는 것처럼 비통하고 분한 마음을 격려해야 한다는 뜻이다.

시장 경쟁에서도 마찬가지다. 곤란한 상황에 처했을 때 직원을 격려하고 사기를 높여야 한다. 그렇게 하면 직원들도 새로운 마음가짐으로 업무에 임하게 되고, 나아가 현재의 실패가 결국의 승리로 이어지는 조건을 만들어낼 수 있다.

무無의 장

아무것도
잃을 것은 없다

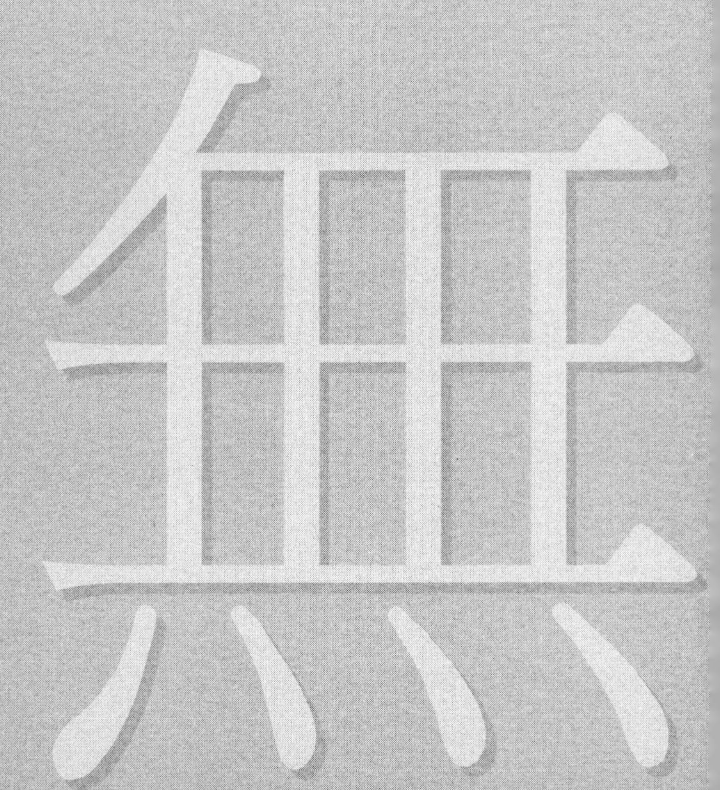

도는 입으로 말하면 싱겁고 담백하여 아무런 맛이 없고, 보려 해도 보이지 않고, 들으려 해도 들리지 않지만, 아무리 써도 다함이 없다.

道之出口, 淡乎其無味, 視之不足見, 聽之不足聞, 用之不足旣.

- 《노자》 제35장

무(無)의 심오한 이치

유와 무가 서로를 낳는다.
有無相生.

《노자》 제2장

노자 철학에서 무는 결코 '아무것도 없는 것' 을 설명하기 위한 개념이 아니다.

노자는 무를 천지 형성의 시작이라고 단언한다. 천지가 형성될 때의 상태가 바로 무라는 이야기다. 우주 만물이 생성되는 과정 속의 혼돈과 말로 표현할 길이 없는 일종의 특수한 상태가 바로 그것이다. 아직 천지를 형성하지는 않았지만 곧 천지를 형성할 물질이다.

이와 대립하는 개념으로 유는 천지가 형성된 후 만물이 다투어 생겨나는 상태를 가리킨다. 고대 중국인은 먼저 하늘과 땅이 나뉘었고 그 후에 비로소 만물이 생겨났다고 생각했다. 유와 무는 노자가 제시한 중요한 두 가지 개념으로, 도를 나타내는 구체적인 명칭이다. 도는 우주 만물이 생성되는 과정을 말한다. 다시 말해, 도란 무에서 유로 전환되는 과정이다. 이런 맥락에서 도는 무와 유의 통일체다. 진리를 탐구하는 길고 긴 과정에서 무와 유는 상생하면서 서로 돕는다. 사실《노자》 제1장에서 말하는 '시작'과 '근원'은 의미가 같은 두 가지 표현 방식에 지나지 않는다.

유와 무가 서로를 낳는다

무에 관한 노자의 서술 가운데 중요한 구절로 제2장의 "유와 무가 서로를 낳는다(有無相生)"와 제40장의 "천하의 만물은 유에서 생기고, 유는 무에서 생긴다(天下萬物生於有, 有生於無)" 등이 있다.

무는 곧 도다.《노자》 제1장의 "무는 천지의 시작"이라는 구절이 그 예다. 무는 텅 빈(虛) 공간이기도 하다. 이 의미의 무는 사실상 일종의 유로, 텅 비어 있는 유라고 할 수 있다. 그러나 무는 유에 대한 대립체의 의미도 가지고 있다.《노자》 제2장의 "유와 무가 서로를 낳는다"라는 구절이 그렇다. 무가 말 그대로 아무것도 없는 경우도 있다. 제19장의 "도적도 없다(盜賊無有)"라는 구절이 그렇다.

무는 일종의 법칙으로 쓰이기도 한다. "아무것도 없는 상태로 되돌아간다(復歸於無物)", "형체가 없는 형상이다(無物之象)", "형태가 없는 형태다(無狀之狀)"라는 구절은 무가 자연, 사회, 사고의 발전 법칙이라고 설명한다.

노자는 언제나 무를 다른 글자와 연결하여 설명한다. 예컨대 '무극

(無極)'(《노자》 제28장), '무명(無名)'(《노자》 제32장), '무위'(《노자》 제3장) 등이 그런 예다. 무가 일종의 위대한 역량인 만큼 '무위'도 일종의 위대한 행동으로 이해할 수 있을 것이다. '무위'란 '위'의 단순한 부정이 아니며, 무위 본래의 위를 뜻하기도 한다. 《노자》는 '하지 않다(不爲)'와 '무위하다'의 차이를 설명한다. 무위는 하지 않는(不爲) 것이 아니라 아무것도 하는 일이 없이 하는(爲無爲) 것을 말한다. 무는 일종의 위대한 역량이므로 무위하면 다스려지지 않음이 없는(無不治) 효과를 거둘 수 있다.

중국의 철학자 팡푸(龐樸)는 문자학의 관점에서 무를 분석했다. 그에 따르면 무에는 세 종류가 있다. 첫째는 망(亡)으로, 있었지만 후에 없어졌다는 뜻이다. 둘째는 무(無)로, 없는 듯하지만 실제로는 있다는 뜻이다. 셋째는 무(无)로, 완전히 없다는 뜻이다. 팡푸는 《노자》에서 말하는 무와 유에 대해 무가 유로 전환되고, 또한 유가 무로 전환되기도 한다고 해석한다. 무(无)-무(無)-유의 과정 또는 유-무(無)-무(无)의 과정을 거친다는 게 그의 주장이다. 이는 우리가 사물을 인식하거나 사물을 변형시키는 데 아주 유용하다. 예컨대 정반합(正反合)의 3단계 논리에 따르면 무(無)는 무(无)와 유에 대한 제1차적 부정의 의미다. 이는 그러나 전면 부정이 아니다. 부정적인 대상의 긍정적인 면은 받아들이고 쓸모없는 것은 빼는 일종의 변증법적 부정이라고 할 수 있다.

노자가 말하는 무에는 세 가지 특징이 있다. 첫째는 무가 도의 화신으로서 희미하고 어렴풋하게 모든 사물 속에 포함된다는 것이다. 둘째는 유의 대립물로서 유에서 생겨난 형태다. 무에서는 새로운 유가 나타난다. 셋째, 무에는 빈 골짜기(虛谷), 겸손하다(謙下), 고요하다(處靜)와 같은 성질이 있다. 따라서 가슴으로 유를 품어 탄생시키고 유가 날아 오르게 한다.

무의 가치를 실천하라

《노자》에서 제시하는 무는 경영에도 여러 가지 힌트를 던진다.

첫째, 무의 실제 가치에서부터 생각해보자. 무의 발생, 존재, 발전은 자연 현상이면서 사회 현상으로 일종의 보편적인 법칙이다. 여기에는 기업 경영도 포함된다. 우주의 해와 달, 끝없는 세계, 높은 산에서 평지에 이르기까지, 생명체에서 무생명체에 이르기까지 수많은 동물, 식물, 미생물, 그리고 인간의 각양각색의 사상, 관점, 방법은 유와 무가 서로를 낳는 법칙에 따라 움직이고 변화하며 발전한다. 물질 형태인 유를 살펴보면, 원래 대지는 아주 오랫동안 혼돈의 상태였다. 원시의 물질은 서로를 성장시키고 억제하며 서로 부딪쳐 흔들리는 가운데 한데 섞여 하나로 어우러진(《노자》 제14장) 물질로 분열하고 변화했다. 이 과정에서 도는 하나를 낳고, 하나는 둘을 낳고, 둘은 셋을 낳고, 셋은 만물을 낳으면서(《노자》 제42장) 다채로운 만물이 탄생했다.

둘째, 무의 행동 지침 가치에서부터 생각해보자. 무는 유로 변화할 수 있다. 이는 단순히 물질의 생존과 발전에만 국한되는 것이 아니라 사람들의 행동에까지 영향을 미친다. 예컨대 사업 성공이나 실패, 순조로운 개혁이나 좌절에 대해 모두 노자의 무 이론을 이용해 자신을 격려하고 투지를 북돋워 난관을 극복할 수 있다. 기업 경영에서도 마찬가지다. 기업이 경쟁에서 좌절했을 때도 '유는 무에서 생겨난다'라는 노자의 사상을 활용할 수 있다. 이를 통해 자신을 독려하고 분발해 기업에 드리운 먹구름을 밝은 빛으로 변화시킬 수 있다. 가령 기업의 성장이 정체되거나 적자에 허덕일 때, 우리 마음이 본래 아무것도 없던 상태로 되돌아간다면 아무것도 잃을 게 없게 된다. 이런 정신으로 자신을 내세우거나 교만하면 안 되고 욕심 없이 행동해야 한다.

셋째, 무가 제시하는 방법론에서부터 생각해보자. '무는 천지의 시작이요, 유는 만물의 근원이다'라는 말은 우리가 문제를 볼 때 전체를 고려하도록 일깨워준다. 사물의 정면뿐만 아니라 뒷면과 측면도 보아야 한다. 또 사물의 '유'라는 측면만이 아니라 '무'라는 측면도 보아야 한다. 이로부터 상응하는 대책을 선택하여 그것이 가능한 한 빨리 대립하는 유 혹은 무로 전환되도록 해야 한다. 또는 그것의 전환을 늦추거나, 혹은 현재의 양호한 무 또는 유의 상태를 유지하도록 해야 한다. 무와 유의 변화는 쉬지 않고 항상 존재하기 때문이다.

넷째, 개인 수양의 관점에서 무의 가치를 생각해보자. 일하거나, 업무를 처리하거나, 문제를 생각하거나, 경영할 때, 모두 맑은 정신 상태를 유지해야 한다. 사업이 성공하더라도 무를 실천하면 겸손함을 유지할 수 있다. 사업이 좌절을 겪거나 실패하더라도 무를 실천하면 마음을 편히 유지하며 조바심 내지 않을 수 있다. 그리고 이로써 심신을 수양할 수 있다. 바로 노자가 "고요함이 천하를 올바르게 한다"(《노자》 제45장)라고 말한 것과 같은 이치다.

노자는 《노자》 제45장에서 다음과 같이 충고한다.

가장 완전한 것은 마치 결함이 있는 듯하지만, 그 쓰임은 낡지 않는다. 가득 찬 것은 마치 비어 있는 듯하지만, 그 쓰임은 끝이 없다. 가장 곧은 것은 굽은 듯하며, 가장 뛰어난 것은 마치 서투른 듯하고, 가장 좋은 말재주는 어눌한 듯하다. 고요함이 조급함을 이기고, 추위가 무더위를 이기며, 고요함이 천하를 올바르게 한다.(大成若缺, 其用不弊. 大盈若沖, 其用不窮. 大直若屈, 大巧若拙, 大辯若訥. 靜勝躁, 寒勝熱. 淸靜爲天下正.)

이것이 바로 '무'의 경지라 할 수 있다. 기업의 경영자라면 누구나 자신의 기업을 업계의 선두주자로 만들려는 욕망이 있기 마련이다. 그러나 이 과정에서 지나친 집념은 종종 이성적인 판단에 악영향을 미친다. 마음속에 생각이 너무 많아도 기업이 성장하는 데 걸림돌이 된다. 그러므로 반드시 교만함과 조급함을 경계하면서 날마다 조금씩 향상되도록 해야 한다.

널리 알려진 노자의 명언 한 구절이 있다. 일본의 대표적인 선학자(禪學者) 스즈키 다이세쓰(鈴木大拙)는 이 명언을 자신의 좌우명으로 삼기도 했다.

누가 능히 혼탁함 속에서 고요함을 되찾아 천천히 맑고 투명해질 수 있는가? 누가 능히 오랫동안 안정된 속에서 변화를 일으켜 천천히 나아가게 할 수 있는가?(孰能濁以靜之徐淸, 孰能安以久動之徐生.)

―《노자》제15장

이와 같이 도를 갖춘 사람은 완벽함을 추구하지 않는다.

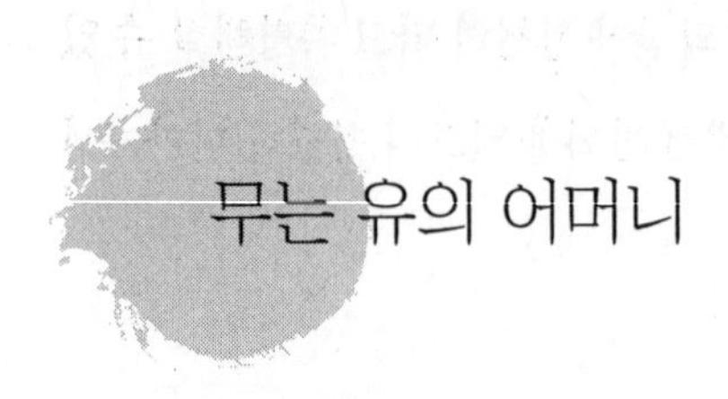

무는 유의 어머니

그 속에 본질이 있다.
其中有精.

《노자》 제21장

앞에서 무를 이야기하면서 유와 무가 서로를 낳고, 무에서 유가 생긴다고 했다. 이와 관련하여 우리는 역사 발전, 사회 진보, 기업 성장과 관련한 창조적 사고에 대해서도 생각해볼 수 있다. 자연 진화의 역사는 무가 유로 전환되고 유가 다시 무로 전환되는 것으로, 유와 무가 서로 돕는 역사라고 할 수 있다. 마찬가지로 사회 발전의 역사 또한 이와 같은 전환을 겪었다.

무에서 유가 생긴다는 말에서 알 수 있듯이 자연이란 순수하게 스스로 태어나고 스스로 소멸하는 것이 아니다. 여기에는 위무위와 인류의 노력 및 '위'가 필요하다. 다시 말해 힘써 창조해야 한다는 뜻이다.

창조란 무엇인가? 창조의 창(創) 자에 대한 최초의 주해는 《한서 · 서

전하漢書 · 敍傳下》에서 찾아볼 수 있다. 이 책에서 안사고(顔師古)는 "창은 처음으로 만드는 것이다(創, 始造之也)"라고 주석을 붙였다. 중국의 《사해辭海》에도 '창조' 라는 어휘에 대해 "역사상 유례가 없는 처음으로 만든 사물"이라는 해석이 있다. 이를 노자의 방식으로 이야기한다면 무에서 유가 실현되는 것으로, 유의 극복이라고 말할 수도 있다.

창조는 생산력을 발전시킨다. 또한 생산 관계를 개선하고 변혁시켜 사회가 끊임없이 앞으로 나아가도록 한다.

18세기 때 방직기와 증기 기관의 발명은 제1차 산업혁명을 일으켰다. 이후 등장한 전기, 화학, 철강을 대표로 하는 기술 혁명을 사람들은 제2차 산업혁명이라고 부른다.

1950년대부터 나타나 발전한 양자역학, 반도체, 컴퓨터 등과 같은 새로운 학문 분야는 세계가 제3차 산업혁명을 시작하도록 촉진했다. 연결된 사건처럼 보이지만 각각을 떼어 놓고 보면 무에서 유를 낳은 것이다. 이 모두 인류의 창조 활동의 결과다.

유명한 화교 기업가 리광첸은 난이고무회사를 설립한 초기에 소규모 농장주들에게 콜로디온견을 구매했기 때문에 다른 고무 공장보다 원가가 높았다. 이런 불리한 조건의 '무' 상황에서 다른 고무 공장과 경쟁하기 위해 리광첸은 원가를 낮추는 방법을 찾기 위해 밤낮을 가리지 않고 고민했다. 그런 끝에 생산 절차를 포드 시스템(Ford system)으로 바꾸었다. 이 시스템은 디트로이트 공장에서 완성되었다고 하여 디트로이트 오토메이션(Detroit automation), 또는 대량 생산의 획기적인 계기가 되었다고 하여 대량 생산 시스템(mass production system)이라고도 한다. 포드 시스템은 기술적인 면에서는 생산의 표준화, 부품의 규격화, 공장의 특수화를 추구하고 특수한 운반기를 사용하여 유동식(流動式) 작업 체제로 발전시킴으로써 이동조립법(moving assembly line)을 시행한다. 이동조립법은 '사람이 일로 가는' 것이 아니라 '일이 사람에게 오는' 포드의 아이디어를 실현한 생산 시스템이다. 구체적으로는 작업 공정의 순서대로 작업자들을 배치하고 컨베이어에 의해 재료들이 그 앞을 규칙적으로 통과한다. 그래서 각 작업자는 한 장소에서 일정한 흐름을 유지하는 생산 시스템에 따라 작업에 임하게 돼 노동자가 이동해야 하는 번거로움을 줄였다. 이를 통해서 작업 효율을 향상하고 원가를 절감할 수 있었다. 동시에 고무 제품의 품질을 향상시켰을 뿐만 아니라 생산량을 더욱 늘렸다. 그 결과 난이고무회사는 치열한 시장 경쟁에서 입지를 굳히고, 1929년에 시작된 세계적인 경제 위기라는 시련도 이겨낼 수 있었다. 더불어 점차 동남아의 유명 그룹으로 성장했다.

리광첸이 무에서 유를 만든 혁신 사상에는 새로운 사물을 적극적으로 받아들이는 태도가 바탕이 됐다. 1952년, 난이고무회사는 서양에서 발명된 컴퓨터를 도입했다. 화교 회사로선 싱가포르와 말레이시아에서 가장 먼저 컴퓨터를 사용한 것이다. 텔렉스가 세상에 나오자 이번엔 지점마다 텔렉스를 설치했다. 지점 책임자들은 텔렉스를 통해 매일의 고무 거래, 고무 비축량 및 그 밖의 영업 상황을 쿠알라룸푸르에 있는 본점에 전송했다. 그러면 본점은 모든 자료를 종합하고 정리해서

싱가포르에 있는 본사로 전송했다. 아울러 리광첸은 이런 자료를 컴퓨터로 언제든지 열람할 수 있게 했다.[30)]

무가 유로 전환되게 하라

창조는 무가 유로 전환되는 실천 과정이다. 이 과정에서 《노자》의 사상은 촉진제이자 원동력으로 작용한다.

영국의 과학자 조지프 니덤(Joseph Terence Montgomery Needham)은 "중국에 도가가 없었다면, 이는 뿌리 없는 나무와 같다"라고 말했다.[31)] 노벨화학상 수상자로 생명의 화학적 비밀을 밝혀내어 세계적으로 큰 반향을 불러일으킨 화학자 일리야 프리고진(Ilya Prigogine)도 비슷한 입장이다. 그는 자신의 중국어판 저서를 위해 쓴 서문에서 조지프 니덤을 평가하며 이렇게 말했다.

"발생학자인 조지프 니덤이 서양의 기계론적 사상 속에서 개체 발생을 인식하는 데 적합한 개념을 찾지 못해 낙담했을 때, 그는 먼저 유물변증법으로 방향을 바꾸었다. 그 후, 그는 중국 사상 연구로 돌아섰다."

일리야 프리고진은 조지프 니덤이 성공을 거둔 배경에 중국의 전통문화가 있다고 봤다. 그 가운데서도 특히 《노자》의 사상이 많은 기여를 했다는 것이다.

노자의 사상은 창조 사상과 관련이 있다. 우리는 노자와, 원자론을 제창한 고대 그리스 철학자 레우키포스(Leucippus)의 관점을 대조해볼 수 있다. 원자론이란 대립하는 두 존재, 다시 말해 더 이상 원자가 들어갈 수 없는 것과 원자가 들어갈 수 있는 '텅 빈' 공간을 기초로 구성된 것이다. 레우키포스는 이 '텅 빈' 공간이 겉보기에는 텅 비어 아무것도 없는 것처럼 보이지만 실제로 존재하는 것이라고 말한다. 없는 것처럼 보이지만 실제로 존재하는 이 '텅 빈' 공간이 있기에 원자가 비로소 그 속에서 활동할 수 있는 것이다. 레우키포스가 여기에서 설명하는 두 존재는 바로 원자와 '텅 빈' 공간이다. 이는 노자가 이야기하는 유와 무의 사상과 매우 비슷하다.

독일의 현대 철학자 헤르베르트 마이누쉬(Herbert Mainusch)의 이야기를 통해서도 철학에서 노자의 사상이 차지하는 중요한 의미를 찾아볼 수 있다. 마이누쉬는 《노자》를 회의론적 철학서라고 하며 현대인에게 반드시 회의론자가 될 것을 요구한다. 그러나 한편으로는 "결코 모두가 회의적인 태도의 굴레에 갇힐 필요는 없다"라고 지적한다.

마이누쉬의 견해는 옳다. 《노자》에는 회의론적인 사상이 있다. 여기에서 강조하는 불확실한 것에 대한 의심은 창조의 시작이다. 의심을 품어야 탐구가 있고, 탐구가 있어야 창조도 있을 수 있다. 단, 의심은 과학적이고 현실적인 것이어야 한다. 마이누쉬가 말한 것처럼 지나치게 회의적인 태도의 굴레에 갇혀서는 안 된다.

사실 노자가 제시한 도에 관한 이론은 그 자체로 일종의 창조라고 할 수 있다. 창조란 역사상 유례가 없는 사물을 처음으로 만들어내는 것이다. 도는 감각을 초월한다. 하지만 한편으로 사람이 느낄 수도 있다. 도에는 제한이 없지만 한편으로 제한이 있다. 있는 듯 없는 듯하며, 보일 듯 말 듯한 것이 바로 도다.

도는 그래서 사람이 인류의 지혜의 바다를 여행하고 탐구하도록 이끈다. 그리고 그 속에서 또 여러 가지 새로운 지식을 창조하도록 한다. 그것은 자연과학적 지식과 사회과학적 지식을 아우르는 모든 지식을 말한다. 그 가운데는 우리가 논의하는 기업 경영과 관련된 지식도 포함된다.

창조적 사고의 힘

어떤 사람은 창조를 한 과정으로 보고 창조 과정을 무의식과 전의식(前意識), 그리고 의식이라는 세 단계로 나눴다. 창조자가 자신의 행위에 대해 자각하지 못하는 상태를 무의식 단계라고 한다. 무의식 단계에서 표상화 과정을 거치면 전의식 단계에 이른다. 전의식 단계에서는 논리, 과학, 계획 등이 개입한다. 어떤 종류의 사고나 기억이 의식화되지 않은 전의식 단계에서 주의를 집중하면 의식 단계에 이를 수 있다. 사람들은 이를 갑자기 깨달았다는 의미로 돈오라고 부른다. 쉽게 말해 순간적으로 창조적인 생각이 떠오르는 것을 가리킨다.

이와 반대로 어떤 사람은 창조란 종합적 사고의 산물이라고 한다. 이미 아는 것과 현재의 사실을 논리와 순서에 따라 통일시켜 체계적이고 조직적으로 사고하는 것이다. 그래서 창조란 확산적으로 사고한 산물이라고 본다. 다시 말하면, 광범위한 사고는 얼기설기 뒤엉켜서 전혀 체계적이지 않지만 오히려 여기에서 참신하고 기발한 사물이 창조된다.

창조라는 것을 타인보다 앞서는 하나의 능력으로 보는 입장도 있다. 창조란 그 바탕이 되는 다양한 요소를 하나로 묶는 능력이라는 생각이다.

위에서 서술한 여러 가지 관점은 서로 다른 각도에서 창조를 바라본 생각이다. 모두 일리가 있는 해석이다. 창조에서 가장 중요한 것은 사고력이다. 사고 활동은 무의식, 전의식, 의식이라는 단계를 거쳐 최종적으로 창조를 낳는다. 이때 창조는 일종의 변혁이자 실천의 문제이기도 하다. 창조적인 사고가 창조적인 행동으로 전환되기 때문이다. 완전한 창조는 그 사고와 행동이 일치될 때 가능하다. 다시 말하면 앎과 행동의 통일인 것이다.

앎(知)을 관념적 전제, 선험적 전제로 보지 않는다면, 지행합일(知行合一)의 실천적 '지(知)'는 실천적 '행(行)'보다 앞선다. 실천적 앎이 있어야 실천적 행동도 있을 수 있고, 창조적 사고가 있어야 창조적인 행동도 있을 수 있다. 사고에만 머물며 실천되지 않는 창조는 불완전하므로 행동에 의해 보완, 보충, 수정되어야 한다. 그리고 이를 통해 새로운 창조도 가능하다.

이런 창조의 관점에서 보면 우리는 《노자》에서 적어도 다음의 다섯 가지의 상식을 찾아낼 수 있다.

첫째, 창조에는 '위무위' 의식이 필요하다. '무위'의 태도로 자유롭게 사고하고, '유위'의 태도로 목표를 실현하기 위해 노력해야 한다.

둘째, 창조에는 '유와 무가 서로 돕는다(有無相資)'는 인식이 필요하다. 여기에는 두 가지가 있다. 관념적인 인식과 물질적인 인식이다. 관념적인 인식은 무를 중시하고, 무를 연구하고 극복하여 유로 전환되도록 한다. 그런 다음에 유를 다시 무로 간주하여 새로운 창조를 실현한다. 물질적인 인식은 유의 실체에서 무를 살피고, 무의 '텅 빈' 공간에서 유를 밝혀 유와 무의 전환을 실현하는 것이다.

셋째, 창조에는 역발상이 필요하다. 습관에서 비롯된 정형화된 사고에서 벗어나 유에서 무를 인식하고 무에서 유를 발견해야 한다. 또한 사물의 정면을 관찰할 뿐만 아니라 뒷면과 다른 면도 관찰해야 한다. 다시 말해 사물의 모든 면을 살펴야 하는 것이다. 정면을 인식하는 것은 일반적인 사고와 일치해 비교적 쉬운 일인 반면에 역발상은 상대적으로 어려운 일이다. 그러나 역발상은 항상 발명과 창조의 전제 조건이 되므로 매우 중요하다.

넷째, 창조에는 '희미하고 어렴풋하다'는 인식이 필요하다. 창조의 과정은 희미하고 어렴풋한 상태를 거친다. 그래야 한계 없이 마음껏 사고할 수 있다. 이러한 폭넓은 상상은 창조의 지혜가 불꽃처럼 타오르게 하고 발명의 영감이 솟아나게 한다.

다섯째, 창조에는 '본질이 있다(有精)'는 인식이 필요하다. 어렴풋함이란 일종의 사유 활동으로, 고정된 형태나 경계가 없다. 그러나 어렴풋한 기운 그 속에 형상이 있고(其中有象) 그 속에 본질이 있다(其中有精)(《노자》 제21장)는 인식하에 희미하고 어렴풋하게 가물거리는 창조의 기운을 붙잡아야 한다. 그리고 뜬구름 같은 지혜와 영감을 모아 무의식과 전의식을 거쳐서 일순간에 깨달음을 얻도록 해야 한다.

모략과 지략의 핵심은 창조

기업 경영에도 이와 같은 《노자》의 창조 사상이 필요하다. 앞에서도 이야기했지만 기업을 잘 경영하려면 올바른 '도', 즉 가치관이 필요하다. 창조성은 기업이 반드시 갖추어야 할 일종의 가치관이라고 할 수 있다. 기업이 잘 다스려야 할 '네 가지 큰 것' 가운데 사람, 즉 기업의 사람은 경영자든 일반 직원이든 모두 창조적 사고 능력을 갖추어야 한다. 이를 위해 먼저 경영에 위무위를 적용해야 한다는 인식이 필요하다. 그리고 창조적인 사고가 위무위와 결합되도록 해야 한다. 다음으로 부드럽고 약한 것이 강하고 단단한 것을 이긴다는 사상을 적용해야 한다. 이 사상은 모략과 지략을 통해 실현될 수 있는데, 모략과 지략의 핵심이 바로 창조다. 효과적인 창조는 모략과 지략이 성공하도록 하고, 부드럽고 약한 것이 강하고 단단한 것을 이긴다는 사상의 근본이 된다. 지금까지 설명한 창조는 기업 경영과 관리에서 매우 중요한 작용을 한다.

현대의 기업 경영에서 기술 발전은 기업의 생사존망을 결정하는 매우 중요한 요소다. 과학 기술은 기업의 최고의 생산력이다. 기업의 신제품 개발, 제품의 품질 향상, 설비 혁신, 가공 기술 발전, 노동 생산성 향상, 제품의 원가 절감 등은 모두 기업 구성원의 창조적인 사고 능력이 효과적으로 발휘되고 활용되어야만 실현할 수 있다. 기업의 창조 활동은 다른 모든 업무와 연관되어 있다. 그러므로 기업의 모든 구성원은 자신의 업무를 창조적으로 처리해야 한다.

없음이 곧 있음이다

서른 개의 바퀴살이 하나의 바퀴통으로 모이니
그 빈 곳에 수레의 쓰임이 있다.
三十輻共一轂, 當其無, 有車之用.

《노자》 제11장

자유롭고 독립적으로 사고를 해야 새로운 것이 탄생한다.

린위탕은 자신의 저서 《노자의 지혜》에서 노자의 철학을 전원(田園) 철학으로, 《노자》를 낭만주의 형식의 철학서라고 일컬었다. 전설에서 노자는 노년에 관직 생활에 염증을 느끼자 벼슬을 내놓고 청우를 타고서 멀리 서쪽의 함곡관을 향해 갔다. 창조의 지혜는 이러한 노자처럼 굴레에서 벗어나 어디에도 얽매이지 않고 자유로운 것이다.

창조자는 충분한 지적 능력을 갖추어야 한다. 지식은 창조의 역량이라고 할 수 있다. 무지하고 최소한의 교양도 없는 사람은 창조적인 사고를 할 수 없다. 지식이 없는 사람은 지식이 담긴 문장조차 쓸 수 없기 때문이다. 또한 지식이 있더라도 반드시 그 지식을 활용하는 능력이 있어야 한다. 사고력과 상상력이 부족하면 무를 보아도 그 속에 유가 있다는 것을 알아차리지 못한다. 마찬가지로 유를 보아도 그 속에 무가 있다는 것을 알아차리지 못한다. 검은 것은 검을 뿐이라고 결론 내릴 뿐 검은 것 속에 흰 것이 있다는 사실을 알지 못한다. 흰 것은 희다고 결론 내릴 뿐 흰 것이 검은 것으로 변할 수도 있다는 사실을 알지 못한다면 창조의 영감은 영원히 떠오르지 않을 것이다.

《노자》 제19장의 "현명함과 지혜를 버려야 한다"라는 말에 대해 사람들은 두 가지로 해석한다. 하나는 노자가 지식과 지혜, 총명함을 반대한다는 것이다. 다른 하나는 노자가 수단과 방법을 가리지 않는 지혜와 터무니없는 인과 의를 반대한다는 것이다. 노자는 인과 의를 반대하며 사람들이 인과 의를 버리기를 바랐다. 이른바 현명함을 버리는(絶聖) 것이다.

노자는 "가장 뛰어난 것은 마치 서투른 듯하다", "가장 좋은 말재주는 오히려 어눌하다"(《노자》 제45장)와 같은 말을 하지 않았는가? 이를 뒤집어보면 노자도 뛰어남, 말을 잘하는 재주, 지혜와 총명함을 주장한다는 것을 알 수 있다. 다만, 잔꾀를 부리거나 우쭐대는 지혜는 반대한 것이다.

노자는 사람의 본성이 순수하고 순박하며 고요하면서도 깨끗하다고 보았다. 그러나 경험적 지식을 추구하는 학문의 과정은 인간에게 지식과 지혜를 주는 동시에 인간의 본성을 타락하게 했다. 그래서 부귀영화를 좇으며 타인을 속이는 나쁜 관습이 나타났다. 인의라는 깃발을 높이 치켜들고서 개인의 사사로운 이익을 추구하는 사람은 너무도 많다. 노자는 문명이라고 불리는 그러한 쓰레기를 버려야 한다고 생각했다. 사람들이 사리에 어둡고 욕심이 없어 서로 다투지 않는 고요한 자연 상태로 돌아간다면 효와 자애, 선량함과 같은 품성은 인간의 순박하고도 소박한 본성의 영향으로 자연스럽게 나타날 것이라고 보았기 때문이다. 노자가 버리고자 한 것은 수단과 방법을 가리지 않는 지혜, 위선적인 인과 의, 사사로운 이익 추구의 세 가지다. 그가 보기에 이는 모두 실속이 없는 것이다. 그래서 이 세 가지로 천하를 다스려서는 안 된다고 했다.

창조자는 창조 과정에서 자신감과 용기가 충분해야 한다. 먼저 자신감을 가지고 타인이 시작하지 못한 일을 시작해야 한다. 반드시 해내겠다는 마음이 있어야 의지가 생긴다. 많은 사람이 창조에 실패하는 것은 지적 능력이 부족하거나 환경의 제약을 받는 등의 이유 때문이 아니다. 창조에 대한 의지가 강하지 않거나 확신이 부족해서 실패하는 것이다. 다시 말해, 자신과의 싸움에서 이기지 못한 것이다. 타인이 아직 시작하지 못한 일을 시작하는 것은 순풍에 돛 단 듯이 쉬울 리가 없다. 항상 실패라는 위험을 무릅써야 하고 남의 비난도 감수해야 한다. 아울러 반드시 해내겠다는 강한 의지도 필요하다. 마르크스는 이에 관해 "과학의 입구는 꼭 지옥의 입구 같아서 반드시 요구 사항을 제시한다. 이때 망설임이 없어야 한다. 어떠한 나약함이나 비겁함도 아무런 도움이 되지 않는다"[32]라고 말했다.

포괄적으로 깊이 있게 관찰하라

창조자는 사유에 뛰어나야 한다. 우리는 《노자》 제11장에 나오는 구절처럼 문제를 관찰하고 사유해야 한다. 내용은 이렇다.

서른 개의 바퀴살이 하나의 바퀴통으로 모이니 그 빈 곳에 수레의 쓰임이 있다. 진흙을 빚어 그릇을 만드니 그 빈 곳에 그릇의 쓰임이 있다. 문과 창을 뚫어 방을 만드니 그 빈 곳에 집의 쓰임이 있다. 그러므로 유가 이로움을 주는 것은 무가 그 쓰임을 발휘하기 때문이다.(三十輻共一轂, 當其無, 有車之用. 埏埴以爲器, 當其無, 有器之用. 鑿戶牖以爲室, 當其無, 有室之用. 故有之以爲利, 無之以爲用.)

이 구절을 좀 더 자세히 풀이해보자.

서른 개의 바퀴살이 하나의 바퀴통(바퀴의 축이 꿰이고, 바퀴살이 그 주위에 꽂힌 바퀴의 가운데 부분)으로 모이는데, 바퀴통에 빈 공간(무)이 있기에 수레가 비로소 수레의 기능을 할 수 있는 것이다. 진흙을 빚어 그릇을 만드는데, 그릇 속에 빈 공간이 있기에 그릇이 비로소 그릇으로 사용될 수 있다. 문과 창을 뚫어 방을 만드는데, 문과 창, 그리고 사방이 벽으로 둘러싸인 빈 공간이 있기에 방이 비로소 방으로 쓰일 수 있는 것이다. 그러므로 '유'가 사람들에게 편리함을 줄 수 있는 것은 사실 모두 '무'에 기대어 그 역할을 할 수 있기 때문이다.

이 이야기를 창조적 사고의 관점에서 살펴보면 여러 교훈을 얻을 수 있다. 우선은 유와 무가 서로 돕는다는 인식이 필요하다. 수레, 그릇, 방에 비유한 노자의 이야기에서 유는 무에 기대어 존재한다는 것을 알 수 있다. 실체적인 유는 텅 빈 무에서 생존하고 발전한다. 무의 변화는 유의 변화를 재촉한다. 그러나 유와 무는 서로 보완하고 돕는다. 무 또한 유에 의지해야만 무의 기능을 발휘할 수 있고, 유의 변화가 있어야 변화할 수 있다. 물론 그러한 무와 유의 변화는 모두 특정한 시간과 공간의 조건에서 일어난다. 다시 말해, 유와 무의 변화는 무질서하게 이루어지는 것이 아니라 일정한 법칙에 따른다.

수레, 그릇, 방에 비유한 노자의 이야기를 통해 비어 있는 것은 가득 찬 것을 두드러지게 하며, 가득 찬 것은 비어 있는 것에 기댄다는 사실을 알 수 있다. 하나의 사물이 다른 사물과 구별되는 것은 한편으로 사물을 구성하는 유가 다르기 때문이다. 또 한편으로 사물을 구성하는 무가 각기 다르기 때문이다. 또 다른 한편으로는 사물을 구성하는 비어 있음과 가득 참, 유와 무의 의지 관계가 서로 다른 데에 이유가 있다. 창조의 법칙을 알고자 하면 먼저 이러한 문제를 연구해야만 한다.

창조적 사고의 출발점은 사물이란 점도 분명히 해야 한다. 사물을 인식하고 그 사물을 변형시켜 새로운 사물을 창조하려면 먼저 사물을 제대로 관찰해야 한다. 이와 관련해 "포괄적으로 깊이 있게 관찰하는 눈은 강하며, 피상적으로 보는 눈은 약하다(觀之目强, 看之目弱)"라는 잠언이 있다. 이 말은 사람의 눈은 두 가지로 구분할 수 있다는 뜻이다. 사람의 눈은 사물을 포괄적으로 깊이 관찰하는 '관지목(觀之目)'과 피상적으로 보는 '간지목(看之目)'으로 나눌 수 있다. 피상적인 눈으로 사물을 보면 사물의 겉모습만 볼 뿐 문제를 발견할 수 없다. 그러나 관지목으로 사물을 자세히 살펴보면 문제를 발견하고 인식할 수 있다.

노자는 포괄적으로 깊이 있게 관찰하는 눈을 통해 수레, 그릇, 방을 살폈다. 그리고 서른 개의 바퀴살이 하나의 바퀴통으로 모이고, 진흙을 빚어 그릇을 만들고, 문과 창을 뚫어 방을 만든다는 사실의 인식을 토대로 그 빈 곳에 수레의 쓰임, 그릇의 쓰임, 방의 쓰임이 있다는 것을 깨달았다. 관지목의 능력을 높이려면 사물을 관찰할 때 모든 면, 즉 표면, 심층, 정면, 측면 등을 주의 깊게 살펴보아야 한다. 또한 상하, 좌우의 서로 다른 측면에서도 관찰해야 한다. 그리고 발전적인 관점에서 봐야지 정체된 상태로 살펴서는 안 된다. "바람이 땅에서 일어나니 부평초 털끝이 흔들린다(風生於地, 起於靑萍之末)"라고 했다. 우리는 부평초 털끝의 흔들림과 같은 미세한 변화만 보고도 계절을 알아차리는 데 능숙해야 한다.

노자는 《노자》 제16장과 제55장에서 "상(常)을 아는 것을 명(明)이라 한다(知常日明)"라고 말했다. '상'은 법칙을 말한다. 사물의 변화와 발전 법칙을 파악하면 사물에 변화가 나타나기 전에 과학적으로 예상할 수 있다. 이것이 바로 가장 뛰어난 관찰력이다. 다윈은 "사실을 일반 법칙으로 만드는 것이 과학 연구에서 가장 중요한 것이자 최종 단계다"라고 말했다.

노자의 사상에는 변증법적 사고가 반영돼 있다. 중국의 학자 쉬팡핑(徐方平)은 일찍이 이 문제에 대해 서술한 적이 있다. 그는 노자와 현대

과학자, 이를테면 일리야 프리고진(Ilya Prigogine)과 같은 사람을 연관지어 분석했다. 쉬팡핑은 직관적 사고에는 두 단계가 있다고 말한다.

하나는 형식적인 논리를 기초로 하는 낮은 단계의 사고다. 예를 들면 직접 귀납법이 그렇다. 다른 하나는 변증법적 논리를 기초로 하는 높은 단계의 직관적 사고다. 쉬팡핑은 노자와 일리야 프리고진 같은 과학자가 활용한 사고방식이 바로 변증법적인 직관적 사고방식에 속한다고 보았다.

그는 노자의 도가 깨달음(悟)에서 나온 것이며 이 깨달음이 바로 변증법적 사고의 색채를 띤다고 본다. 일리야 프리고진 등은 변증법적 사고방식과 과학적인 돈오의 결합을 적극적으로 주장한다. 이는 그들과 노자의 사고방식 간에 일관성과 유사성이 있다는 사실을 보여준다. 노자가 제시한 유와 무는 모두 변증법적 논리 개념에서 나왔다. 필자도 쉬팡핑의 이런 관점에 동의한다. 노자의 사상에는 확실히 이런 내용이 포함되어 있다. 창조적 사고에는 반드시 변증법적인 인식이 있어야 한다.

창조 활동과 관습적 사고는 대립된다. 창조의 본질은 낡고 경직된 사고의 속박에서 벗어나는 것이다. 관습적 사고는 시대에 맞지 않는 오래된 규범과 낡은 관습에 문제를 제기하거나 다른 견해를 제시하는 것을 가로막는다. 이는 창조적 사고의 발생과 발전을 억제할 수 있다. 이처럼 관습에서 비롯된 정형화된 사고는 창조의 가장 큰 장애물이다.

습관적인 사고 패턴을 버려라

창조와 역발상은 서로 연관되어 있다. 창조는 기발한 생각, 풍부한 상상력과 연결된다. 그래서 창조성을 불러일으키려면 현실에 안주하려는 속박과 굴레를 깨뜨리고 새로운 시각으로 문제를 고민해야 한다. 넘쳐나는 정보가 사람들에게 영향을 미치고 이러한 현상이 일상이 됐다. 이에 대한 반응으로 나타나는 방어 심리나 현실에 대한 안주는 사람들이 수많은 외부 자극에 점점 무뎌지게 한다. 이렇게 타성에 젖으면 새로운 것을 추구하려는 의지와 호기심 탐구의 욕망이 꺾인다. 우리는 의식적으로 부지런히 사고하고, 부지런히 문제를 제기하고, 의문을 품어야 한다. 이를테면 노자가 당연한 것들에 의문을 품었던 것처럼 말이다. 노자가 본연의 순수함과 순박함으로 돌아가라고 말하는 것과 같은 얘기다.

미국의 학자 파스칼(R. T. Pascale)과 에토스(A. G. Athos)는 공저한 책에서 《노자》 제11장에 나오는 노자의 생각을 높이 평가했다.

파스칼과 에토스는 빈 곳에 수레의 쓰임이 있다는 노자의 말을 주제로 이렇게 해석했다.

"한 발 물러서서 보면 사물의 진상을 더욱 잘 이해할 수 있다."

"우리가 무아(無我)의 경지에 이르면, 곧 한 발 물러서서 객관적 상황의 전체적인 모습을 꿰뚫어볼 수 있게 된다."

그들은 노자를 통해 '무에서 유를 볼 수 있다(無中見有)' 라는 말에 담긴 시간적 개념을 보여줬다. 이들은 일본의 유명한 시의 한 구절인 '봄이 왔다[春(間)已來臨]'를 인용하며 괄호 안에 쓰인 간(間)은 소리가 나지 않는 어조사라고 말했다. 여기서 간은 음계에서의 정지, 소리의 멈춤을 나타내는 것으로 음절에서의 '무'라고 할 수 있다. 간과 무는 비록 소리가 나지 않지만 사실 소리가 있다는 인식에 그 존재의 현실적 의의가 있다고 말할 수 있다. 음절에서의 무를 통해 사람들은 감이 주는 무의 연상 작용에 따라 봄을 인식하게 된다. 그래서 '봄이 왔다'는 이런 장치를 이용해 흐드러지게 핀 붉은 복숭아꽃, 푸른 버들잎, 그리고 새가 지저귀고 꽃이 향기로운 아름다운 봄 경치를 연상하게 한다. 봄에 대한 다양한 인상을 연상시켜 창조적인 사고가 이루어지게 하는 것이다.

파스칼과 에토스는 그들의 책에서 미국과 일본의 경영학적 사고의 차이점을 비교하며 노자 사상이 주는 탁월한 경영학적 사고를 설명했다. 그들은 서양인은 사물을 묘사할 때 유에서 무를 묘사하고 이미 아는 것에서 아직 알지 못하는 것을 묘사한다고 말한다. 의자와 탁자를 예로 들어보자. 서양인은 의자와 탁자는 실물인 유가 있기에 상응하는 공간적인 무가 있다고 본다. 저자들이 보기에 일본에선 다르다.

파스칼과 에토스, 두 사람은 일본식 정원(禪園)의 풍경을 들어 설명한다. 정원 가운데에 자갈을 깔아서 만든 연못이 하나 있다. 연못의 가장자리에는 커다란 돌 몇 개가 우뚝 솟아 아름다운 풍경을 이룬다. 이곳을 유람하는 서양인들의 눈에는 연못과 돌이 보일 뿐이다. 그러나 일본인들은 연못과 돌이 만들어내는 아름다운 경치와 매력적인 주변 공간에 시선이 닿는다.

이들은 노자의 사상을 빌려 기업의 경영 기법 문제를 이야기하는데,

이는 기업 경영자에게 많은 시사점을 준다.

특히 기업 경영자와 창조적 발명가에게 정형화된 사고에서 벗어나야 한다는 사실을 일깨운다. 《장자 · 외편莊子 · 外篇》 '천지(天地)' 에 항아리로 물을 길어 밭고랑에 물을 대는 이야기가 있다. 이 이야기는 우리에게 관습적 사고의 폐단을 설명한다. 항아리로 물을 길어 밭고랑에 물을 대는 한 노인의 이야기는 일의 효율을 높이는 것과 관련이 있다. 이는 기업을 경영하면서 자주 논의하게 되는 '어떻게 작업 능률을 향상시킬 것인가' 하는 문제와 연결될 수 있다.

이야기의 내용은 대략 이러하다.

공자의 제자인 자공(子貢)이 이곳저곳을 유람하다가 채소밭에 물을 주는 노인을 보았다.

노인은 먼저 우물가까지 고랑을 파고, 항아리를 안고 허리를 굽혀 물을 길었다. 그리고 항아리를 안고 채소밭으로 가서 물을 주었다. 이 광경을 보고 자공이 물었다.

"여기에 물을 길어 올리는 기계가 있습니다. 이 기계는 뒤는 무겁고 앞은 가볍습니다. 기계로 움직이니 사용하기에 아주 편리할 뿐만 아니라 효율성도 뛰어납니다. 이 기계를 이용하면 일이 훨씬 빠르고 수월할 텐데 어째서 사용하지 않습니까?"

노인은 자공의 말에 언짢은 기색이었지만 짐짓 웃으며 대답했다.

"내가 스승께 들으니 기계를 사용하면 사람의 마음 씀씀이가 바르지 못하게 되어 마음이 편치 못하다 했소. 나도 기계가 편리하다는 것쯤은 알고 있소. 다만 본래의 마음 자세를 거스르고 싶지 않을 뿐이오."

이 노인은 스승의 말씀과 원래의 마음 자세, 그리고 낡은 사고방식에 얽매여 변화를 싫어한 것이다. 그래서 새로운 사물을 받아들이지 못해 창조적 생각이 억눌려 있다. 참으로 애석하고도 유감스러운 일이다.

발상의 전환이 필요하다

역발상을 통해 문제를 사고해야 한다고 해서 일반적인 사고가 필요 없다는 말은 아니다.

통계와 덧셈은 하나의 계산 방식이다. 뺄셈도 하나의 계산 방식이다. 일반적인 상황에서는 숫자의 순서대로 시간을 표시한다. 그러나 특수한 상황, 이를테면 로켓 발사와 같은 상황에서는 숫자를 거꾸로 센다. 직원들을 격려하는 데는 일반적으로 덧셈의 방법을 쓴다. 포상은 덧셈이라고 할 수 있다. 그러나 경우에 따라서는 뺄셈의 방법도 필요하다. 처벌이 바로 뺄셈이라고 할 수 있다. 처벌도 궁극적으로는 많은 사람의 힘을 한데 모으기 위한 것이다.

기업은 일반적으로 먼저 한 달 임금을 정하고 하루를 쉬면 하루만큼의 보수를 공제하는 식으로 임금을 계산한다. 그러나 다음과 같은 임금 계산법도 있다. 기준이 되는 한 달 임금을 그달의 근무 일수로 나누어 일당을 산출하고 노동자의 출근 일수에 따라 임금을 주는 것이다. 전자는 뺄셈 문제이고 후자는 덧셈 문제이지만 사실 같은 것이다.

그렇지만 심리학의 관점에서 보면 이 두 가지 임금 계산 방식의 효과는 다르다. 이를 설명하는 이야기가 있다.

한 노부인에게 두 딸이 있었다. 큰딸은 우산 가게를 하는 사람과 결혼했고 작은딸은 염색 공장 책임자와 결혼했다. 그래서 이 노부인은 날마다 근심을 달고 살았다. 맑은 날에는 큰딸의 우산 가게가 우산을 팔지 못할 것을 걱정해 마음 졸이고, 비가 오는 날에는 작은딸이 염색한 고객의 옷을 햇볕에 말리지 못할 것을 걱정했다. 어느 날 한 지혜로운 사람이 노부인의 잔뜩 찌푸린 양미간을 활짝 펴주었다. 그는 비가 오는 날에는 큰딸의 우산 가게 장사가 잘되어 좋고 맑은 날에는 작은딸의 염색 공장이 손님들로 가득 찰 테니 노부인은 복이 많다고 했다. 그 말에 노부인은 근심이 사라지고 얼굴에 기쁨이 가득했다. 여기에서 지혜로운 사람이 한 말은 바로 사람을 제대로 구하는 방식이다. 이런 사고는 모두 역발상을 이용한 것이다.

역발상에 따라 문제를 사고하는 것은 유물론적 변증법 사상과도 일치한다. 사물은 여러 측면이 있게 마련이다. 한 측면으로만 문제를 생각하면 시야가 좁아진다. 그러나 여러 측면에서 문제를 고려하면 시야는 넓어지고 방법도 많아진다. 《삼국연의三國演義》에 나온 적벽대전 이야기를 보자. 주유는 제갈공명을 곤경에 빠뜨리기 위해, 그에게 열흘 안에 화살 10만 대를 만들어 내라는 무리한 요구를 했다. 이에 제갈공명은 3일 안에 만들어 바치겠다고 호언장담했다. 안개가 뿌옇게 낀 날, 제갈공명은 장막을 친 배 20척을 이끌고 적군인 조조의 진영으로 향했다. 갑작스런 제갈공명의 출현에 놀란 조조군은 적군을 향해 화살을 쏘아대기 시작했다. 조조군의 화살은 날아오는 족족 배의 장막에 꽂혔다. 장막에 꽂힌 화살을 충분히 거둔 제갈공명은 유유히 뱃머리를 돌렸고, 조조군은 안개 때문에 이들을 쫓아갈 수 없었다. 이처럼 제갈공명은 적군의 의심을 이용하여 하루 만에 화살 10만 대를 얻음으로써 문제를 해결했다.

흥미로운 예를 또 한 가지 살펴보자. 동물원에 가면 동물들은 우리 안에 갇혀 있고 사람들은 길을 따라 자유롭게 돌아다니며 동물들을 구경한다. 우리가 사파리에 가서 사자와 호랑이 등의 동물을 관찰한다고 생각해보자. 이때, 갇힌 것은 동물이 아닐 것이다. 안전을 위해 관람객들은 우리 안에 갇히고, 사자와 호랑이들은 자유롭게 숲에서 돌아다닌다.

기업 경영에서 보면 과학 기술의 발전으로 오늘날 시장의 변화는 극심하고 경쟁은 매우 치열해졌다. 이로써 기업 경영은 매우 많은 불확실한 요소에 직면했다. 따라서 문제를 해결하는 기존의 사고방식은 이미 제 기능을 발휘하기가 어려우므로 창조적 사고가 필요하다. 그러나 실제로는 현실에 안주하며 관습적 사고에 따라 행동하는 경우가 매우 많다. 예를 들면 기업의 경영 제도에 문제가 있을지라도 개혁하려는 의지가 없고, 조직 구조가 합리적이지 못하더라도 개편하려 하지 않는다. 기술이 낙후되었지만 개선하려 노력하지 않고, 관리 방법이 올바르지 않아도 혁신하려고 하지 않으며, 경영 관리 사상이 시대에 맞지 않아도 바꾸려 하지 않는다. 이런 모든 현상은 반드시 관념과 사고방식의 전환이 있어야만 비로소 바뀔 수 있다.

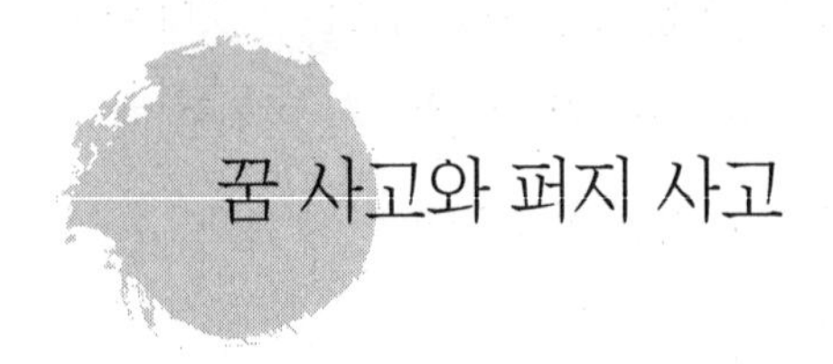

꿈 사고와 퍼지 사고

심원하고 어두운 그 속에 본질이 있고,
이 본질은 매우 진실하여 그 속에 믿음이 있다.
窈兮冥兮, 其中有精, 其精甚眞, 其中有信.

《노자》 제21장

유가 무에서 생겨나는 창조적 과정에서 희미하고 어렴풋함, 모호함은 중요한 역할을 한다. 다시 《노자》 제21장의 이야기로 돌아가 보자.

도라는 것은 희미하고 어렴풋한 것이다. 희미하고 어렴풋한 그 속에 형상이 있고, 희미하고 어렴풋한 그 속에 실물이 있다. 심원하고 어두운 그 속에 본질이 있고, 이 본질은 매우 진실하여 그 속에 믿음이 있다.(道之爲物, 惟恍惟惚. 惚兮恍兮, 其中有象, 恍兮惚兮, 其中有物. 窈兮冥兮, 其中有精, 其精甚眞, 其中有信.)

노자의 이 유명한 이야기는 도가 형성되는 데 희미하고 어렴풋하며 심원하고 어두운 것이 지니는 가치와 함께 형상이 있고 실물이 있고 본질이 있고 믿음이 있는 창조의 원리를 설명한다. 무의식에서 전의식으로, 나아가 의식에 이르는 과정에서 형상이 있고 실물이 있고 본질이 있고 믿음이 있는 것들은 모호함 속에서 점차 분명해진다. 밤이 낮이 되는 것처럼 어두운 밤은 어슴푸레하게 아침 햇살이 비친 후 서서히 날이 밝아진다.

인간은 생각하는 동물이자 만물의 영장이다. 인간의 지혜와 영리함은 인간의 사고와 잠재된 지능에서 비롯된다. 그러나 인간의 사고와 잠재된 지능은 계발해야만 비로소 제 기능을 발휘할 수 있다. 계발은 칠흑 같은 어둠에서 희미한 어둠으로, 또한 다시 밝음에 이르는 과정이라고 할 수 있다.

근대 중국의 저명한 학자 왕궈웨이(王國維)는 사람이 학문을 하는 데는 세 가지 경지가 있다고 말했다.

"어젯밤 가을바람에 푸른 나뭇잎이 시들어 떨어졌네. 홀로 높은 누각에 올라 아득히 먼 곳을 끝없이 바라보네.(昨夜西風凋碧樹, 獨上高樓望盡天涯路.)"

이것이 첫 번째 경지다.

"그대 생각에 옷이 헐렁해질 만큼 초췌해져도 끝내 후회하지 않으리.(衣帶漸寬終不悔, 爲伊消得人憔悴.)"

이것은 두 번째 경지다.

"무리 속에서 그대를 찾아 백 번 천 번 헤매었는데, 무심코 고개를 돌리니 그대 등불이 가물가물 꺼져가는 그곳에 있네.(衆裏尋他千百度, 驀然

回首, 那人卻在燈火闌珊處.)"

세 번째 경지가 그렇다.

재치 있는 왕궈웨이의 말을 이용하여 창조의 경지를 설명하자면 이렇다.

'홀로 높은 누각에 올라 아득히 먼 곳을 끝없이 바라보네' 라는 말은 창조자가 목표를 향해 분투하는 것을 가리킨다. '옷이 헐렁해지고', '그대 생각에 초췌해져도' 가 묘사하는 것은 창조자의 창조에 대한 열정과 굳센 의지, 그리고 창조의 고통이다. 세 번째 경지에서 말하는 '백 번 천 번', '무심코 고개를 돌리니', '등불이 가물가물 꺼져가는 그곳에 있네' 라는 글은 모두 새로운 무엇인가를 마침내 발견했을 때의 기쁨을 이야기한다. 높은 곳에 올라 멀리 바라보며 한 사람을 찾다가 등불이 가물가물 꺼져가는 곳에서 마침내 그 사람을 발견하기까지의 과정은 칠흑 같은 어둠에서 희미한 어둠으로, 다시 밝음에 이르는 창조의 과정인 것이다. 여기에는 거의 다해가지만 아직은 다하지 않은 가물가물 꺼져가는 희미함이 느껴진다. 당나라 시인인 이군옥(李群玉)은 "피리 소리 가물가물 그치니 객(客)들도 모두 돌아가고, 해질 무렵나 홀로 시를 읊으며 집으로 돌아가네(絲管闌珊歸客盡, 黃昏獨自詠詩回)"라고 그 희미함을 시에 담았다.

잠재적 사고 능력을 계발하라

흔히 사고하는 동안 겪는 경험이 있다. 깊은 사색에 빠져 마치 막다른 길에 이른 것 같을 때, 갑자기 영감이나 환상이 떠오르는 것처럼 갑작스레 지혜의 불꽃이 번쩍거리는 경우다.

영감과 환상, 지혜의 불꽃을 재빨리 붙잡아서 잘 다듬으면 새로운 인식을 낳는다. 이를 통해 간절히 해결하고자 하던 문제를 해결할 수 있다.

창조의 과정에는 유와 무를 결합하여 사고를 활성화하는 뛰어난 능력이 있어야 한다. 당나라의 시인인 상건(常建)은 그의 시 '제파산사후선원(題破山寺後禪院)'에서 이렇게 썼다.

이른 아침 옛 절로 걸어 들어가니, 떠오르는 해가 높이 솟은 숲을 비추네. 대나무 샛길을 따라 한적한 곳에 이르니, 꽃과 나무로 깊이 가려진 선방이 있네. 아름다운 산에서 새들도 기뻐하고, 깊은 연못에 비친 그림자가 마음을 비우게 하네. 만물이 고요하니, 종소리만 울려 퍼지네.(清晨入古寺, 初日照高林. 竹徑通幽處, 禪房花木深. 山光悅鳥性, 潭影空人心. 萬籟此俱寂, 但餘鐘磬音.)

상건의 시는 의미와 형상이 한데 어우러지고, 비어 있음과 채움이 한데 어우러지고, 유와 무가 한데 어울려 고요한 운치로 가득하다. 이 시는 사람들이 끝없는 상상에 빠져들게 한다.

기공(氣功)은 노자의 도를 바탕으로 해 '희미하고 어렴풋한' 경지를 이론의 기초로 삼는다. 중국의 작가 커윈루(柯雲路)는 《대기공사大氣功師》라는 소설 한 편을 썼다. 소설에서 노자의 희미하고 어렴풋한 경지에 관한 그의 설명은 신비롭다. 문학 작품에 속하는 소설의 내용을 전적으로 따를 수는 없으나, 노자가 말하는 '희미하고 어렴풋한' 상태는 사람들이 기공을 하는 상태와 같다.

어슴푸레한 밤은 아주 기묘한 작용을 한다. 만물이 고요한 가운데 들려오는 벌레 울음소리와 바람에 한들거리는 나무 그림자는 상쾌하면서 고요한 풍경을 만들어낸다. 사람은 침대에 누워서 하루의 먼지를 털어내고, 인간 세상의 요란함을 씻어낸다.

이때, 때로는 터무니없는 생각이 떠오르기도 하고 때로는 낮 동안 아무리 생각해도 떠오르지 않던 문제를 해결해줄 빛 한 줄기가 떠오르기도 한다. 또 소중한 깨달음을 얻기도 한다. 이 '터무니없는', '한 줄기 빛', '깨달음'과 같은 다양한 생각이 바로 창조의 중요한 원천으로 창조에 무척 유용한 것들이다.

꿈꾸듯 사고하라

미국의 한 과학자는 인간은 세 가지 형태로 사고한다고 했다. 첫째는 눈 사고다. 둘째는 꿈 사고, 그리고 셋째는 '경계 사고(臨界思惟)'다.

경계 사고는 '침대 사고'라고 부를 수 있다. 잠들기 전에 침대에 누워서 하는 사고는 인간의 지적 능력을 발휘시켜 창조성이 깨어나게 한다.

잠든 후의 꿈은 창조적 사고의 발전에 큰 영향을 미친다. 꿈이란 무엇인가? 꿈의 해석은 매우 다양하다. 프로이트(Sigmund Freud), 융(Carl Gustav Jung), 주공(周公), 노자와 장자 등 모두 꿈에 대해 논했다. 어떤 사람은 꿈을 시각, 청각, 후각, 미각, 촉각을 벗어난 여섯 번째 감각에 속한다고 말한다. 일반적인 다섯 가지 감각 이외의 감각으로는 직감, 초감각 지각(ESP, Extra Sensory Perception), 전의식, 무의식 등을 꼽는다.

노자와 장자가 말하는 희미하고 어렴풋한 경계는 꿈에 대한 일종의 비유라고 할 수 있다. 노자와 장자는 인간의 사유 세계와 현실 세계에서의 탐구를 연결해 꿈을 해석한다.

꿈은 인간의 창조성을 일깨운다. 독일의 화학자 케쿨레(Friedrich August Kekule von Stradonitz)는 방향족 화합물과 유기화학 분야에서 커다란 업적을 세웠다. 그는 뱀 두 마리가 서로 꼬리를 물고 맞물려 돌아가는 꿈을 꾼 후 오랫동안 고민하던 벤젠의 구조식을 찾아냈다. 즉, 꿈에서 영감을 얻은 것이다. 이와 관련해 케쿨레는 "여러분, 우리는 모두 꿈을 꾸도록 해야 합니다. 우리가 꿈을 꾸면 진리를 찾을 수 있을지도 모릅니다"라고 말했다. 영국 케임브리지 대학교의 어느 학자는 제각기 다른 학문 분야의 전문 지식이 있는 과학자들을 대상으로 그들의 근무 상황과 생활 습관을 조사하고 연구했다. 그 결과 70%가 꿈에서 영감을 받은 적이 있다고 조사됐다.

흐리멍덩함 없이는 창조도 없다

흐리멍덩하다는 것은 일반적으로 좋지 않은 의미로 여겨진다. 노자의 철학에 따르면 정도가 심하지 않은 흐리멍덩함은 해로운 것이 아닐 뿐더러 나쁜 것이 아니라 오히려 좋은 것이다. 노자는 가장 뛰어난 것은 오히려 서투른 것처럼 보이고, 가장 좋은 말재주는 오히려 어눌한 것처럼 보인다고 주장했다. 청나라의 관리이자 문학자였던 정판교(鄭板橋)는 "흐리멍덩하게 행동하기는 쉽지 않다(難得糊塗)"라고 말했다.

미국 하와이 대학의 어느 심리학자는 정도가 심하지 않은 혼돈은 인간의 창조력을 불러일으키고 사업이 성공하는 데 많은 이점이 있다고 보았다. 이 심리학자는 덧붙여 인간에게 정도가 심하지 않은 흐리멍덩함이 필요한 다섯 가지 이유를 설명했다.

첫째, 창조는 종종 어수선한 환경에서 이루어진다. 어느 정도의 어수선함을 참아내면 더 많은 시간을 더 중요한 일에 전념할 수 있게 된다.

둘째, 사물을 대하는 태도가 비교적 원만하거나 엄격하게 완벽을 요구하지 않는 사람은 마음이 비교적 트여 있어서 다른 사람의 의견도 잘 받아들인다. 또한 비교적 쉽게 상황에 따라 임기응변을 활용하면서 고집스럽게 굴지도 않는다.

셋째, 너그럽고 개방적인 사람은 인간관계도 비교적 원만해서 사업하기에 유리하다.

넷째, 무슨 일이든 지나치게 따지지 않는 사람은 애정과 결혼 방면에서도 비교적 쉽게 성공할 수 있다.

다섯째, 생활 태도가 여유로운 사람은 걱정을 줄여 삶을 더욱 만끽한다. 이 심리학자의 이야기는 상당히 일리가 있다. 이렇게 보면 서투르다는 건 걱정이 별로 없다는 뜻이다.

최근에는 새로운 학문 분야의 하나로서 혼돈, 즉 퍼지(Fuzzy)의 원리를 전문으로 연구하는 학문도 생겨났다. 《이솝우화》에 이런 이야기가 있다.

이솝의 주인이 술에 취해서 바닷물을 전부 마실 수 있다고 허풍을 떨며 자신의 모든 재산을 걸고 사람들과 내기를 했다. 술에서 깨어난 후 그는 자신의 말실수를 깨닫고 몹시 후회했다. 이때 이솝이 주인에게 곤경에서 벗어날 묘책을 알려주었다. 이솝의 말을 들은 주인은 바닷가로 가서 몰려든 구경꾼과 내기한 사람에게 "다시 말하지만, 나는 바닷물을 전부 마셔버릴 수 있소. 하지만 지금도 수많은 강과 하천의 물이 바다로 모여들고 있소. 누군가가 강물과 바닷물을 정확히 분리해 주면 바닷물만 깨끗하게 마셔버리겠소"라고 말했다. 이렇게 해서 이솝의 주인은 곤경에서 벗어나고 재산도 지킬 수 있게 되었다. 이솝이 주인에게 알려준 묘책은 퍼지학이 다루는 문제에 속한다.

사람들은 일반적으로 정확함을 추구한다. 그러나 사회 현상, 경제 현상, 경영 현상은 매우 복잡하여 정확한 숫자나 확실한 언어로 나타내기 어려운 경우가 많다. 이를 억지로 설명하고자 하면 오히려 쓸데없는 말만 장황하게 늘어놓게 되고 핵심에서 벗어나기 일쑤다. 설명할수록 더욱더 모호해지는 것이다.

유연하게 사고하라

퍼지식 사고는 절대화를 부정한다. 대신 사고의 융통성을 강조한다. 물이 너무 맑으면 고기가 살지 않고 남에게 너무 엄격하면 주변에 사람이 없다. 어느 식당의 주인이 자기 몰래 직원이 술 몇 병을 팔았다는 사실을 알게 되었다. 이 주인은 다른 직원들에게도 자신의 관찰력이 예리하다는 것을 알리기 위해 그 직원을 호되게 혼냈다. 그리고 몰래 내다 판 술값까지 직원의 월급에서 뺐다. 그러자 그 후 많은 직원이 그를 떠났다.

사람과 관련된 문제를 처리할 때는 반드시 여러 가지 선택을 고려해야 하며, 문제를 극단적인 방향으로 몰아가서는 안 된다. 경영의 대상은 사람이다. 그리고 경영학적 사고의 대상은 사람의 대뇌 의식과 정신 활동이다. 사람의 대뇌 의식과 정신 활동에 의해 드러나는 사상과 감정, 성격, 사고, 무의식 등은 추상적이면서 헤아리기 어렵다. 때문에 경영 방침을 결정할 때 '최적의 해법' 이 아니라 '만족스러운 해법' 을 찾도록 노력해야 한다.

퍼지식 사고는 절대 건성으로 대충하는 것이 아니며 전략보다는 전술을 중시하는 것이다. 《노자》 제63장에 이런 구절이 있다.

세상의 어려운 일은 반드시 쉬운 일에서 시작하고, 세상의 모든 큰일은 반드시 사소한 일에서 시작한다. 성인은 언제나 자신이 큰일을 했다고 생각하지 않으므로 큰일을 이루게 된다. 타인의 요구를 가벼이 승낙하면 신의가 부족하고, 쉬운 일이 많으면 반드시 어려운 일도 많아진다. 그러므로 도가 있는 성인은 그것을 어렵게 여기므로 언제나 어려운 것이 없다.(天下難事, 必作於易, 天下大事, 必作於細. 是以聖人終不爲大, 故能成其大. 夫輕諾必寡信, 多易必多難. 是以聖人猶難之, 故終無難矣.)

창의적인 사고방식은 아주 다양하며 크게 유연한 사고와 경직된 사고의 두 부류로 나눌 수 있다. 유연한 사고에 속하는 것으로는 퍼지 사고, 은유적 사고, 상상적 사고 등이 있고, 경직된 사고에 속하는 것으로는 정밀한 사고(Precision thinking), 선형적 사고(Linear thinking, 직선적이고 평면적인 사고방식), 논리적 사고 등이 있다. 사람은 대부분 모호한 설명을 좋아하지 않는다. 모호한 설명이 의사소통에 혼란을 줄 수 있다고 여기기 때문이다. 그러나 모호함은 상상력을 자극한다. 이럴 수도 있고 또 어쩌면 저럴 수도 있다는 모호함은 문제를 다양한 측면에서 생각하게 한다. 때론 바보 같은 생각이 독창적인 창의력으로 이어진다.

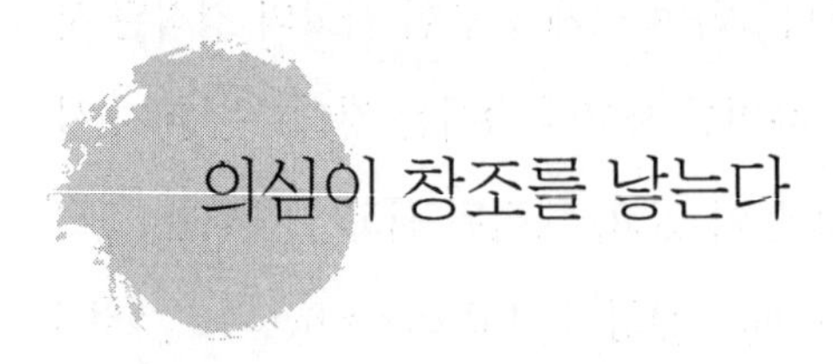

의심이 창조를 낳는다

꾸밈이 없는 것은 다듬지 않은 통나무와 같다.
敦兮其若樸

《노자》 제15장

모든 사물에는 장점과 단점이 있다. 노자가 주장한 것처럼 구속과 속박 없이 있는 그대로 내버려둔 채 사물의 결점을 찾아내고 사물의 단점을 일일이 열거한다. 그리고 그 가운데 주요한 몇 개를 개선해 새로운 결과물을 내는 게 바로 단점을 있는 그대로 수용하는 혁신법이다. 장점을 있는 그대로 이끌어내는 창조의 방법도 있다. 사물의 장점을 있는 그대로 드러낸 후, 그때그때 떠오르는 느낌이나 생각에 따라 하나 혹은 몇 개의 장점을 찾아내 그것을 확대 발전시킴으로써 새로운 사물을 얻는 것이다. 사실 사물의 단점 극복과 장점 살리기는 거의 일치한다. 이른바 한 가지 문제를 서로 다른 두 측면에서 설명하는 것이다.

무엇인가를 창조하는 사람은 창조물의 입장에 서서 자유롭게 생각할 수 있어야 한다. 마치 장자가 꿈에서 나비가 되어 자유롭게 날아다닌 것처럼 '나비'의 시각에서 나는 어떤 모습일까 하는 각양각색의 상상을 할 수 있어야 한다. 그리고 이런 생각의 실현 가능성이나 실현 조건의 좋고 나쁨에 상관하지 않아야 한다. 현실로 돌아온 후 자아를 다시 인식하면 되기 때문이다.

'본성으로 돌아간다(反樸)'는 말에 대해 노자는 "꾸밈이 없는 것이 다듬지 않은 통나무와 같다(敦兮其若樸)"(《노자》 제15장), "아무것도 없는 상태로 되돌아간다"(《노자》 제14장)라고 설명한다. 그 의미는 모든 사물이 순박한 상태로 되돌아간다는 뜻이다. 또, 《노자》 제42장에는 "만물이 음을 등지고 양을 껴안아, 음양의 두 기운이 서로 부딪쳐 조화를 이룬다"라는 말이 있다.

노자의 관점에 따르면 모든 만물은 음과 양 두 가지 기운을 포함하고 있다. 음과 양은 대립적으로 존재하면서 또한 한데 섞이기도 한다. 본성으로 돌아가서 요소를 나누고 조합해 새로운 것을 창조하는 방법이란 바로 사물을 구성하는 음양 등의 요소를 분해한 후 음양의 두 기운이 서로 부딪쳐 조화를 이루듯이 새로이 짜 맞추고 조합하여 새로운 사물을 이루는 것이다. 사물을 구성하는 요소는 여러 가지일 뿐만 아니라 여러 단계로 나뉜다. 그러므로 이를 분해하고 조합해서 새로운 사물을 창조할 때는 단계와 요소를 분해하는 일이 필요하다.

예를 들어 뚜껑이 있는 찻잔을 가지고 새로운 찻잔을 구상해보자.

먼저 찻잔을 찻잔 뚜껑과 찻잔이라는 두 가지 요소로 분해한다. 그런 후에 뚜껑이 있거나 뚜껑이 없는 두 종류의 찻잔으로 조합해낼 수 있다. 여기서 다시 찻잔을 분해한다면 찻잔 몸통과 찻잔 손잡이라는 두 가지 요소로 나눌 수 있다. 그리고 이에 따라 손잡이가 있는 것과 손잡이가 없는 두 종류의 찻잔 등으로 조합할 수 있다. 요소를 나누고 조합해서 새로운 것을 창조하는 방법을 사용하면 분해한 요소들을 가지고 수정, 변형, 개선 및 보완할 수 있다. 예를 들어 형태 수정, 용도 변경, 품질 개선, 새로운 요소의 보충 등이 있을 수 있다. 다시 찻잔을 예로 들어보면 무늬가 없는 찻잔을 무늬가 있는 찻잔 등으로 변화시킬 수 있다.

이를 위해선 사물에 대해 의심하고 끊임없이 질문해야 한다. 의심과 질문은 분명하게 이해하는 사물일지라도 다시 불확실한 듯 의문을 품고 문제를 제기하는 것이다. 예컨대 '왜 그럴까?', '또 다른 변화가 가능할까?', '어떻게 하면 좀 더 완벽해질까?'와 같이 질문을 던진다.

서양에서는 이런 방법을 5W2H 기법으로 나타내는데, 이는 7가지 질문을 나타내는 약칭이다. 왜(why) 개선해야 하는가, 무슨(what) 방향으로 개선할 것인가? 어디부터(where) 개선할 것인가, 누가(who) 개선하는 일을 맡을 것인가, 언제(when) 완성할 수 있는가, 어떻게(how) 실행할 것인가, 개선되어야 할 것은 얼마나 되는가(how much) 등의 질문이다.

중국의 교육학자 타오싱즈(陶行知)는 자신의 학문적 경험을 정리하면서 '현명한 사람 여덟 명(八賢)'에게 가르침을 얻는 비결을 이야기했다.

"나에게는 절친한 친구 몇 명이 있다. 그들의 진짜 이름이 무엇이냐고 묻는다면, 그들은 이름은 다르지만 성은 모두 하(何)씨다. 무엇(何事), 왜(何故), 누가(何人), 어떻게(何如), 언제(何時), 어디서(何地), 어디로(何去)

다. 이들은 형과 아우 사이 같다. 그리고 서양 친구도 한 명 있는데 성과 이름을 거꾸로 써서 얼마나(幾何)라고 한다. 이 현명한 여덟 명에게 항상 가르침을 청한다면 어리석은 사람일지라도 실수하지 않는다."[33]

《노자》 제14장에 "한데 섞여 하나로 어우러지다"라는 구절이 있다. 또한 제22장에도 "하나를 지켜 천하의 규범이 된다"라는 구절이 나온다. 이는 모든 사물이 한데 섞여 하나가 됨을 가리킨다. 우리가 여기서 말하는 하나는 사물의 본체다. 연상 작용을 통한 새로운 사물의 창조는 사물의 본체에서 출발하여 다양한 연상을 통해 창조하는 방법이다.

5~8명 정도를 소그룹으로 묶어 그 안에서 자유롭게 발언할 기회를 주자. 이를 통해 서로 영감을 교류할 수 있을 뿐만 아니라 연쇄 사고도 이루어질 수 있다. 이 과정에서 서로 비난하고 논쟁하는 일은 잠시 접어두고 모든 구성원이 상상력을 발휘하도록 격려해야 한다. 또한 모두가 마음속에 품고 있는 아이디어를 완전히 발산할 때까지 다양한 의견이 발표될 수 있게 한다. 이후에 다시 그룹 토론을 진행해서 새로운 방안을 선별해낸다.

사안을 표로 작성하거나 그림을 그려보며 새로운 것을 창조하는 방법도 있다. 창의적인 사고의 실마리들을 문자나 도표 형식으로 기록하는 식이다. 예컨대 사물에 대한 자유로운 사색 과정에서 분석된 여러 가지 특징이나 의심 등을 정리해 연구 분석에 활용할 수 있다. 어떤 표준이나 형식에 구애받을 필요가 없다. 다양한 창의적인 사고와 그 생각들의 관계를 각종 선, 도형, 화살표 등을 이용하여 간단히 스케치하면 된다. 이렇게 완성된 그림은 생각을 정리하고, 관계를 구별하고, 창의력을 불러일으키는 작용을 한다.

창조적 사고는 대뇌에서 완성된다. 대뇌의 좌측이 반영하는 것은 논리와 분석적 기능이고, 대뇌의 우측은 이미지와 종합적인 것을 주관한다. 다시 말해 문자 정리는 좌뇌와 관련이 있고 이미지 정리는 우뇌와 관련이 있다. 그림을 그리면 좌뇌와 우뇌가 결합해 새로운 생각을 창조하는 데 아주 유용하다.

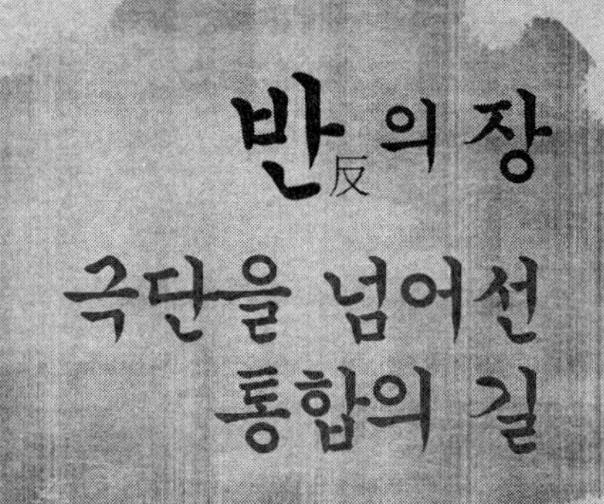

반反의 장

극단을 넘어선 통합의 길

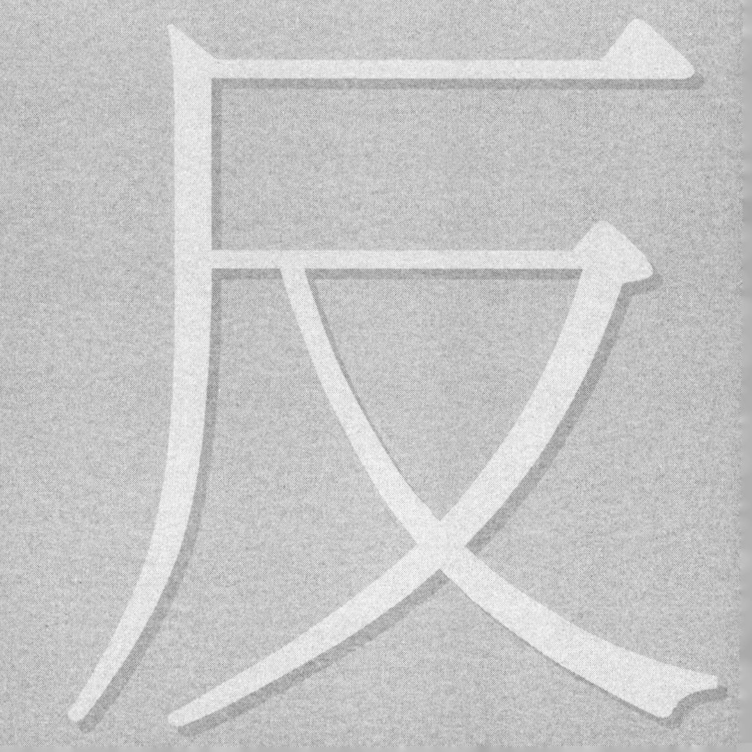

되돌아가는 것은 도의 움직임이요, 유약한 것은 도의 쓰임이다. 천하의 만물이 유에서 생기고, 유는 무에서 생긴다.

反者道之動, 弱者道之用. 天下萬物生於有, 有生於無.

- 《노자》 제40장

경영의 역설

현덕은 매우 깊고도 아득한 것이어서 세상의 거짓됨과는 반대로
마지막에 꾸밈이 없는 순박함으로 돌아가게 된다.
玄德深矣, 遠矣, 與物反矣, 然後乃至大順.

《노자》 제65장

'되돌아가다' 를 뜻하는 '반(反)' 은 노자의 변증법적 사상을 구성하는 핵심이다.

《노자》 제40장에서는 "되돌아가는 것은 도의 움직임이요, 유약한 것은 도의 쓰임이다(反者道之動, 弱者道之用)"라고 말한다.

'되돌아가다(反)' 는 세 가지 의미로 이해할 수 있다. 첫째, 서로 대립하면서도 어울린다(相反相成)는 뜻이다. 둘째는 사물의 발전이 극에 달하면 반드시 반전한다(物極必反)는 의미, 셋째는 애초의 순수함과 본성으로 돌아간다(返樸歸眞)는 의미다.

'반' 은 서로 반대되면서도 어울리는 대립 통일의 뜻을 담고 있다. 또한 사물은 반드시 반대 방향으로 전환되고 발전한다는 의미와 함께 사물은 원래대로 돌아가고 자연으로 복귀한다는 뜻도 포함한다.

노자는 자연계 사물의 움직임과 변화는 모두 일정한 법칙에 따라 순환하며, 결국엔 되돌아가는 것이 자연의 법칙이라고 보았다. 노자는 복잡하게 뒤엉킨 사물이 근본으로 돌아가고 허정한 상태를 유지할 때 비로소 성가신 분쟁을 피할 수 있다고 생각했다. 노자의 이런 사상을 마르크스주의 철학에 기초하여 해석한다면, 유물론적 변증법의 3대 기본 법칙 가운데 적어도 두 가지 법칙을 포함한다. 대립 통일의 법칙과 부정의 부정의 법칙이다. 헤겔은 그의 변증법에서 부정의 부정의 법칙을 주장했다. 사물이나 정신은 모두 내부에 자기 모순을 안고 있다. 그러므로 자신을 부정하고 또 그로써 생겨난 상대적인 자신을 부정하여 한층 높은 단계로 나아갈 수 있다. 그 결과는 처음의 것보다 발전한 상태다. 마르크스주의는 이 법칙을 사물이 발전하는 객관적이고 일반적인 형태로 보았다. 대립 통일의 의미에서 보면 사물의 발전 동력은 사물 내부의 모순에서 생겨난다고 할 수 있다. 사물이 본연의 참되고 순박함으로 돌아간다는 의미에서 보면 사물은 부정의 부정을 거친 후 원래의 출발점으로 돌아온다고 할 수 있다. 이처럼 사물의 발전 추세와 과정은 대립의 방향으로 전환한다.

노자의 '반' 이론

다시 원래 주제로 돌아가 보자.

노자는 '반'을 강조한다. 《노자》의 여러 곳에서 반이라는 글자를 볼 수 있다. 예컨대 제16장에서 노자는 "만물병작, 오이관복(萬物竝作, 吾以觀復, 만물이 생겨나고 자라는 가운데 나는 이로써 모든 것이 순환하여 되돌아가는 것을 봤다)"이라고 이야기한다. 또 제65장에서는 "현덕심의, 원의, 여물반의, 연후내지대순(玄德深矣, 遠矣, 與物反矣, 然後乃至大順, 현덕은 매우 깊고도 아득한 것이어서 세상의 거짓됨과는 반대로 마지막에 꾸밈이 없는 순박함으로 돌아가게 된다)"이라고 했다. 여기서 대순(大順)은 자연이다. 노자는 이 구절에서 자연에 순응하는 순박한 위정의 도를 강조한다. 노자는 정치의 좋고 나쁨은 통치자의 정책으로 결정된다고 보았다. 통치자가 지혜를 숭상하면 사람들은 서로 속이고 다치게 한다. 그러나 정치가 진실하고 순박하면 백성이 다툼 없이 평화롭게 살게 되어 사회가 안정될 수 있다. 이때 필요한 게 노자가 말하는 '백성을 어리석게 하는 정책' 이다. 이는 오늘날 일반적으로 생각하는 백성 우민화 정책이 아니다. 노자가 이야기하는 '어리석다(愚)' 는 꾸밈없이 자연스럽고 순박한 것을 가리킨다. 《노자》 제20장에서 노자는 "나는 어리석은 사람의 마음 같구나(我愚人之心也哉)"라고 말한다. 그는 백성이 순박하고 진실하기를 바랐을 뿐만 아니라 통치자의 꾸밈없는 자연스러움을 주장했다.

사물의 대립 통일과 대립 발전은 만물이 음을 등지고 양을 안아서 음양의 두 기운이 서로 충돌해 새로운 만물이 생겨나는 이치를 말한다. 이러한 변증법적인 사상은 《노자》 곳곳에서 볼 수 있다. 변증법적 사상은 《노자》의 처음과 끝을 관통하는 일관된 주제라고 할 수 있다.

그 가운데 '유와 무가 서로를 낳는다' 를 이야기하는 제2장에서 변증법적 사상을 비교적 깊이 있게 다룬다. 제40장의 "되돌아가는 것이 도의 움직임이다"라는 구절에서도 변증법적 사상을 엿볼 수 있다. 이뿐만 아니라 제22장의 "굽히면 보전할 수 있고, 구부리면 곧게 펼 수 있다(曲則全, 枉則直)", 제58장의 유명한 구절인 "화와 복은 서로 기대어 있다(禍福倚伏)", 제64장의 "한 아름 되는 나무도 싹에서부터 자란다(合抱之木, 生於毫末)", 제81장의 "진실한 말은 일부러 화려하게 꾸미지 않고, 일부러 화려하게 꾸민 말은 진실하지 않다(信言不美, 美言不信)" 등 변증법적 사상과 관련된 이야기는 너무 많아서 일일이 열거할 수 없을 정도다. 이 밖에 제11장, 제27장, 제30장 등에서 설명하는 내용도 그렇다.

특히 《노자》 제78장에서 독특한 사유 방식이 나타난다.

"바른말은 마치 반대인 듯하다(正言若反)"란 말이 그렇다. 사실 이 또한 사물이 서로 대립하면서도 어우러지는 이치를 설명한다. 이 말은 《노자》에서 여러 차례 등장하며, 그 가운데 제41장과 제45장에서 이 이치가 중심적으로 설명된다.

《노자》 속의 '반' 이론에 담긴 많은 변증법적 사상은 오늘날 기업을 경영하는 데도 많은 영감과 교훈을 준다.

음양의 두 기운이 서로 부딪쳐 조화를 이룬다

기업 경영에서도 대립 통일의 현상은 보편적으로 존재하며, 변증법적 사상으로 이를 해결할 수 있다. 현대에 서양의 몇몇 경영학자가 경영에서 부딪칠 수 있는 역설을 설명했다. 미국 학자 톰 피터스(Thomas J. Peters) 등이 저술한 《초우량 기업의 조건In search of excellence》에서는 이러한 현상을 '역설', '딜레마', 또는 '이율배반'이라고 부른다. 다시 말해 한 가지 일을 이렇게 처리하면 갑(甲)이라는 모순이 해결되지만 한편으로 을(乙)이라는 모순이 생길 수 있다. 마찬가지로 그 일을 저렇게 처리하면 을이라는 모순은 해결되지만 다시 갑이라는 모순이 나타날 수도 있다. 사실 역설이든 이럴 수도 저럴 수도 없는 상황이든 이율배반이든 모두 모순(矛盾)을 이야기한다.

기업 경영에는 모순이 많다. 이 점에 관해서는 책의 앞부분에서 여러 차례 다루었다. 예컨대 제1장에서 언급한 기업 문화에는 도라고 할 수 있는 것과 도라고 할 수 없는 것의 관계, 딱딱한 경영과 부드러운 경영의 관계가 있다. 또 제2장에서 이야기한 무위와 유위의 관계, 권한 집중과 권한 분산의 관계가 그렇다. 제3장에서도 부드러움과 단단함의 관계, 다투지 않음과 싸워서 승리함의 관계가 있다. 제4장의 무와 유의 관계, 일반적 사고와 역발상의 관계 등도 그런 예에 속한다. 마찬가지로 이 장과 다음 장에서도 모순 문제를 많이 살펴볼 것이다.

기업 경영에도 역설 현상이 많이 나타난다. 몇몇 예를 들어 이야기해보자.

첫째, 계획 경제와 시장 경제 사이의 문제다. 거시적 통제 경제의 관점에서 이야기하면 국가는 경제에 관해 계획을 세우고 개입하지 않을 수 없다. 국가는 국민 경제의 종합 균형, 총공급과 총수요의 균형, 생산과 소비의 균형, 1차 · 2차 · 3차 산업의 균형, 내수와 대외 무역의 균형을 유지해야 한다. 국가의 개입이 없으면 시장 독점, 자원 낭비, 시장 정체와 같은 현상이 나타날 수 있다. 그러나 한편으로 자유로운 시장 경제의 발전도 필요하다. 시장 경제가 부재하고 근거가 부족한 계획 경제 아래서는 국민 경제가 번영할 수 없다. 계획 경제와 시장 경제의 관계를 어떻게 처리할지의 문제가 바로 딜레마에 빠진 상황이라고 할 수 있다.

둘째, 국가 이익과 기업 이익 사이의 문제다. 국가는 국민이 마지막으로 의지할 곳이다. 그러므로 국가의 이익은 중요하다. 한편, 기업은 국민 경제의 기초를 이룬다. 따라서 기업의 이익 또한 결코 가벼이 보아서는 안 된다. "큰 강이 가득 차지 않는 것은 시냇물이 말랐기 때문이다", "시냇물이 있어 큰 강이 가득 찬다", 이 두 구절에는 각기 다른 이치가 담겨 있다. 큰 강과 시냇물의 관계를 어떻게 정리하는가 하는 것 역시 이율배반의 문제라고 할 수 있다. 이런 문제는 상황을 고려하여 적절하게 처리해야 한다. 아울러 전체 이익에 따라 처리하도록 해야 한다.

셋째, 기업의 이익과 직원의 이익 사이의 문제다. 이 문제는 앞서 이야기한 것과 비슷한 성질에 속한다. 기업의 이익과 직원의 이익 사이에도 이를 어떻게 처리하는가 하는 문제가 있다. 이 문제를 처리할 때 기업의 자본 축적을 고려하지 않거나 직원의 이익을 염두에 두지 않는 것은 바람직하지 않다. 또 직원의 이익만 생각하고 기업의 발전을 고려하지 않는 것도 바람직하지 않다. 기업 경영자는 이 역설 문제를 적절하게 처리하도록 노력해야 한다.

넷째, 기업 경영자와 직원 사이의 관계 문제다. 이와 관련해 다음과 같이 대립하는 두 명언이 있다. "통치자는 백성의 수호신이다(將者, 民之司命)", "하늘과 땅 사이에 사람보다 귀한 것은 없다(間於天地之間莫貴於人)"가 그것이다.

다섯째, 솔선수범하여 행동하는 자세와 기꺼이 대중을 위해 봉사하는 자세 사이의 문제다. 솔선수범하는 자세가 있어야만 진취적이고 적극적으로 행동할 수 있다. 그렇다면 우리는 이 두 가지를 어떻게 적절히 조화시킬 수 있을까? 오로지 '이것 아니면 저것' 이라는 양자택일만이 가능할까? 아마도 그렇지는 않을 것이다.

여섯째, 기업의 이윤 목표와 사회 평가에 대한 목표 사이의 관계 문제다. 일반적으로 기업을 경영하는 사람은 이윤 극대화를 목표로 한다. 따라서 이윤은 많을수록 좋다. 그런데 과도한 이윤 추구가 소비자와 사회의 미움을 살 수 있다는 사실을 전혀 인식하지 못하는 경우가 많다. 그러므로 성공하는 기업가는 자신의 목표를 추구하기 위해 좋은 기업 이미지를 구축하여 사회에서 인정받도록 노력한다. 물론 이렇게 한다고 해서 이윤을 등한시한다는 말이 아니다. 이윤이 없는 기업은 존재할 수 없기 때문이다. 문제는 이 두 가지를 어떻게 조화시킬 수 있는가라고 할 수 있다.

앞서 서술한 역설 현상은 기업을 경영하면서 항상 부딪힐 수 있는 문제다. 단지 모순의 심각성 정도와 문제의 크고 작음의 차이가 있을 뿐이다. 지금까지 이야기한 모순은 현실에서 일어나는 수많은 모순 가운데 임의로 몇 가지를 선택해서 조금 자세히 살펴본 것에 지나지 않는다. 《노자》 제42장에서 "만물이 음을 등지고 양을 껴안아, 음양의 두 기운이 서로 부딪쳐 조화를 이룬다"라고 했다. 사물은 모두 대립하는 두 측면이 어우러져서 구성된다. 음과 양 두 기운이 서로 부딪쳐서 어우러져야만 사물이 조화를 이루게 된다.

음과 양이 어울리는 경영의 기술

만물이 음을 등지고 양을 껴안아,
음양의 두 기운이 서로 부딪쳐 조화를 이룬다.
萬物負陰而抱陽, 沖氣以爲和.

《노자》 제42장

모든 경영 문제는 철학과 관련이 있다. 의식적이든 무의식적이든 경영자가 기업을 경영하면서 하는 모든 행동은 철학적 관념에 따라 움직이는 것이라고 할 수 있다. 앞서 이야기한 기업을 경영하면서 부딪치는 여러 모순을 해결하는 과정에서 경영자는 어떤 사상에 근거해 이렇게 행동할 수도 저렇게 행동할 수도 있다.

모순은 우주, 하늘과 땅, 인간 세상, 사회에 존재하는 보편적인 현상이다. 그 속에는 경영도 포함된다. 경영에서 부딪칠 수 있는 모순 문제를 연구하고 해결하는 것이 경영학의 핵심이다.

경제 활동이 이루어지는 과정에서 경영 주체에게도 모순 문제가 존재할 수 있다. 예컨대 경영자의 자질 문제가 그렇다. 경영 객체가 사람이든 사물이든, 또는 사람과 사물이 결합돼 형성된 일이든 모두 모순에 관한 문제가 있다. 예를 들어 간섭하는 것과 간섭하지 않는 것 사이의 모순, 간섭을 많이 할 것인가와 적게 할 것인가 하는 문제에서의 모순, 경영의 과학성과 경영 기법 사이의 모순 등이 있을 수 있다.

먼저 간섭하는 것과 간섭하지 않는 것, 많은 간섭과 적은 간섭 사이의 문제를 살펴보자. 기업은 관리가 필요한가? 이런 의문을 제기하는 것 자체가 조금은 터무니없는 듯하지만, 생산 경영 활동이 질서 있게 이루어지려면 관리라는 것이 필요하다.

관리에는 관리의 엄격함과 느슨함, 간섭의 많고 적음에 구별이 존재한다. 여기엔 어떻게 관리할 것인가의 문제가 있다. 기업이 하급 직원들의 적극성을 유발한다는 구실로 직원들의 업무 처리 상황을 관리하는 데 소홀하고 방임하는 태도는 옳지 않다. 그렇게 하면 업무 태만이 만연할 수 있다. 이와 반대로 질서 유지가 필요하다는 이유로 지나치게 관리를 엄격히 하는 것도 옳지 않다. 그렇게 하면 관료주의에 빠져 하급 직원들의 적극성이 발휘되지 않을 수 있다. 핵심은 그 두 기운이 서로 부딪쳐 조화를 이루도록 하는 것이다.

다음으로 경영의 과학성과 경영 기법 사이의 모순 문제를 살펴보자. 이 문제는 경영 분야에서 주요한 논쟁거리다. 어떤 사람은 경영은 과학이 아니라고 말한다. 경영 환경은 사회적 조건과 내부적 조건에 따라 고정된 게 아니라 항상 변화한다. 때문에 고정된 법칙을 찾아내기란 매우 어렵다. 반대로 어떤 사람은 기업 경영은 곧 과학이라고 말한다. 기업의 생산 경영 활동은 일정한 법칙에 따라 이루어진다는 것이다. 생산 요소를 투입하고 가공 작업을 거쳐 새로운 제품을 생산하는 게 그렇다는 얘기다. 법칙을 따르는 건 곧 과학을 따르는 것이다. 이것이 노자가 말한 도법자연의 문제다. 생산, 공급, 판매 가운데 한 가지만 부족해도 생산 경영 활동은 이루어질 수 없다. 예컨대 생산 요소를 투입하지 않으면 생산은 불가능하다. 그래서 필자도 경영은 과학이라고 생각한다. 경영은 반드시 법칙이 허용하는 범위에서 상황에 따라 기민하게 대처해야 한다. 그렇게 해야만 경영에서 실질적인 효과를 얻을 수 있다.

경영은 과학이자 하나의 기술이다

기업에서는 생산 경영 조건, 외부 조건, 내부 조건, 시간 요소, 공간 요소에 따라 생산 목표가 정해진다. 또, 실제 생산 상황에 근거해 실행과 수정, 보완 과정을 거쳐야 그 목표를 실천할 수 있다. 그러므로 경영은 실천과학이다.

고정불변의 요소, 표준 모델을 이러한 과학적 경영 활동에 적절히 활용하기 위해서는 지혜로움과 유연한 사고가 더해져야 한다. 경영을 둘러싼 환경적 요소에는 변화가 많다. 그래서 기업은 이런 끊임없는 환경 변화에 맞추어 변화할 수 있어야 한다. 변화하는 상황에 따라 자신을 변화시켜 승리를 쟁취해야 진정 뛰어난 조직이라고 할 수 있다. 이 모든 것은 경영 기술의 문제다.

그렇다면 우리는 경영 기술을 어떻게 이해해야 할까? 기술은 재능을 활용하는 기교다. 화가가 훌륭한 그림을 그리고, 작가가 뛰어난 소설을 쓰는 것은 모두 예술적 창조 활동이라고 할 수 있다. 똑같은 노래도 가수마다 각자의 창법으로 다르게 노래한다. 마찬가지로 똑같은 일에 대해서도 경영자마다 능력과 경영 기술에 따라 다른 방법으로 관리한다.

이때 문제의 특수성이나 다른 문제와의 관련성 등에 대해 충분히 숙고한 다음에야 비로소 정확한 업무 처리 방식을 결정할 수 있다. 해결책 사이에 있는 모순 관계를 어떻게 처리할 것인가에도 특별한 기술이 필요하다.

그러므로 경영자는 자신의 지혜와 재능을 발휘하여 더 수준 높은 경영 기술을 배우고 익히도록 끊임없이 노력해야 한다.

도는 사람의 보편적 이치

정신과 육체가 하나가 되면 분리되지 않게 할 수 있는가?
載營魄抱一, 能無離乎?

《노자》 제10장

기업 경영에서 나타나는 모순은 경영 주체와 경영 객체 사이에서 많이 나타난다. 여기엔 두 단계가 있다. 하나는 경영 주체가 경영 목표를 실현하기 위해 외부 환경과 교류하는 단계에서 발생하는 모순이다. 다른 하나는 경영 주체가 경영 목표를 실현하기 위해 경영 주체 내부의 각 방면과 서로 협동하는 단계에서 발생하는 모순이다.

먼저 경영 주체와 경영 환경 사이의 모순 관계를 살펴본다.

기업이 속한 사회를 하나의 시스템이라고 생각해보자. 그러면 기업은 그 가운데 하나의 서브 시스템이라고 할 수 있다. 이를 "우주에는 네 가지 큰 것이 있다"(《노자》 제25장)라는 노자의 말에 대입해보면 사회는 '우주'이고, 기업은 네 가지 큰 것 가운데 하나라고 할 수 있다.

나머지 큰 것으로는 '하늘'과 '땅'이 있는데 하늘과 땅은 단순히 주어진 환경으로 이해해도 무방할 것이다. 기업은 개방형 시스템으로서 관련된 환경 및 사회 관념과 서로 의지하면서 생존하고 발전한다. 기업은 하늘과 땅이라는 환경적 요소, 그리고 도라는 관념적 요소에 순응하거나 이를 제어함으로써 스스로 끊임없이 발전할 수 있다.

하늘과 땅은 기업의 경영 주체가 직면한 경영의 객관적이고 거시적인 환경이다. 구체적으로는 정치, 경제, 기술, 문화 등의 요소로 구성된다. 먼저, 정치적 조건이란 주로 국가의 정치적 국면, 정치 분위기, 정치 · 법률 요소, 국가 안팎의 정책 등을 가리킨다. 경제적 조건은 국가의 경제 발전 상황, 경제 정책, 경제 체제, 경제 구조와 자원 분포 및 생산력 분포 상황 등을 말한다. 기술 조건은 세계 기술의 발전 추세, 국내 혹은 지역의 기술 발전 수준, 국가의 과학 기술 발전에 관한 정책, 과학 기술을 생산력으로 전환하는 국가의 능력과 조건을 가리킨다. 마지막으로 문화적 조건이란 국가 및 사회의 인구와 관련된 것이다. 민족, 인구 규모의 차이, 성별, 연령, 교육 수준, 자질, 도시와 농촌의 분포 및 민속, 민심, 풍속, 문화 의식, 가치관 등과 연관된다. 이러한 거시적 환경, 즉 하늘과 땅이라는 요소는 일반적으로 기업의 외부 세계라고 할 수 있다. 그러므로 기업이 통제하기 어려운 요소다. 그러나 기업은 우주 가운데 한 사회의 어엿한 일원으로서 사회 환경에 적응하고, 또 반대로 사회 환경에 영향을 미칠 수도 있다. 이를 통해 기업은 생존과 발전을 도모할 수 있다.

앞서 서술한 이른바 하늘과 땅은 일종의 비유다. 거시적 환경으로 비유할 수 있을 뿐만 아니라 경쟁 환경, 시장 상황으로도 비유할 수 있다.

기업은 치열한 경쟁 환경 속에서 생존하고, 그 속에서 경험을 쌓고 단련된다. 경쟁 환경에 적응한 기업은 살아남지만 그렇지 못한 기업은 도태된다. 따라서 기업은 상품, 노동, 자금, 원료, 설비 등의 시장 동향을 주시하는 데 긴장을 늦추거나 소홀해서는 절대 안 된다.

하늘과 땅은 기업 경영과 관리의 미시적 환경, 즉 업무 조건으로도 비유할 수 있다. 미시적 환경이란 기업의 생산 경영 활동의 구체적인 조건을 가리킨다. 이는 다시 경영 방면과 생산 방면의 두 가지로 나눌 수 있다. 우선 경영 방면의 업무 조건에는 주요하게 고객 또는 소비자 상황이라는 고객 시장 조건이 있다. 그리고 경쟁자, 즉 경영의 라이벌과 의존자(依存者) 조건이 있다. 의존자란 경쟁 구도를 이루는 다른 쪽의 힘을 말한다. 상대 없이 우리 측만 존재한다면 경쟁은 이루어질 수 없다. 기업은 반드시 '음을 등지고 양을 껴안는' 관계에 주의해야 한다. 경쟁이 필요하듯 조화 역시 필요하다. 이 밖에 지역 사회 조건이 있다. 기업은 지역 사회라는 환경 속에서 성장하며, 지역 사회 환경에 서비스를 제공한다는 의무를 담당할 수 있을 뿐이다. 그러므로 본분에서 벗어난 지나친 생각은 하지 않는 것이 좋다. 이를 통해 기업은 더 나은 기업 이미지를 형성할 수 있다. 두 번째로 생산 방면의 업무 조건에는 기업의 생산 활동에 필요한 조건, 즉 원자재, 반제품 협업, 에너지, 운송, 자금 등과 같은 보장 조건이 있다. 이런 조건이 없다면 기업은 생산 활동을 하지 못한다.

노자는 우주에는 네 가지 큰 것이 있다고 했는데, 이 네 가지에 속하는 하늘과 땅은 기업 경영에서 거시적 환경, 경쟁 환경, 업무 환경이라는 세 가지에 비유된다고 해석할 수 있다. 이 세 가지 환경을 기업의 통제 가능성 측면에서 살펴보면, 각기 통제 가능성이 다르다. 각 단계를 기업을 중심으로 하는 원으로 표현한다면 기업과의 거리가 멀수록 통제 가능성은 낮아진다. 때문에 거시적 환경은 기업이 통제하기 가장 어렵다고 할 수 있다. 그다음으로 경쟁 환경이 통제하기 어려우며, 업무 환경은 기업이 통제하기에 상대적으로 쉽다고 볼 수 있다. 기업은 생산 경영 활동에서 미시적 환경을 통제하기 위해 노력하고, 경쟁 환경의 변화를 정확하게 파악하여 이에 대응해나가도록 힘써야 한다. 아울러 거시적 환경에는 순응해야 한다.

이 모든 환경적 요소들을 경영에 반영하기 위해선 리더에게 시스템론적 사고가 필요하다.

정신과 육체가 하나 되는 기업

《노자》 제10장에는 이런 구절이 있다.

정신과 육체가 하나가 되면 분리되지 않게 할 수 있는가?(載營魄抱一, 能無離乎?)

여기서 '재(載)'는 조사로, 실질적인 뜻은 없다. '영백(營魄)'은 혼백을 말한다. '포일(抱一)'은 하나가 된다는 뜻이다. '능무리호(能無離乎)'는 분리될 수 있는가 하는 의문을 던진다. 문장 전체로 보면 정신적인 요소와 형체적 요소가 하나로 합쳐지면 분리될 수 없다는 말이다.

기업은 한 집단의 총체이자 사회의 서브 시스템이다. 기업은 기업 내부의 요소들이 하나가 될 때 존재할 수 있다. 기업 내부의 정신적 요소와 물질적 요소가 하나가 되는 것은 여러 방면에서 드러난다. 예를 들어 사람과 사람, 사람과 사물, 사물과 사물의 관계 등에서 정신과 육체가 하나가 되는 관계가 나타난다. 그 가운데 핵심은 사람과 사람 사이의 관계라고 할 수 있다.

사람과 사람 사이의 관계도 두 방면으로 나눌 수 있다.

첫째, 수직적 인간관계다. 예컨대 경영자와 직원의 관계가 그렇다.

둘째, 수평적 인간관계다. 예컨대 임원과 임원, 기술직과 관리직, 직원과 직원의 관계가 여기에 속한다. 이러한 인간관계에서 비롯하는 내부 모순은 정신과 육체가 하나가 되어 분리되지 않는 경지를 추구해야 해결된다. 이를 위한 관건은 누구나 공감하는 올바른 가치관을 확립하는 것이다.

기업의 경영 활동에는 기본 모순 두 가지가 있다. 기업과 환경 사이의 모순, 기업 내부의 인간관계의 모순이다. 이 두 가지 기본 모순은 서로 연관된다.

단순히 기업 내부 환경이 기업 외부의 거시 환경에 따라 바뀌었다고 하여 기업 내부의 모순이 합리적으로 해결된 것은 아니다. 이는 단순히 기업 외부의 환경적 요소에 수동적으로 순응한 것뿐이다. 기업 내부의 업무 환경을 적극적으로 관리하면 거꾸로 거시 환경에 긍정적인 영향을 미칠 수 있다. 예를 들어 기업이 국민 경제에 필요한 신제품을 개발했다고 가정해보자. 사회는 이미 오래전부터 그런 제품이 출시되기를 바라고 있었다. 게다가 출시된 신제품은 품질이 좋을 뿐만 아니라 값도 싸다. 이런 제품의 출시는 현재의 업무 환경과 시장 상황에 비교적 큰 변화를 불러일으킬 것이다. 또한 거시적 환경, 예컨대 경제 상황에도 영향을 미칠 수 있다.

영원히 변하지 않는 그것

혼돈 상태로 이루어진 어떤 물질 하나가 있었는데,
하늘과 땅보다 먼저 생겨나 만물의 밖에 존재했다.
有物混成, 先天地生.

《노자》 제25장

경영은 환경의 함수다. 기업의 환경 변화는 반드시 기업 내부의 변화에 영향을 미친다. 따라서 기업 경영자는 임기응변 능력을 높여야 한다.

유물변증법은 우리에게 변화(變)란 사물의 운동을 반영하는 것이자 사물이 존재하는 근거라는 점을 알려준다. 환경, 하늘, 땅, 시간, 공간은 항상 변화한다. 그래서 다채로운 물질 운동이 존재하고 우주 만물은 생명의 꽃을 활짝 피울 수 있다. 더불어 사회도 나날이 새롭게 변화하고 발전한다.

변화는 철학의 한 명제다. 그리고 임기응변은 경영학에서 가장 중요하게 다루는 명제 가운데 하나라고 할 수 있다. 서양에서는 이 문제를 전문적으로 연구하는 학파까지 있다. 이른바 상황이론학파(Contingency theory of management School)다. 상황 이론이란 리더십 발휘에 작용하는 상황적 요소에 따라 그 성과가 다르게 나타난다는 피들러(F. E. Fielder)의 이론을 바탕으로 한다. 즉, 리더십의 결정 요인이 리더의 특성이 아닌 리더가 속한 조직적 상황이라는 주장이다. 따라서 모든 상황에 적합한 최선의 방법이란 있을 수 없다는 전제 아래 각 상황에 적합한 조직 구조나 관리 방법을 찾아내고자 하는 연구 방법이라고 할 수 있다. 그런 의미에서 상황 이론을 '상황 적응 이론' 또는 '상황 조건 이론' 이라고도 한다. 임기응변은 앞서 서술한 것처럼 리더십에 필요한 일종의 기술로, 리더십의 한 범주에 속한다. 따라서 우리는 변화라는 문제에 대해 논의해야 한다.

《노자》 제25장에서 노자는 "혼돈 상태로 이루어진 어떤 물질 하나가 있었는데, 하늘과 땅보다 먼저 생겨나 만물의 밖에 존재했다. 소리도 없고 형체도 없으며, 독립적으로 있으나 영원히 변하지 않고, 두루 미치지만 위태롭지 않으니, 천하 만물의 근원이라 부를 수 있다(有物混成, 先天地生, 寂兮廖兮, 獨立而不改, 周行而不殆, 可以爲天下母)"라고 했다. 이 구절에서 이야기하는 것은 하늘과 땅이 존재하기 이전에 생겨난 혼연일체의 물질 하나에 관한 내용이다. 그것은 소리도 없고 형체도 없다. 독립적으로 존재하며 영원히 고갈되지 않고, 이리저리 운행하며 영원하니 천지 만물의 근원이 될 수 있다는 뜻이다. 노자는 이어서 "나 또한 이것을 어떻게 불러야 할지 모르니, 억지로 도라고 부를 수밖에 없으며, 다시 억지로 그것의 이름을 대(大)라고 붙였다. 대라는 것은 가는 것이요, 가는 것은 먼 것이요, 먼 것은 되돌아온다(吾不知其名, 强字之日道, 强爲之名日大, 大日逝, 逝日遠 遠日反)"라고 말했다. 다시 말해, 이 혼연일체의 물질을 어떻게 불러야 할지 몰라 억지로 그것에 '도' 라는 글자를 붙여주었고, 이름이 없어 다시 억지로 그것을 '대' 라고 불렀다는 것이다. 그것은 끝없이 우리의 시선 밖으로 멀어지고, 우리의 시선을 피해 아득히 멀리 가는 것으로, 아득히 멀리 간다는 것은 근원으로 되돌아온다는 것을 의미한다. 이 구절은 도란 독립적으로 존재하며 그것의 운동은 위태롭지 않다는 점을 말해준다. 또한 도는 가는 것, 멀리 가는 것, 되돌아오는 것이라 할 수 있다. 다시 말해 변화 속에 법칙이 있다는 것을 알 수 있다.

《노자》 제16장과 제55장에도 "상(常)을 아는 것을 명(明)이라 한다(知常日明)"라는 구절이 나온다. 노자가 말한 상(常)이란 무엇인가? 제16장에는 상에 관한 구절이 있다.

만물은 쉴 새 없이 무성하게 자라지만, 모두 자신의 뿌리로 되돌아간다. … 이 이치를 아는 것을 명(明)이라 하며, 이치를 모르고 제멋대로 행동하면 불행을 당하게 된다.(夫物芸芸, 各復歸其根…知常日明, 不知常, 妄作凶.)

노자는 우리가 이치를 알아야 한다(知常)고 주장했다. 사물의 변화 이치를 이해하고 그 변화의 법칙을 터득해야 한다는 의미다.

변화의 법칙을 터득하라

여기서 자연스럽게 《주역》이 떠오른다. 송나라 시대의 학자 주희(朱熹)는 《주역본의周易本義》라는 책에서 "음이 양을 만들고 양이 음을 만든다. 그 변화가 끝이 없으니, 역의 이치가 이러하다(陰生陽, 陽生陰, 其變無窮, 易之理如是)"라고 말했다. 청나라 시대의 진몽뢰(陳夢雷)는 《주역천술周易淺述》에서 "역은 변하고 바뀌는 것이다. 천하에는 변화의 이치가 있어 후세 사람들은 변화의 도를 알 수 있다(易, 變易也. 天下有可變之理, 後人有能變之道)"라고 말했다.

《주역》과 《노자》의 연원에 관해서는 두 가지 견해가 있다. 하나는 《노자》의 사상이 《주역》에서 자양분을 얻었다고 보는 것인데, 이는 《주역》이 《노자》보다 먼저 존재했기 때문이다. 다른 하나는 《주역》은 공자의 후학들이 엮어서 만든 것으로 《노자》의 사상을 받아들여 편찬했다는 것이다. 여기에서 이 두 책의 인과관계를 논의하지는 않을 것이다. 다만, 이 두 책에서 이야기하는 사상의 아주 많은 부분이 서로 통한다는 점을 설명하고자 할 뿐이다. 변화를 중시하는 사상은 그 가운데 하나라고 할 수 있다.

변화를 중시하는 《노자》의 사상은 기업 경영에서도 활용 가치가 충분하다. 일부 성공한 기업가들은 이미 그 변화의 효과를 기업 경영의 모범으로 삼기도 했다. 일본의 유명한 기업가 마쓰시타 고노스케는 《노자》와 《주역》을 믿고 따른다. 그는 성공 비결에 관한 질문을 받았을 때 침착하게 "자연법칙에 순응하는 것입니다"라고 대답했다. 또 그의 저서 《경영의 마음가짐》에서는 이렇게 말했다.

"인류가 무한하게 생겨나고 발전하는 것은 우주의 자연법칙이다. (중략) 인류가 그 미약한 재능과 지혜로 문제를 사고하고 자신이 생각한 얄팍한 방법에 따라 일을 처리한다면 이는 대자연의 도리에 어긋나는 것이다. 그로 인한 실패와 좌절은 쉽게 예상할 수 있는 일이다. 그러므로 인류는 지혜를 활용하여 행동해야 하지만, 그와 함께 여전히 인류의 지혜를 뛰어넘는 위대한 대자연의 법칙과 도덕에 따라 경영해야만 성공을 보증할 수 있다."

기업 경영은 자연에 순응하며 변화해야 한다. 즉, 시장 상황의 변화에 민감해야 한다. 기업의 생산 경영 활동에서 시장 상황은 기업의 사활을 좌우하는 아주 중요한 요소다. 현재 시장 경쟁에서 당신 회사가 비교적 양호한 상황이라 할지라도, 변화에 무감각해지거나 경각심을 늦추어서는 안 된다. 《노자》 제30장에서 "만물은 왕성하면 쇠락하기 마련이다(物壯則老)"라고 밝혔고, 58장에서는 "복이라는 것에 화가 숨어 있다(福兮禍之所伏)"라고 강조했다.

그는 "물은 지형에 따라 흐름이 정해지고, 용병은 적의 형세에 따라 승리하는 방법이 정해진다(水因地而制流, 兵因敵而制勝)"라고 했다. 이와 마찬가지로 기업 경영도 거시적 경쟁 형세와 함께 구체적인 경쟁 형세에 근거하여 알맞게 변화해야 한다.

변하지 않는 것으로 온갖 변화에 대응한다

물론 조직이 시시각각 끊임없이 일어나는 모든 변화에 일일이 대응하기는 매우 어렵다. 노자도 동의하는 바다. "말이 많으면 빨리 궁하니, 중심을 지키는 것만 못하다(多言數窮, 不如守中)"(《노자》 제5장)라고 했다. 의견이 너무 많으면 오히려 일을 그르칠 수 있으므로 냉정한 태도를 유지하는 편이 낫다는 뜻이다. 노자의 이 말은 일리가 있다. 끊임없는 변화는 경영 방침에 대해 구성원들에게 혼란을 주고 경영 질서를 어지럽히는 결과를 불러일으킬 수 있다.

그렇다고 해서 "변하지 않는 것으로 온갖 변화에 대응한다(以不變應萬變)"라는 말을 외부 상황의 변화를 전혀 고려하지 않은 채 자기 방식대로 일을 처리하라는 식으로 이해해서는 안 된다. 이 말은 변화 속에서도 고요함을 잃지 않는 것을 강조한 것이다.

변화 속에서 안정감을 잃지 않아야 변해야 할 때 변하고 지켜야 할 때 지킬 수 있다. 《노자》 제9장에 이런 구절이 있다.

가득 채우려 하는 것은 그만두는 것만 못하다.(持而盈之, 不如其已.)

그 의미는 물을 넘치도록 가득 채우는 것보다 적당한 때에 그만두는 편이 낫다는 뜻이다. 노자의 이 말은 비록 특별히 변화라는 문제를 염두에 두고 하는 말은 아닐지라도 변화와 안정의 관계를 조절하는 데 깨우침을 주는 것임에 틀림없다.

어떻게 2000여 년 전에 쓰인 노자의 사상에 현대의 경제 상황에 맞는 경영학 원리가 담겨 있는 것일까? 노자의 지혜가 워낙 뛰어나서 당시에 이미 미래를 내다보아 현대의 기업 경영에 관해 깨달음이 있었던 것일까, 아니면 현대 경영학의 대가들이 노자의 사상에서 어떤 영감을 얻은 것일까?

무거움은 가벼움의 근본이다

무거움은 가벼움의 근본이요, 고요함은 조급함의 주인이다.
重爲輕根, 靜爲躁君.

《노자》 제26장

노자는 매사에 경거망동을 경계했다. 《노자》 제26장에서는 "무거움은 가벼움의 근본이요, 고요함은 조급함의 주인이다. … 가벼우면 그 뿌리를 잃을 것이요, 조급하면 주인을 잃을 것이다(重爲輕根, 靜爲躁君…輕則失根, 躁則失君)"라고 말한다. 다시 말해 조심스럽고 신중함이 경거망동을 견제하고, 고요하고 흐트러짐 없음이 조급함을 경계한다는 뜻이다. 경거망동하면 뿌리의 역량을 잃게 되고, 성급하게 굴면 성공의 뼈대를 잃게 될 수 있다. 이 말에서 노자는 비교를 이용하여 무거움과 가벼움, 고요함과 조급함을 함께 설명한다.

《노자》 제81장에는 "선량한 사람은 언변이 좋지 않고, 언변이 좋은 사람은 선량하지 않다. 진정 학식이 있는 사람은 학식이 넓음을 자랑하지 않고, 학식이 넓음을 자랑하는 사람은 진정으로 학식이 있다고 할 수 없다(善者不辯, 辯者不善. 知者不博, 博者不知)"라는 구절이 있다. 이 말은 문제를 대할 때는 깊이 생각하고, 시비를 가릴 때는 문제의 본질을 파악하고자 노력하고, 사람됨은 진실해야 한다는 것을 알려준다.

앞서 이야기한 노자의 말은 기업을 경영하는 데 유용한 교훈이 된다.

직원들의 적극성을 이끌어내려면 어떻게 해야 할까? 여러 가지 방법이 있다. 예컨대 리더가 먼저 모범을 보이는 방법, 의식 방면의 교육, 상벌 제도 등이 그것이다. 요약하면 크게 정신적인 격려와 물질적인 격려의 두 가지가 있다.

정신적인 격려와 물질적인 격려는 한 쌍의 모순이다. 예를 들어 노자가 이야기한 무거움과 가벼움, 고요함과 조급함이 이와 같은 모순이라고 할 수 있다. 어떤 사람은 격려의 두 종류 중에 정신적인 격려가 중요하다고 생각한다. 사람은 감정과 함께 정신적 욕구가 있기 때문이다. 사람은 누구나 타인에게서 신뢰, 명예, 유대감이라는 만족을 얻으려 한다. 물질적 격려가 사람의 육체와 관련된 의식주의 만족에 속한다면, 정신적 격려는 사람의 영혼을 충족시켜 그 사람에게 심리적 위로와 평안함을 줄 수 있다. 이런 정신적 격려를 통해 직원들의 도덕 의식을 높이고 맡은 바 업무에 최선을 다하고 직장을 사랑하는 마음도 기를 수 있다.

또 어떤 사람은 반대로 물질적 격려가 정신적 격려보다 중요하다고 생각한다. 이는 물질이야말로 인류가 생존하는 기반이라고 보기 때문이다. 물질적 측면과 경제적 측면에서 직원에게 만족감을 주지 못한다면, 예컨대 직장에서 일하지만 변변한 옷 하나 제대로 걸칠 수 없고 배불리 먹지도 못하는 궁핍한 생활을 한다면 직원들의 지혜나 재능, 창조력 어느 것 하나 제대로 발휘될 수 없다고 생각한다. 정신적 격려가 중요한 것은 사실이지만, 결코 직원을 100% 충족시킬 수는 없다. 정신적 격려만으로는 직원들의 의식주와 관련된 실질적인 문제를 해결할 수 없기 때문이다. 직원들에게 음식을 달게 여기고, 의복을 아름답게 여기고, 거처를 편안하게 여기고, 풍속을 즐거워하는(《노자》 제80장) 만족감을 주려면 물질적인 격려가 필요하다.

사실 이 두 종류의 격려는 대립 통일의 모순에 속하는 한 쌍이다. 노자가 말한 "무거움은 가벼움의 근본이다"라는 비교의 관점과 "가장 완전한 것은 마치 결함이 있는 듯하다"라는 상대적 관점 및 '진실한 말(信言)'과 '아름다운 말(美言)'의 본질적 분석에 근거하면 정신적 격려와 물질적 격려가 모두 중요하다고 할 수 있다.

인간에겐 정신적 욕구가 있다. 그렇지 않으면 인간이 동물과 무슨 차이가 있겠는가? 또한 인간은 육체적 생존 욕구가 있다. 이러한 생존 욕구가 충족되지 않으면 인간은 이 세상을 살아갈 수 없을 것이다. 정신적 격려와 물질적 격려는 모두 서로 다른 관점에서 문제를 제기한다. 기어코 정신적 격려와 물질적 격려의 우열 관계를 가리려 한다면, 욕구 단계 이론을 주장하는 사람들은 생존에 필요한 물질적 조건의 만족을 가장 중요한 것으로 간주한다. 미국의 심리학자 매슬로에 의하면 인간의 행동은 욕구에 의해 동기가 유발된다. 매슬로는 인간의 욕구에는 최하위 단계인 생리적 욕구에서부터 안전의 욕구, 사회적 욕구, 자기존중의 욕구, 자아실현의 욕구에 이르는 다섯 단계가 있다고 보았다. 그의 주장에 따르면 사람은 하위 단계의 욕구가 어느 정도 충족되면 다음 단계의 욕구를 추구하게 된다. 사람에게 가장 중요한 것이 정신적 만족이라고 강조하는 사람들은 물질적 만족보다 정신적 요소를 우선시한다.

정신적 격려와 물질적 격려 중 어느 하나를 맹목적으로 강조하거나 치우치는 것은 적절하지 않다. 기업은 상황에 따라 특정한 시기에 어느 한 방면의 격려에 치중할 수도 있다. 다만 본질을 판단하여 '음과 소리가 서로 어울리듯' 모순 요소가 서로 조화를 이루도록 해야 한다.

더하거나 덜어내는 것이 적당해야 한다

다음은 일 처리에 있어서의 모순이다. 이성 경영과 감성 경영의 관계를 어떻게 다뤄야 할까. 이른바 이성 경영은 주로 물질 생산 활동을 강조하는 경영을 가리키며, 테일러 시스템(Taylor system)을 주로 사용한다. 이 과학적 관리론의 경영 목표는 자원 관리를 중요시하여 생산성 향상과 생산 원가 절감을 추구한다. 또한 차별적 성과급제와 표준화 작업 방식 등을 시행해 기술 요소를 강화하는 한편, 노동자의 관리와 노동의 강화를 강조한다.

반대로 감성 경영은 사람에 대한 관리를 중요시한다. 사람의 가치관, 동기, 행위에 대한 관리를 통해 효과적인 기업 문화를 구축하고 인간관계를 정립하는 것에 방점을 두는 것이다. 심리학과 사회학 등의 이론을 활용하여 사람을 잘 관리하고, 나아가 기업 전체를 효율적으로 경영하고자 한다.

경영 이론의 측면에서 볼 때 감성 경영이 이성 경영보다 시대의 요구에 맞다. 이성 경영은 생산 과정에서 인간의 심리적 요소를 등한시한 채 무조건 효율만을 강조하여 인간을 로봇 혹은 단순한 기계로 취급한다. 그래서 인간의 사고, 개인의 인격, 삶의 가치 추구 등의 요소를 고려할 가치가 없는 것으로 보며, 그 결과 직원들의 창조성이 말살된다. 즉, 이성 경영은 사람을 단지 경제인으로 간주할 뿐이다. 이러한 태도는 결국 직원들의 심리적 저항을 초래한다. 기술 요소를 지나치게 중시하기에 경영의 기술적인 요소를 제외한 다른 것, 예컨대 문화적 요소, 심리적 요소, 교육적 요소 등을 소홀히 하는 경향이 있으며, 과거의 단편적이고 구태의연한 경영 방식을 답습한다. 때문에 시장의 요구에 둔감해지기 쉽고, 사람의 집단행동에서 이성보다 감성이 앞서는 상황이 자주 발생하게 된다.

감성 경영과 이성 경영의 장단점에 대해 쉽게 단언하기는 힘들다. 이성 경영은 그 전성기 당시에 존재 의미가 있었고, 감성 경영은 현재에 있어 제창할 가치가 있어 보일 뿐이다. 그렇다고 해서 이성 경영을 현재 쓸모없다고 이해해서는 안 된다. 기업의 생산 경영 활동에는 아무래도 과학, 제도, 질서, 효율이 필요하기 때문이다.

장자는 "저것에도 하나의 옳고 그름이 있고, 이것에도 하나의 옳고 그름이 있다(彼亦一是非, 此亦一是非)"[34]라고 말했다. 이 말은 다소 극단적이어서 사물의 객관적 진리를 부정하는 듯하다. 하지만 각자의 입장에서 볼 때 저것은 저것 나름의 일리가 있고 이것은 이것 나름의 일리가 있다는 말이다. 이는 우리에게 그 각자가 이야기하는 이치를 객관적으로 평가해 정확한 판단을 내릴 수 있다는 것을 알려준다.

노자는 《노자》 제42장에서 "모든 사물은 손해가 이익이 되기도 하고, 이익이 손해가 되기도 한다(物或損之而益, 或益之而損)"라고 이야기한다. 다시 말해, 사물은 때로 덜어내는 것이 유익할 수 있고, 때로는 더하는 것이 손해가 될 수도 있다는 의미다. 세상에 완벽한 사물은 없다. 더하거나 덜어내는 것이 적당해야 하며 더하거나 덜어내는 것이 서로 보완되어야 한다.

현실 생활에서 감성 경영은 물론 중요하거니와 하나의 발전 추세라고 할 수 있다. 그러나 한편으로 감성 경영의 부족함을 인식하고 이성 경영의 합리적인 부분을 이용하여 그 부족함을 보완한다면, '덜어내는 것이 유익해지는' 효과를 거둘 수 있다. 이성 경영의 합리적인 부분을 현실 경영에 적용한다면 '더하는' 작용을 일으킬 수 있다. 이는 기업 경영에 꼭 필요한 방법이다.

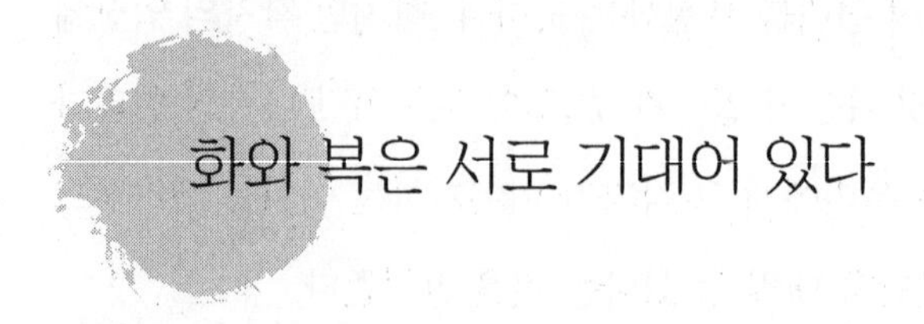

화와 복은 서로 기대어 있다

결점을 결점으로 아는 것은 결점이 없는 것이다.
夫唯病病, 是以不病.

《노자》 제71장

노자는 화와 복은 서로 기대어 있다고 단언한다. 구체적으로 《노자》 제58장에서 이렇게 언급한다.

화라는 것에 복이 기대어 있고, 복이라는 것에 화가 숨어 있다. 누가 그 끝을 알겠는가, 그것에 기준은 없다.(禍兮, 福之所倚, 福兮, 禍之所伏. 孰知其極, 其無正也.)

복이라는 것에 대해 《한비자 · 해로韓非子 · 解老》는 "생명보전(全), 장수(壽), 부유한 재산(富), 지체가 높고 귀함(貴)을 복이라고 이른다(全壽富貴謂之福)"라고 설명한다. 또한 일이 순조롭게 진행되는 것이라고도 이해할 수 있다. 《예기 · 제통禮記 · 祭統》에는 이렇게 말한다.

복이라는 것은 '비(備)'다. 비라는 것은 모든 일이 순조롭다는 뜻이다. 모든 것이 뜻대로 되는 것을 비(備)라고 한다.(福者, 備也. 備者百順之名也. 無所不順謂之備.)

그 반대의 지점에 있는 화라는 것에 대해 《설문해자說文解字》에는 "해로운 것이다. 마음이 행복하지 않은 것이다(害也, 神不福也)"라고 쓰여 있다. 그리고 《사해辭海》에서는 "재난, 재해다(災難, 災害)"라고 해석한다.

《노자》 제58장에서 "누가 그 끝을 알겠는가, 그것에 기준은 없다"라는 노자의 말은 화와 복의 변화에는 규칙이 없다는 것을 의미한다.

사물의 전환에는 언제나 원인이 있게 마련이다. 사물은 일정한 조건에서 변화하며, 아무런 이유 없이 복이 화가 되거나 화가 복이 되는 경우는 없다. 즉, 화와 복의 전환에는 일정한 조건이 있으며 갑작스럽게 일어나는 게 아니다.

이들은 모두 양적 변화에서 질적 변화로 전환한 것이다. 양적 변화의 과정에는 반드시 그 징후와 흔적이 나타난다. 이러한 변화의 징후는 충분히 예측이 가능하다. 흔적 역시 분별해낼 수 있고 관찰할 수도 있다. 그렇다면 어떻게 "그것에 기준은 없다"라고 말할 수 있겠는가?

"화와 복은 서로 기대어 있다"라는 말처럼 복과 재앙, 순조로움과 곤경은 공존한다. 복이 화로 변하기도 하고 화가 복으로 변하기도 한다. 이는 인류 활동의 보편적인 법칙이다.

스스로를 경계하라

기업도 이렇게 자연법칙을 따른다. 사람과 마찬가지로 생사 문제에 무관할 수 없기 때문이다. 기업은 하나의 생명주기와 또 다른 생명주기의 연속을 통해 끊임없이 재생하는 가운데 진화 흔적을 남긴다. 발전은 기업 생명의 본질이라고 할 수 있다. 이러한 발전이 이루어지려면 특별한 원동력이 필요한데 진화 흔적은 기업의 발전을 이끄는 방향이자 일종의 구속이다.

미국의 화학제품 회사인 듀폰(DuPont)은 200년이 넘는 역사를 자랑한다. 이 회사는 온갖 역경을 딛고 발전을 거듭한 결과 전 세계에서 인정받는 우량 기업이 되었다. 오늘날에도 여전히 왕성한 생명력과 잠재력을 과시한다. 현대 기업의 수명 주기와 이에 관한 연구 결과에 따르면, 기업에는 사업마다 탄생에서 파산에 이르는 주기가 있다. 이 주기는 일반적으로 20~30년이다.

세부적으로는 도입, 확장, 성숙, 쇠퇴 단계로 나눌 수 있다. 기업이 확장 단계에 진입하면 이전 단계에서의 경영 성적에 영향을 받기 쉽다. 그래서 조급히 서두르게 된다. 때문에 기업의 위기는 흔히 확장 단계에서 나타난다. 기업이 이 단계에서 성급하고 무모한 돌진을 피하고 객관적이고 합리적이면서 타당한 발전 계획을 수립한다면, 기업은 안정적으로 발전할 수 있을 뿐만 아니라 순조롭게 새로운 주기를 만들 수 있다.[35]

현실주의자들은 앞으로 나아가는 과정에서 겪게 되는 어려움을 인정해야 한다고 말한다. 역경 속에서 자신감과 용기를 강조하는 게 중요하다. 그러므로 《노자》 제64장에서 "일을 마무리할 때도 처음처럼 신중하게 하라(愼終如始)"라고 이야기하듯이 초심을 잃지 말아야 한다. "적을 얕잡아 보는 것보다 더 큰 재앙은 없다"(《노자》 제69장)고 했다. 이처럼 우리는 '스스로 자랑하지 않고(不自伐)', '스스로 자만하지 않아야(不自矜)' (《노자》 제22장) 한다.

화와 복의 전환 법칙을 이용하라

노자가 "화와 복은 서로 기대어 있다"라고 말했듯이 화와 복은 서로 밀접하다. 우리는 화와 복의 이 전환 법칙을 이용해 기업이 안정적이고 장기적으로 발전할 수 있도록 해야 한다. 화와 복이 순조롭게 전환되도록 역발상 경영을 해야 한다. 복이 아직 화로 전환되지 않은 상황에서는 화가 사라지고 복이 지속되도록 해야 한다. 화가 아직 복으로 전환되지 않았을 때는 복이라는 측면에 더욱 유의하여 복이 하루빨리 다가오도록 해야 한다.

우리는 복을 강화하고 화의 정도를 약하게 할 수도 있다. 예컨대 일이 순조롭게 진행될 때 스스로 해결하기 어려운 문제를 내거나 압박함으로써 화에 대한 저항력을 높일 수 있다. 곤경에 처했을 때도 마찬가지다. 일이 순조로울 때는 스스로 경계하도록 자신에게 적당한 압박을 가하는 것도 좋다. 이렇게 하면 화를 복으로 바꿀 수 있다.

《손자》 '구지편'에는 "멸망할 곳에 던져진 후에야 생존할 수 있고,

사지에 빠진 후에 살아남는다"라는 말이 있다. 이 유명한 이야기는 화와 복이 서로 기대어 있다는 철학적 이치로도 해석할 수 있다. 손자는 "무릇 병사들은 위험한 처지에 빠진 후에야 승리할 수 있다(夫衆陷於害, 然後能爲勝敗)"라고 말했다. 이 말은 위기에 빠져야 비로소 화가 복으로 전환될 수 있다는 의미다.

요컨대 복을 화로 삼아 자신을 격려하고 화를 복으로 삼아 자신의 투지를 북돋워야 한다. 기업이 기백이 있어야 하듯 사람 또한 이와 같은 기백이 있어야 한다. 성공한 기업가들은 모두 이러한 이치를 체득하고 있다. 그래서 나온 게 '구재식(救災式) 경영'과 '기아식(飢餓式) 경영'이다. 구재식 경영이란 스스로 재난 상황을 가정하고 이를 통해 스스로를 격려하여 어려움을 해결하도록 하는 경영 방식이다. 기아식 경영도 의미는 구재식 경영과 동일하다고 할 수 있다. 스스로 배고픔을 느끼게 하여, 허기를 채울 좋은 계책을 찾도록 압박하는 것이다. 즉 스스로 화 속에서 승리의 요소를 강화해 화가 복으로 변하게 하는 것이라고 할 수 있다. 《노자》 제71장에 이런 구절이 있다.

결점을 결점으로 아는 것은 결점이 없는 것이다.(夫唯病病, 是以不病.)

우리는 일을 처리하거나 문제를 생각하고 기업을 경영할 때 생길 수 있는 나쁜 상황에 대해 더 많이 고민하고, 결점을 결점으로 받아들여야 한다. 그러면 복은 항상 머물 것이고 생명도 오래도록 지속되어 '결점이 없는' 효과를 거두게 될 것이다.

수水의 장

최고의 선은 물과 같다

水

최고의 선은 물과 같다. 물은 만물을 이롭게 하지만 다투지 않으며, 모두가 싫어하는 낮은 곳에 머물러 도에 가장 가깝다. 머물 때는 낮은 곳을 선택하고, 마음을 고요히 하며, 벗을 사귈 때는 인자하고, 말은 진실하여 믿을 만하며, 다스림은 나라가 태평하여 백성의 생활이 평안하도록 하고, 재능을 충분히 발휘하여 일을 처리하며, 때를 알아서 움직인다.

上善若水. 水善利萬物而不爭, 處衆人之所惡, 故幾於道. 居善地, 心善淵, 與善仁, 言善信, 政善治, 事善能, 動善時.

– 《노자》 제8장

물 흐르듯 경영하라

최고의 선은 물과 같다.
上善若水.

《노자》 제8장

노자는 왜 '최고의 선'과 '물'을 연관시킬까? 인류의 거의 모든 문명이 물에서 시작되었다고 봐도 과언이 아니다. 물은 초기 인류의 수렵과 농경 생활에 직접적인 영향을 미쳤다. 그래서 물은 초기의 종교와 신화 및 철학 속에 자주 등장하는 소재다. 옛사람들의 관념에서 물은 아주 신성하다. 중국 철학 사상의 시초가 되는 역(易), 즉 복희가 만든 역에서 연산역, 귀장역, 다시 문왕이 만든 연역에 이르기까지 모두 물에 대해 제일 먼저 언급한다. 이를 감안하면 고대서인 《노자》에서 물이 매우 중요한 위치를 차지하는 것은 자연스러운 일이다.

그렇다면 물이 왜 '최고의 선'인가? 《노자》 제8장에서 노자는 물의 속성을 인간화하여 일곱 가지로 설명한다. 그는 선한 사람이 되기 위해서는 이 일곱 가지 수덕(水德)을 갖추어야 한다고 보았다.

첫째, 머무는 곳이 물과 같아야 한다(居善地). 이는 깊고 깊은 계곡이나 바다처럼 다른 사람이 가려 하지 않는 고생스럽고 낮은 곳에 머물러야 함을 뜻한다.

둘째, 마음이 마치 바다처럼 넓어서 고요하면서도 깊이를 헤아릴 수 없어야 한다(心善淵).

셋째, 사람을 대하는 태도는 물과 같이 만물을 이롭게 하면서 진실하고 모든 것을 포용할 수 있어야 한다(與善仁). 즉 기꺼이 헌신하는 태도를 갖추어야 함을 뜻한다.

넷째, 말하는 것은 물과 같이 만물을 이롭게 하면서도 참되고 신용을 지켜야 한다(言善信).

다섯째, 정치는 물과 같이 깨끗하면서도 청렴결백하여 국가를 질서 정연하게 다스려야 한다(政善治).

여섯째, 일 처리는 자신의 모든 힘을 다해 만물을 이롭게 하는 물과 같아야 한다(事善能).

일곱째, 행동은 '좋은 비는 때를 알고 내리는(好雨知時節)' 것처럼 기회를 잘 포착해야 한다(動善時).

노자는 이 일곱 가지 미덕을 잘 지키면 그가 이야기하는 도에 가까워진다고 보았다. 여기에서 물로써 도를 논하는 것은 사실상 물로써 사람을 논하는 것이라고 할 수 있다. 이는 노자가 남긴 인생 철학의 근본 내용이다.

기업을 경영하는 데는 개인의 인격 수양이 필요하다. 왜 그러한가? 또 무엇을 수양해야 하는가? 《노자》에 나오는 물과 관련된 서술 몇 부분은 우리에게 시사하는 바가 있다. 《노자》는 여러 차례 물에 대해 이야기한다. 그 가운데 제8장의 "최고의 선은 물과 같다"라는 부분이 물에 대해 가장 구체적으로 다룬다. 그는 사람을 물에 비유하고 일을 물에 비유했다. 군왕과 지도자는 물과 같이 만물을 이롭게 해야 하고, 문제를 처리할 때도 물과 같이 적절하게 처리해야 한다. 노자는 물을 덕의 화신으로 보았다. 그래서 최고의 덕을 갖추고자 하는 사람은 물을 배워야 한다고 주장했다. 다시 말해 낮은 곳을 선택하고, 고요하며, 인자하고, 믿음이 있으며, 잘 다스리고, 재능을 충분히 발휘하며, 때를 보아 행동함으로써 만물을 이롭게 하지만 다투지 않는 물의 성질을 배워야 한다는 말이다.

장자 또한 물을 '하늘의 덕의 상징(天德之象)', '마음을 닦는 도(養神之道)'라고 일컬었다. 장자는 《장자 · 외편莊子 · 外篇》 '각의(刻意)'에서 육체가 피곤한데 쉬지 않으면 지치고, 정신을 끊임없이 사용하면 결국에는 고갈된다고 말했다. 정신은 물과 같다. 물은 한데 뒤섞지 않으면 맑고 투명하며, 휘젓지 않으면 고요하다. 그러나 물을 막아 흐르지 못하게 하면 물은 맑고 투명할 수 없다. 고인 물은 썩기 마련이다. 물의 고요함은 자연을 따라 흐르기에 가능하다. 이것이 곧 '하늘의 덕의 상징'이다. 장자는 물이 그처럼 뒤섞이지 않고 깨끗하며, 요동치지 않고 고요한 것은 무위하며 명예나 이익을 탐하지 않기 때문이라고 보았다. 또한 물의 행동이 자연에 순응하는 것은 '마음을 닦는 도' 이기 때문이라고 했다. 장자는 《장자 · 내편莊子 · 內篇》의 '덕충부(德充符)' 에서도 세상에서 가장 고요한 것이 물이라고 말했다. 평평하면서도 조용한 물은 겉으로 보기에 물결이 출렁이지 않고 그 안은 맑고 투명하다. 사람의 마음도 이와 같아야 한다. 내면을 고요히 하여 바깥세상의 간섭에 마음이 흔들려서는 안 된다. 장자는 덕은 가장 깨끗하고 아름다운 수양이며 덕이 떠나지 않으면 만물도 떠나지 않는다고 보았다.

관중 역시 《관자管子》 '수지(水地)편' 에서 물은 만물을 생기고 자라게 하는 근원이자 모든 생명체가 태어나고 존재하는 필요조건이라고 말했다. 세상의 모든 아름다움과 추함, 유능함과 열등함, 총명함과 어리석음은 모두 '마음을 닦는 도' 인 물의 성질을 사람이 얼마나 잘 배워서 따르는가에 의해 결정된다.

천하에 물보다 부드럽고 약한 것은 없다

일반인의 눈으로 보기에도 물은 아주 매력적이다. 물은 지형을 따라 흘러 어떤 환경에도 잘 적응하고 만족할 줄 안다. 성질이 부드럽지만 한편으로 굳건하여 날카로운 검으로도 자를 수 없다. 물방울은 바위를 뚫을 수 있을 정도로 강하다. 현대 물리학의 성과로 물은 수소 원자 두 개와 산소 원자 한 개가 결합되어 형성된다는 것이 밝혀졌다. 이 두 원소의 결합은 쉽게 분리되지 않는다. 섭씨 2000도의 고열에도 0.8%만이 분리될 뿐이다. 하지만 성질이 온순해 어린이들에게 장난치는 어른들에게는 푸근함을 준다. 물은 낮은 곳에 머무르지만 후회하지 않는다.

이런 물을 가볍게 보았다가는 큰코다친다. 제멋대로 물의 흐름을 가로막거나, 배에 짐을 너무 많이 실은 채 물에 띄우거나, 또는 더러운 물질로 물을 오염시킨 업보는 엄청나다. 물이 노해 포효하면 큰 배를 전복시킬 수도 있고, 사람의 생명을 위협하기도 한다. 그렇다고 해서 물 자체를 탓해서는 안 된다. 물의 특성을 간과하고 함부로 행동한 인간의 죗값이기 때문이다. 이런 재난을 피하기 위해선 자기 수양이 필요하다.

덕으로 자신을 다스려라

공자와 유가학파에서 이야기하는 수양이란 먼저 자신의 몸과 마음을 닦고(修身), 집안을 가지런히(齊家) 한 다음, 나라를 다스리고(治國), 천하를 평정하는(平天下) 것이라고 할 수 있다. 이를 위한 수단으로 인의예지신을 이야기하는 것이다.

반면, 노자나 도가학파에서 말하는 수신은 오히려 인을 끊고 의를 버리는 것이자 예를 끊고 지혜를 버리는(絶禮棄智) 것이라고 할 수 있다. 공자는 공리를 이야기하고 노자는 자연에 순응할 것을 이야기한다. 유가는 강한(剛) 것을 숭상하여 강하고 군센 것이 부드러움을 받아들인다(剛毅柔納). 반대로 도가는 부드러움을 중시하여 "부드러움이 쌓이면 강해진다(積於柔則剛)"라고 주장한다. 부드럽고 약한 것이 강하고 단단한 것을 이긴다는 믿음이다.

유가에는 다음과 같은 말이 있다.

옛날에 세상에 밝은 덕을 밝히고자 하는 자는 먼저 그 나라를 다스리고, 나라를 다스리고자 하는 자는 먼저 그 집안을 가지런하게 하고, 집안을 가지런하게 하고자 하는 자는 먼저 그 자신의 몸과 마음을 닦고, 자신의 몸과 마음을 닦고자 하는 자는 먼저 그 마음을 바르게 하고, 마음을 바르게 하고자 하는 자는 먼저 그 뜻을 정성스럽게 하고, 뜻을 정성스럽게 하고자 하는 자는 먼저 그 지식을 명확히 했으며, 지식을 명확히 하는 것은 사물의 이치를 명확하게 밝히는 데 있다.(古之欲明明德於天下者, 先治其國, 故治其國者先齊其家, 欲齊其家者先修其身, 欲修其身者先正其心, 欲正其心者先誠其意, 欲誠其意者先致其知, 致知在格物.)

이 글은 자신(身), 가정(家), 나라(邦), 천하(天下)의 관계를 이야기한다. 《노자》에도 이와 비슷한 이야기가 몇 가지 있다. 다른 바가 있다면 《노자》에서는 자신, 가정, 마을(鄕), 나라, 천하로 이야기한다. 현대어로 이야기한다면 "덕으로 자신을 다스리면 그 사람의 덕은 진실해지고, 덕으로 집안을 다스리면 그 사람의 덕은 여유가 있게 되고, 덕으로 마을을 다스리면 그 사람의 덕은 늘어나고, 덕으로 나라를 다스리면 그 사람의 덕은 넓어지고, 덕으로 천하를 다스리면 그 사람의 덕은 널리 퍼진다(修之於身, 其德乃眞, 修之於家, 其德乃餘, 修之於鄕, 其德乃長, 修之於邦, 其德乃豐, 修之於天下, 其德乃普)"(《노자》 제54장)

유가와 노자의 두 이야기에서 서로 일치하는 부분은 바로 몸과 마음을 닦는 것을 출발점으로 삼는다는 것이다. 곧 몸과 마음을 닦는 것을 출발점으로 삼아 집안을 다스리고, 마을을 다스리고, 나라를 다스리고, 천하를 다스리는 것을 설명한다. 두 이야기에서 서로 다른 부분은 유가에서는 사물의 이치를 파악해 자신의 지식을 확고히 하는 격물치지(格物致知)가 중요하지만 노자는 단지 도나 덕을 강조할 뿐이다. 장자는 말했다.

"진실한 도로써 자기 몸을 다스리고, 그 나머지로 나라를 다스리며, 그 찌꺼기로써 천하를 다스린다.(道之眞以治身, 其緖餘以爲國家, 其土苴以治天下.)"[36]

물 흐름 경영

중국계 미국인 장쉬퉁(張緖通)은《도학의 관리 요지道學的管理要旨》라는 책에서 노자와 도가 철학에 따른 경영학을 '물의 경영(水式管理)' 철학으로 요약했다. 그는 "물의 특성을 지혜로 삼아 경영에 이용하는 것이다"라고 표현한다. '물의 경영' 을 요약하면 바로 사람으로서 참기 어려운 분노를 참고, 사람으로서 받아들이기 어려운 고통을 견디며, 사람으로서 할 수 없는 힘든 일을 하고, 사람으로서 이룰 수 없는 공을 이루는 것이다.[37]

리더십이란 곧 영향력이다

강과 바다가 모든 골짜기의 왕이 될 수 있는 것은
낮은 곳에 처하기 때문이다.
江海所以能爲百谷王者, 以其善下之

《노자》 제66장

《노자》에서는 물에 관한 철학을 이야기하며 군왕과 성인이 물의 훌륭한 품성을 본받아야 한다고 주장한다. 이는 현대 리더십에서 이야기하는 영향력 이론의 관점과 일치한다.

그렇다면 리더십이란 무엇인가? 리더십을 설명하는 데는 세 가지 관점이 있다. 하나는 권력, 또 하나는 봉사, 그리고 마지막으로 영향력이 있다.

첫 번째 관점을 지지하는 사람들은 리더십이란 조직의 상부가 한 사람 혹은 한 무리의 사람에게 부여한 직위와 권력으로써 목표를 달성하기 위한 임무를 완성하는 것이라고 생각한다. 리더십을 직권으로 보는 견해는 책임과 권력을 하나로 보는 관점이라고 할 수 있다. 권력은 권리들이 결합하여 형성된다. 결정권, 지휘권, 조직권, 조율권, 통제권, 표창권, 징벌권, 재산처분권, 인사임면권 등이 그것이다.

두 번째 관점을 옹호하는 사람들은 리더십이란 사업과 업무와 관련된 이해 관계자들에게 봉사함으로써 맡은 바 업무를 제대로 수행하는 것이라고 생각한다.

세 번째 관점에서는 리더십이 대중의 승인에 따라 나타난다고 생각한다. 이때 리더의 일은 처음부터 끝까지 대중 속에서 진행된다. 그래서 리더는 언제나 대중에 대한 도리를 망각해서는 안 된다.

앞에서 이야기한 리더십에 관한 세 가지 관점은 조금씩 다르다. 하지만 리더가 대중에게 영향을 미칠 수 있는 권력을 충분히 발휘할 때 대중이 자발적으로 리더를 따르게 된다는 점에선 모두 같다. 그래야 일 처리가 순조로울 수 있다.

리더십을 일종의 영향력으로 보는 것은 현대 리더십 경영 이론의 매우 중요한 견해라고 할 수 있다. 이 관점은 직권이나 봉사에 관한 이론이 제시하지 못한 해답을 제시 혹은 보완했다고 할 수 있다. 게다가 리더십 개념이 갖추어야 할 내용, 예컨대 리더십을 어떻게 발휘하는지와 같이 완전한 해답이 제시되지 않았던 문제에 해답을 제시한다.

리더십의 영향력은 단순히 권한이나 다른 무엇에 의해서 생기는 게 아니다. 자질, 훌륭한 인격, 모범적인 언행, 솔선수범하는 태도 등에서 비롯된다. 리더의 명성과 위엄으로 대중에게 영향력을 행사한다면 기업을 훌륭하게 이끌어나갈 수 있다.

리더십의 권력에 관한 이론은 정작 리더가 권한을 어떻게 행사하는

지에 관한 문제에 해답을 제시하지 못한다. 봉사의 관점은 리더가 아랫사람과 대중에게 봉사한다는 본질을 이야기한다. 여기서 봉사는 아주 광범위한 의미를 나타낸다. 이는 리더에게만 속하는 특유의 개념이 아니며, 리더십의 본질은 더더욱 아니다.

소프트 파워로 경영하라

권력 이론은 권한이라는 것을 지나치게 중시한다. 리더가 자신에게 부여된 직위와 권력을 이용하여 사람들을 움직인다면, 설령 효과가 있을지라도 그것은 강제와 위협에 의한 것이다. 이는 내면에서부터 사람들을 이끄는 리더십이 아니므로 사람들의 불만이나 반감을 불러일으키기 쉽다. 이러한 리더십 스타일을 일각에서는 하드 리더십이라 하며, 이러한 권력을 하드 파워라고 한다.

하드 리더십과 하드 파워는 일반적으로 사람들이 좋아하는 리더십 스타일이 아니다. 이와 반대로 인품, 소양, 재능, 전문 지식, 신뢰를 강조해 사람들이 자발적으로 믿고 따르게 하는 리더십을 소프트 리더십, 그리고 그러한 리더십의 영향력을 소프트 파워라고 한다. 우리는 이 영향력에 주목할 필요가 있다.

《노자》에도 이런 영향력을 리더십의 원천으로 보는 사상이 있다. 노자는 권력, 권세, 정치, 명령, 형벌을 수단으로 삼아 백성을 다스리는 데 반대했다. 예를 들어 "천하에 금기가 많을수록 백성은 더 가난해지고, 민간에 무기가 많을수록 나라는 더 혼란스러워진다. 또한 백성 사이에 간사하고 교활한 지혜가 넘쳐날수록 나쁜 일이 꼬리를 물고 일어나고, 법령이 엄할수록 오히려 도적이 들끓게 된다"(《노자》 제57장), "정치가 관대하면 백성이 순박해지고, 정치가 엄격하고 가혹하면 백성이 교활해진다"(《노자》 제58장)라는 구절이 그렇다. 노자는 "내가 무위하면 백성이 저절로 교화되고, 내가 고요하면 백성이 스스로 바르게 되고, 내가 아무 일도 하지 않으면 백성이 스스로 부유해지고, 내가 욕심을 부리지 않으면 백성이 스스로 순박해진다"(《노자》 제57장)라고 이야기한다.

이런 정신을 이어받은 경영자는 자신의 소프트 파워를 발휘할 줄 아는 사람이다. 도시바(TOSHIBA) 회장과 일본 재계를 대표하는 경단련(經團連) 회장을 역임한 일본 기업가 도코 도시오(土光敏夫)도 비슷한 견해를 밝혔다. 도코 도시오가 보기에 경영자가 자신의 힘을 직접 드러내는 건 일종의 외력, 즉 권력이다. 이런 힘은 전통적인 보검과 같은 것으로, 경솔하게 이런 칼을 칼집에서 빼지 말아야 한다. 이를 경영에 도입할 경우, 권위를 경영진의 내면에서 자연스럽게 드러나게 해야 한다. 다시 말해 권위란 그 사람의 내면의 힘과 인격에서 자연스럽게 배어나오는 것이라고 할 수 있다. 도코 도시오는 이러한 내적인 권위가 충분히 발휘되어야 한다고 강조한다. 그가 말하는 권위가 바로 소프트 파워다.

대만 기업 메이우파(美吾髮, MAYWUFA)의 대표이사인 리청자(李成家)는 《노자》 사상의 진수를 제대로 이해하고 있다. 리청자는 기업을 엄격하고 가혹하게 경영할 필요가 없다고 생각해 임직원의 일에 일일이 간섭하지 않는다. 그는 직원 스스로 자신을 관리하도록 맡길 것을 주장한다. 기업 경영자로서 결정권을 행사해야 할 때만 스스로 나설 뿐이다. 이때는 충분히 그리고 정확하게 정보를 확보한 후 직원들과 토론한다. 그는 이렇게 해야만 만족할 만한 의사결정을 내릴 수 있다고 보았다. 이때조차 팀장 수준에서 할 수 있는 유연한 의사결정 공간은 남겨둔다. 리청자가 이야기하는 '권한 부여', '자기 관리', '유연한 공간' 과 같은 말은 노자 사상에서 그 바탕을 찾을 수 있다.

자신을 낮추어라

뛰어난 경영자는 자신의 덕성을 바탕으로 기업을 경영한다. 낮은 곳에 처해도 굳건한 자기 수양이 바탕이 돼 있다. '낮은 곳에 처한다' 는 말은《노자》제66장에 나오는 구절이다. 전체 구절을 보면 이렇다.

강과 바다가 모든 골짜기의 왕이 될 수 있는 것은 낮은 곳에 처하기 때문이다. 그래서 모든 골짜기의 왕이 된다.(江海所以能爲百谷王者, 以其善下之, 故能爲百谷王.)

위 구절에 이어 노자는 계속해서 '낮은 곳에 처함' 에 대해 설명한다.

그러므로 성인은 백성 위에 서고자 할 때 반드시 그 말을 낮추고, 백성 앞에 서고자 할 때 반드시 그 몸을 뒤에 둔다. 이 때문에 성인이 백성의 위

에 있어도 백성이 무겁게 여기지 않고, 성인이 백성 앞에 있어도 백성이 방해된다고 여기지 않는다. 이로써 천하가 그를 기꺼이 받들고, 싫어하지 않는다.(是以聖人欲上民, 必以言下之, 欲先民, 必以身後之. 是以聖人處上而民不重, 處前而民不害. 是以天下樂推而不厭.)

－《노자》 제66장

노자가 보기에 통치자는 리더십을 발휘할 때 백성 앞에서 겸손해야 한다. 그래야 백성의 모범이 될 수 있다. 그리고 자신의 이익을 백성 다음에 두어야 한다. 이렇게 하면 통치자가 설사 백성의 위에 있더라도 부담을 느끼지 않는다. 그러므로 천하 사람들이 그를 거부감 없이 받들게 된다.

통치자는 백성이 존재하기에 존재할 수 있다. 만약 통치자가 오만하여 백성을 업신여기면 백성에게 버림받는다. 통치자는 자신의 모범적인 행동을 통해 백성 위에 서고 백성 앞에 설 수 있다.

노자는 백성 위에 서고자 할 때 반드시 그 말을 낮추고, 백성의 앞에 서고자 할 때는 반드시 그 몸을 뒤로 한다고 말했다. 노자의 이런 관점은 현대 경영학의 기본 관점과도 일치한다. 도코 도시오도 비슷한 말을 한 적이 있다. 대표적인 것만 들어보면 다음과 같다.

“책임자는 고생하는 사람이지 대단한 사람이 아니다.”

“능력 있는 사람의 지위가 조금 높은 것은 당연하다. 그러나 그 스스로 자신을 대단하다고 착각하는 것은 절대 당연하지 않다.”

“다른 사람이 자신을 신뢰하게 하려면, 타인에게 의지하느니 차라리 자신에게 의지하는 편이 낫다."

"나는 '경영자'와 같은 표현법을 좋아하지 않는다. 그것은 상사가 부하를 관리하거나 사람이 사람을 관리하는 것을 연상시키기 때문이다. 결론적으로, 자기 의지에 따라 자발적으로 어떤 행동을 할 때 비로소 삶의 의미를 깊이 느낄 수 있게 된다. 이런 과정을 거치며 사람들은 스스로 자신을 관리하는 자유로운 책임 의식을 기를 수 있다. 인간은 원래 오직 자기에게만 자신의 관리를 허락한다고 할 수 있다. (중략) 경영자에게 중요한 건 경영자 자신을 잘 관리하는 것이지 다른 사람을 잘 관리하는 것이 아니다."

자신부터 제대로 관리해야

자기 관리는 삶의 의미를 깨닫는 한 과정이다. 이에 관한 이야기 하나를 살펴보자.

한 여행객이 사막을 걷고 있었다. 그런데 갑자기 굶주린 늑대 한 무리가 나타나 쫓아오기 시작했다. 그는 몹시 놀라서 죽을힘을 다해 도망쳤다. 늑대 무리가 거의 따라잡았을 때, 그는 깊이를 알 수 없는 우물 하나를 발견했다. 그는 조금의 망설임도 없이 우물 속으로 뛰어들었다. 하지만 그 우물 속에는 물은커녕 독사만 우글거렸다. 수많은 독사가 제 발로 찾아온 먹잇감을 보고는 고개를 쳐들고 혀를 날름거렸다. 그 광경을 본 그는 몹시 놀라서 넋이 나갈 지경이었지만, 지푸라기라도 잡는 심정으로 손을 뻗어 무언가를 잡으려 했다. 이때 하늘이 그의 간절한 기도를 들었는지, 그는 우물 위로 뻗은 나뭇가지를 붙잡을 수 있었다. 그는 나뭇가지를 붙잡고 공중에 떠 있는 신세가 되었다. 그의 위쪽에는 굶주린 늑대 무리가, 아래쪽에는 독사들이 우글거렸다. 비록 몸은 이러지도 저러지도 못하는 절망적인 상태에 빠졌지만 어쨌든 당분간은 안전했다. 이에 그가 한시름 놓으려 할 때, 이상한 소리가 들렸다. 깜짝 놀라서 소리가 들리는 쪽으로 고개를 돌려 바라보니 쥐 몇 마리가 날카로운 이빨로 나무의 뿌리를 물어뜯고 있었다. 그 광경에 그는 그만 혼비백산했다. 그의 생명줄인 이 나무도 얼마 버티지 못할 듯했다.

삶과 죽음의 갈림길에 선 그 찰나, 그는 눈앞의 나뭇잎 위에 있는 벌꿀 한 방울을 발견했다. 그 순간 그는 우물 위에 있는 굶주린 늑대와 우물 아래에 있는 독사들을 잊어버렸을 뿐만 아니라 쥐가 물어뜯어 작은 나무가 곧 부러질 것이라는 사실도 잊어버렸다. 그는 눈을 감고 혀를 내밀었다. 온 힘을 다해 혀를 내밀어 마침내 그 벌꿀 한 방울을 핥아 먹었다.

이 벌꿀 한 방울이 바로 삶의 의미인 것이다. 자기 관리는 곧 열악한 환경에서도 행복을 즐기고 덧없는 인생에서도 삶의 의미를 알아가는 것이라고 할 수 있다.

노자의 철학에는 여성 숭배 사상이 다분하다. 예컨대 음을 중시하고, 부드러움을 숭상하며, 약함을 유지하고, 자신을 낮추는 것 등은 일반적으로 여성적인 품행이다. 때문에 유가와 도가 사상의 대립은 남성 중심 문화와 여성 중심 문화의 갈등이라고도 볼 수 있다.

노자는 "나에게는 세 가지 보배가 있다. 나는 그것들을 장악하고 잘 보존하고 있다. 첫 번째 보배는 자애라고 한다. 두 번째 보배는 검소함이라고 한다. 세 번째 보배는 감히 세상사람 앞에 먼저 나서지 않는 것이다. 자애롭기에 용감할 수 있고, 검소하기에 부유해질 수 있으며, 감히 세상사람 앞에 먼저 나서지 않기에 만물의 우두머리가 될 수 있다"라고 말했다. 여기서 말하는 자애는 바로 인간에 대한 애정과 동정심으로, 여성적인 품성이다.

여성은 물과 같은 지도자의 소질을 잠재적으로 갖추고 있다. 그래서 일부 학자는 경영과 관련한 노자 사상의 본질을 '어머니 경영(母親管理)'으로 규정하기도 한다.[38]

겸손하고 신중하라

노자의 철학에 따르면 기업 경영자는 관대하고 너그러운 마음으로 자연과 사람, 그리고 사회를 대해야 한다.

미국인 로렌스 밀러(Lawrence M. Miller)는 그의 저서 《미국 정신 American Spirit》에서 수많은 경영 원칙을 이야기했다. 그 가운데 하나가 '친근함의 원칙'이다. 밀러는 경영 문제를 이야기하면서 어떻게 경영 능력을 강화하는가를 말하기보다 친근함을 강조했다. 친근함이 개인의 내면세계를 그 사람이 소속된 조직, 그의 상사와 연결해준다는 설명이다. 조직원들 사이에 친근함을 형성해야만 신뢰와 충성, 그리고 자기희생이 가능하다고 주장했다.

이를 위해선 기업 내부적으로는 하이폴리틱스(high politics)[39] 정책을 바꿔 일하기 좋은 환경을 조성해야 한다. 경영자는 항상 겸손하면서도 신중해야 하고, 교만하거나 조급하게 굴지 않아야 한다. 또한 직원들과 친밀한 관계를 유지하면서 직원을 위한 실질적인 일을 해야 한다. 민주적인 방법으로 일을 처리하고, 직원들의 목소리를 귀 기울여 들어야 하는 것이다.

기업 외부적으로는 단순히 경제적 효과를 추구하거나 업적을 과시하려는 태도를 버려야 한다. 지속 가능한 개발(Sustainable development)을 추구해야 '천인합일'의 조화가 가능하다. 구체적으로 영리만 추구하는 경영에서 녹색 경영으로 패러다임을 전환해야 한다.

이 가운데 기업 경영자는 스스로 절약해야 한다. '검소하기에 부유해질 수 있기'(《노자》 제67장) 때문이다. 자원을 낭비하지 않고 절약하여 현재 세대의 필요를 충족시키는 동시에 미래 세대의 필요도 충족하도록 힘써야 한다. 내부적으로는 최소의 원가로 최대의 수익을 얻도록 해야 한다.

강한 적수가 넘쳐나는 현대의 기업 경쟁 속에서 기업 경영자는 "자신을 뒤에 둘수록 자신이 앞서고, 자신을 밖에 둘수록 자신을 보존하게 된다(後其身而身先, 外其身而身存)"(《노자》 제7장)는 노자의 말에 유념해야 한다. 칭다오(靑島)에 있는 쐉싱(雙星, DOUBLESTAR) 그룹의 총수 왕하이(汪海)는 기업 경영자는 여덟 가지 덕목을 반드시 갖추어야 한다고 말한다. 정치가의 두뇌, 철학자의 사고, 군사 전략가의 모략, 시인의 낭만, 성실한 사람의 노력, 외교가의 태도, 선동가의 열정, 모험가의 담력과 식견, 그리고 창의적인 용기다.[40] 우리는 여기에 선현의 지혜가 담겨 있음을 분명히 볼 수 있다.

통나무와 같은 리더의 신용

신중하기가 겨울에 얼어붙은 내를 건너는 것과 같고,
경계하는 것이 사방의 공격을 두려워하는 것과 같다.
豫兮若冬涉川, 猶兮若畏四鄰.

《노자》 제15장

노자는 일찍이 도를 갖춘 사람을 이렇게 묘사했다.

신중하기가 겨울에 얼어붙은 내를 건너는 것과 같고, 경계하는 것이 사방의 공격을 두려워하는 것과 같고, 엄숙하기가 손님과 같고, 풀어지는 것이 얼음이 녹아 사라지듯 하고, 꾸밈이 없는 것이 다듬지 않은 통나무와 같고, 막힘없이 탁 트인 것이 깊은 산의 골짜기와 같고, 혼탁하기가 흐린 물과 같다.(豫兮若冬涉川, 猶兮若畏四鄰, 儼兮其若客, 渙兮若冰之將釋, 敦兮其若樸, 曠兮其若谷, 混兮其若濁.)

–《노자》 제15장

꾸밈이 없는 것이 다듬지 않은 통나무와 같다는 말에 쓰인 '박(樸)' 자는《노자》에서 여러 차례 나타난다. 예를 들면 "본래의 순수하고 소박함을 지킨다(見素抱樸)"(《노자》 제19장)는 말이 있다. 여기에 쓰인 박(樸) 자는 조각하지 않은 목재를 가리키며 소박함을 의미한다.

이런 박을 활용하면 백관(百官)의 우두머리가 될 수 있다.《노자》 제28장은 이에 대해 "통나무를 쪼개면 그릇이 되고, 성인이 이를 이용하면 관리의 우두머리가 된다. 그러므로 훌륭한 다스림은 나누어 자르지 않는다"라고 밝혔다. 훌륭한 정치는 자연스럽게 저절로 이루어진다. 노자는 "도란 영원히 이름이 없고 꾸밈이 없는 상태다"라고 말했다. 다시 말해 꾸밈이 없고 소박한 자체가 바로 도라는 것이다.

《노자》 제20장에서는 또 다른 견해를 제시한다.

공손하게 대답하는 '예'와 건성으로 대답하는 '응'에 무슨 차이가 있겠는가? 아름다움과 추함에는 또 무슨 차이가 있겠는가? 사람들이 두려워하는 것은 두려워하지 않을 수 없다. 허황하여라, 이와 같은 구분이 끝이 없으니! 모든 사람이 아무 근심 없이 기뻐하는 것이 마치 풍성한 잔칫상을 받은 듯, 봄날에 누대에 올라 먼 곳을 바라보듯 한다. 나만 홀로 담담하게 움직임이 없으니, 흐릿하고 순진한 모습이 마치 아직 웃을 줄 모르는 갓난아기와 같다. 지치고 피곤한 기색이 마치 돌아갈 곳 없는 것 같구나. 사람들은 모두 여유가 있건만, 나만 홀로 모자라는 듯하다. 나는 어리석은 사람의 마음 같구나!

세상 사람들은 그토록 밝고 영리하건만, 나만 홀로 이처럼 흐리멍덩하다. 세상 사람들은 잘도 살피는데, 나만 홀로 순박하구나. 나의 마음은 아득히 깊고 넓어 마치 끝없는 바다와 같이 자유롭구나. 나의 영혼은 마치 한없이 마음대로 일렁이는 센바람과 같구나. 사람들은 모두 하고자 하는 바가 있는데, 나만 홀로 어리석고 초라하구나. 나는 뭇사람과 달리 '도'를 이용하여 자신을 키우는 것을 중요시한다.(唯之與阿, 相去幾何? 善之與惡, 相去若何? 人之所畏, 不可不畏. 荒兮, 其未央哉! 衆人熙熙, 如享太牢, 如春登臺. 我獨泊兮其未兆, 如嬰兒之未孩. 儽儽兮, 若無所歸. 衆人皆有餘, 而我獨若遺. 我愚人之心也哉! 沌沌兮. 俗人昭昭, 我獨昏昏. 俗人察察, 我獨悶悶. 澹兮其若海, 飂兮若無止. 衆人皆有以, 而我獨頑且鄙. 我獨異於人, 而貴食母.)

경영학적 시각에서 이야기하면 노자는 명예와 이익을 추구하지 않는 태도를 아주 중요시했다. 그가 보기에 얻기 어려운 재물을 진귀하게 여겨서는 안 된다. 그렇지 않으면 백성이 도적이 될 수 있기 때문이다. 사사로운 욕심을 불러일으키는 것을 탐해서도 안 된다. 그렇지 않으면 사람들의 생각이 혼란스러워지기 때문이다.

사사로운 욕망을 줄여라

그렇다. 우리는 사사로운 욕망을 줄여야 한다. 물론 생존을 위해 어느 정도의 욕심은 필요하다. 그렇지만 그것에 지나치게 연연하게 되면 사람이 감당할 수 있는 범위를 벗어나, 결국에는 패망한다. 노자는 "재물을 지나치게 좋아하면 반드시 크게 허비하게 되고, 재물을 지나치게 쌓아두면 반드시 많이 잃게 된다(甚愛必大費, 多藏必厚亡)"(《노자》 제44장)라고 주장했다. 그래서 훌륭한 경영자라면 행동을 바르게 하고 솔선수범하여 사심과 사적인 욕망이 없도록 도덕적으로 수양해야 한다.

노자는 《노자》 제12장에서 성인은 아름다운 색깔, 아름다운 소리, 맛있는 음식에 빠져서는 안 된다고 충고한다. 진귀한 재물은 사람이 타락하도록 유혹한다. 《노자》 제75장에는 통치자가 나라를 다스리는 관점에 관한 구절이 있다.

백성이 가벼이 죽는 것은 통치자가 지나치게 사치하고 욕심을 부리기 때문이다.(民之輕死, 以其上求生之厚.)

날카로운 지적이다. 이 구절은 정치에 관한 말이지만 기업 경영자에게도 따끔한 충고가 될 수 있다.

그렇다면 기업의 리더는 어떻게 수양해야 할까?

첫째, 사심과 사적인 욕망을 버려야 함을 확실하게 인식해야 한다. 또 그렇게 사람들을 대해야 한다. 사적인 욕망을 줄이기 위해서는 극단적이거나 사치스러운 것, 또 지나친 것을 제거해야 한다. 즉 '사심'과 '욕망'에 있어서 적당한 범위를 넘어 지나치게 요구하거나 과한 욕심을 부리지 않아야 한다.

둘째, 무위를 추구해야 한다. 이는 마땅히 해야 할 일은 하되 하지 말아야 할 행동은 하지 않는 것을 말한다. 즉, 백성이 저절로 교화되게 하여 백성이 천하를 다스리게 해야 한다. 설령 공을 이뤘더라도 스스로 옳다 하지 않고(不自是), 공을 이루었으면 물러나야 하며(功遂身退), 공을 이루고도 자신은 공이 없다고 여겨야(功成而不有) 한다.(《노자》 제34장)

셋째, 모든 일은 직원의 입장에서 생각해야 한다. 노자는 "백성의 마음을 자신의 마음으로 삼는다(以百姓心爲心)"(《노자》 제49장)라고 했다. 또한 "선한 사람에게 나는 선하게 대하고, 선하지 않은 사람에게도 나는 역시 선하게 대한다(善者, 吾善之, 不善者, 吾亦善之)"(《노자》 제49장), 또 "믿음이 있는 사람에게 나는 믿음으로 대하고, 믿음이 없는 사람에게도 나는 역시 믿음으로 대한다(信者, 吾信之, 不信者, 吾亦信之)"(《노자》 제49장)라고 말했다.

넷째, 검소해야 한다. 노자는 "사람을 다스리고 하늘을 섬기는 데 아끼는 것만 한 것이 없다(治人事天, 莫若嗇)"(《노자》 제59장)라고 밝혔다. 여기서 '아끼다'는 검소함(儉)과 그 뜻이 서로 통한다. 《노자》 제67장의 "나에게는 세 가지 보배가 있다"에서 두 번째 보배가 바로 검소함이다. 도를 따르는 사람이라면 검소하고 절약하는 훌륭한 덕으로 사람을 대하고 나라를 섬겨야 한다.

다섯째, 반드시 만족할 줄 알아야 한다. 만족할 줄 알면 욕되지 않는다. 통치자에게도 생존을 위해 필요한 욕구는 필요하다. 그러나 멈출 줄 알아야 한다. 노자는 《노자》 제44장에서 "만족할 줄 알면 욕되지 않고, 멈출 줄 알면 위태롭지 않다(知足不辱, 知止不殆)"라고 했다. 그는 세상 사람들에게 만족을 모르는 것보다 큰 화는 없으며, 끝없는 탐욕보다 큰 허물은 없다고 말한다. 그러므로 만족함을 알고 그것에 만족하면 늘 만족할 수 있다(禍莫大於不知足, 咎莫大於欲得. 故知足之足, 常足矣).(《노자》 제46장) 만족할 줄 아는 사람만이 오래도록 만족을 누릴 수 있기 때문이다.

신용을 쌓아라

개인의 수양 못지않게 사업을 대하는 태도도 중요하다.

노자는 "믿음이 있는 사람에게 나는 믿음으로 대하고, 믿음이 없는 사람에게도 나는 역시 믿음으로 대하니, 믿음을 얻을 수 있다(信者, 吾信之, 不信者, 吾亦信之, 德信)"(《노자》 제49장)라고 이야기한다. 진실한 사람에게 진실함으로 대하고 진실하지 않은 사람에게도 역시 진실함으로 대하니 모두의 덕성이 진실함으로 돌아가게 된다는 뜻이다. 《노자》의 이 구절은 신용의 중요성을 보여준다.

명 · 청(明 · 淸) 시대에 500년 동안 진상(晉商)[41]이 천하제일의 부호라 불리고 청나라 조정의 '재무부'가 될 수 있었던 것은 정산고(頂山股, 전문경영인) 제도 외에도 바로 '진실함(誠)'이 있었기 때문이다. 진상은 거래하는 모든 대상에게 자신은 관공(關公), 즉 관우의 후손으로 하늘을 걸고 맹세하건대 결코 사람을 속이지 않는다고 입버릇처럼 말했다. 그리고 실제로 그랬다.

기업은 맡은 바 책임을 다할 뿐만 아니라 사람들에게 신뢰를 얻어야 한다. 신용이 있으면 직원들은 기업을 위해 지혜를 발휘해서 기업에 기여하고, 기업과 생사고락을 함께하게 된다. 신용이 있으면 고객은 그 기업의 제품을 구매하려고 하며, 기업과 이익 공동체가 된다. 심지어 기업이 위기에 빠졌을 때 그 난관을 극복하도록 돕기도 한다. 신용은 그래서 기업의 보이지 않는 엄청난 자산이다.

최고의 덕은 마치 골짜기와 같다

도가 천하에 이른다는 것은 마치 골짜기의 물이 강과 바다로
흘러들어 가는 것과 같다.
譬通道之在天下, 猶川谷之於江海.

《노자》 제32장

위대한 리더는 자신의 몸과 마음을 꾸준히 수양한다. 그들은 다듬지 않은 통나무와 같이 사심이 없고 사사로운 욕망을 줄이도록 자신에게 엄격하다. 마치 골짜기의 물이 강과 바다로 흘러들어 가듯이(猶川谷之於江海)(《노자》 제32장) 자신을 낮은 곳에 두며 또한 너그러워야 한다.

노자는 물을 찬양할 뿐만 아니라 골짜기를 찬미하는 말도 많이 했다. 예컨대 "최고의 덕은 마치 골짜기와 같다"(《노자》 제41장)라는 말이 그렇다. 여기서 《노자》의 세 구절을 인용해보자.

비유컨대 도가 천하에 이른다는 것은 마치 골짜기의 물이 강과 바다로 흘러들어 가는 것과 같다.(譬通道之在天下, 猶川谷之於江海.)

– 제32장

골짜기는 하나를 얻어서 가득 찬다.(谷得一以盈.)

– 제39장

강과 바다가 모든 골짜기의 왕이 될 수 있는 것은 낮은 곳에 처하기 때문이다.(江海所以能爲百谷王者 以其善下之.)

– 제66장

여기서 곡(谷)은 물을 받아들이는 골짜기를 말하는데, 노자는 도를 골짜기에 비유하여 이야기한다.

첫 번째 문장의 의미를 좀 더 자세히 살펴보면, 도가 천하에 이른다는 것은 모든 시냇물과 계곡이 바다로 흘러들어 가는 이치와 같다. 두 번째 문장은 골짜기는 도를 얻었기 때문에 가득 찬다는 의미다. 세 번째 문장은 강과 바다가 수많은 계곡의 왕이 될 수 있는 것은 낮은 곳에 있기 때문이라는 뜻이다. 이처럼 강과 바다는 모든 시냇물과 계곡을 받아들인다.

노자는 도의 너그러움을 골짜기에 비유하면서 직접적으로 마음을 비우는 도의 정신에 대해 말했다. "도는 비어 있지만, 그 쓰임은 끝이 없다(道沖, 而用之或不盈)"(《노자》 제4장), "가득 찬 것은 마치 비어 있는 듯하지만, 그 쓰임은 끝이 없다(大盈若沖, 其用不窮)"(《노자》 제45장) 이 두 문장에 모두 나오는 충(沖)은 비어 있다는 의미로 쓰였다. 노자는 첫 번째 문장에서 도는 비록 비어 있지만 그 쓰임은 끝이 없다고 말하며, 두 번째 문장에서는 도가 가득 찬 것이라고 주장한다. 가득 찬 것이 마치 비어 있는 것처럼 보이지만 영원히 없어지지 않고 사용할 수 있다는 뜻이다.

마음을 비워라

골짜기는 도를 나타내는 동시에 사람을 의미한다. 노자는 성인이라면 마음을 비우고 고요함을 굳게 지켜야 한다고 보았다. 다시 말해 마음을 비워 고요한 상태에 이르렀다면 그 고요함을 유지해야 한다는 의미다. 마음을 비워 고요하다는 것은 전체가 완벽하게 조화를 이룬 상태로, 무료한 공허함과 적막함을 이르는 말이 아니다. 텅 빔, 고요함은 노자가 생각하기에 모든 사람이 마땅히 이르러야 할 정신 상태다. 이는 꾀를 부리지 않고 선입견이 없는 상태를 말한다. 다시 말해, 사리사욕에 미혹된 마음과 세상의 혼란스러움에서 벗어나 마음이 평정을 찾은 상태를 가리킨다.

기업 경영자 또한 이처럼 넓은 도량과 너그러운 마음을 가지도록 수양해야 한다. 하늘은 세상의 온갖 사물을 포용하고, 땅은 곳곳의 만물을 포용하기 때문에 넓은 것이다. 허난 성(河南省) 뤄양 시(洛陽市)에 있는 백마사(白馬寺)에는 미륵불상 양쪽에 널빤지나 종이 등에 대구(對句)의 글을 써서 대문이나 기둥의 양쪽에 부착하거나 걸어 놓은 대련(對聯) 한 폭이 걸려 있다.

"미륵불은 마음이 넓어 세상에 포용하지 못할 것이 없다.(大杜能容容天下難容之事.)"

"자비로운 얼굴에 항상 미소를 띠고 세상의 어리석은 사람을 보고 웃는다.(慈顔常笑笑世間可笑之人.)"

첫 번째 구절은 도가적 색채가 아주 강하다. 도교와 불교는 서로 통하는 부분이 있는데, 불교의 선공(禪功)과 도교의 돈오(頓悟)가 그렇다. 이에 대해 상세하게 살펴보지는 않을 것이다. 다만 여기서 말하고자 하는 것은 너그러움은 경영자가 마땅히 배워야 할 일종의 수양이라는 점이다. 너그러움도 절대적이거나 무한한 것이 아니다. 여기에도 정도의 문제가 있다.

《노자》 제73장에서 노자는 "천망회회, 소이불실(天网恢恢, 疏而不失)"이라고 했다. 하늘의 그물은 크고 성긴 듯하지만, 빠뜨리지 않는다는 뜻이다. 다시 말해, 천도(天道)는 큰 그물 같아서 비록 그물눈이 성긴 것 같지만 악인은 결코 놓치지 않는다는 의미다.

일반적으로 사이가 좋지 않은 사람을 포용하기는 어렵다. 특히 자신과 다투었거나 적대적인 사람 혹은 자신에게 상처를 준 적이 있는 사람을 포용하기는 더욱 어렵다. 이는 한층 높은 단계의 너그러움이라고 할 수 있으며 이것은 자유 의지에서 비롯된다.

삼국 시대에 조조(曹操)가 완성(宛城)을 공격하자 그곳을 지키던 장수(張繡)는 곧 투항했다. 그런데 갑자기 다시 조조의 군대에 반격했다. 그 결과 조조의 부하 중 도위(都尉)인 전위(典韋)가 전사하고 조조의 장자인 조앙(曹昻)과 조카 조안(曹安)이 전투에서 죽었다. 조조도 화살을 맞아 상처를 입었다. 일반적으로 생각하면 조조는 이 일로 장수를 철천지원수로 여기게 되었을 것이다. 그런데 그로부터 2년 후 조조와 원소(袁紹) 사이에 벌어진 관도대전(官渡之戰) 때, 조조는 사람을 보내어 오히려 장수를 불러들였다. 게다가 그를 양무장군(揚武將軍)으로 봉하고 그의 딸을 며느리로 맞아 사돈 사이가 되었다. 천하가 위(魏) · 촉(蜀) · 오(吳) 셋으로 나뉜 삼국 시대에 조조의 위나라가 삼국의 하나가 될 수 있었던 것은 아마도 조조의 너그러움과도 깊은 관련이 있을 것이다.

마음과 생각을 함께 열라

최고의 덕은 골짜기와 같다고 했다. 즉, 타인의 단점도, 장점도 포용할 수 있어야 한다. 타인의 장점을 포용하는 자세는 자신보다 뛰어난 아랫사람과 동료에게 너그럽게 대하고 그들을 시기하지 않는 것이다. 더 나아가 타인을 공격하지 않을 뿐만 아니라 그들을 계속해서 추천하고 보살펴야 한다. 사실 이는 매우 실천하기 어려운 너그러움이라고 할 수 있다. 타인의 뛰어남은 당신에게 일종의 도전일 수도 있기 때문이다. 이를 경영자 입장에서 말하면 너그러움의 정점이라고 할 수 있다. 예컨대 노자가 말한 욕심이 없는 상태다.

최고의 덕은 골짜기와 같다는 말처럼 기업의 경영자는 사람에게 관대해야 할 뿐만 아니라 업무에 있어서도 마찬가지다. 여기에는 근본적인 변수가 두 가지 있다. 하나는 경영자의 자질이다. 경영자는 자신의 업무 능력과 도덕 수준을 높이는 데 노력해 골짜기와 같은 수준을 추구해야 한다. 또 다른 변수는 환경 요소다. 기업 내 정치, 문화 수준을 높여 일하기에 편안하고 여유로운 분위기를 조성해야 한다.

기업 경영자가 넓은 도량을 갖추었을 때야 비로소 편안한 분위기의 기업 환경이 조성될 수 있다. 미국의 경영학자 조지 오디온(George S. Odiorne)은 '열린 마음과 열린 생각'이라는 글의 서두에서 이렇게 말했다.

"일부 기업은 경영자의 지나친 관리가 오히려 문제가 되지 않는가? 수많은 현상이 이런 견해가 어느 정도 타당함을 증명해준다."

이 글에서 그는 열린 생각을 실천하는 방법 열세 가지를 이야기한다. 결론적으로 경영자가 열린 생각으로 직원들이 마음 놓고 일할 수 있도록 해야 하며 사소한 문제에 대해서는 관여하지 말아야 한다고 주장한다. 아울러 타인이 당신에게 끊임없이 일 처리 방법을 묻지 않게 해야 하고, 자신이 잘 알지 못하는 일에 대해서는 경솔하게 판단하지 않도록 해야 한다고 말한다. 또한 제멋대로 규칙을 정하거나 적의에 찬 태도로 직원을 대해서도 안 된다.

고요함으로 움직임을 제어한다

성인은 배를 위하지 눈을 위하지 않고, 저것을 버리고 이것을 취한다.
是以聖人爲腹不爲目, 故去彼取此.

《노자》 제12장

아름다운 색깔은 사람의 눈을 멀게 하고, 아름다운 소리는 사람의 귀를 막으며, 맛있는 음식은 사람의 입을 상하게 하고, 말을 달려 사냥하는 것은 사람의 마음을 미치게 하며, 얻기 어려운 재화는 사람의 행동을 방해한다. 그러므로 성인은 배를 위하지 눈을 위하지 않고, 저것을 버리고 이것을 취한다.(五色令人目盲, 五音令人耳聾, 五味令人口爽, 馳騁畋獵, 令人心發狂, 難得之貨, 令人行妨. 是以聖人爲腹不爲目, 故去彼取此.)

쉽게 요약하면 욕망을 자제해야 한다는 의미다. 불교에서는 인간의 고통이 욕망에서 비롯된다고 한다. 기독교도 비슷한 입장에서 욕망하는 인간에게는 일곱 가지 죄가 있다고 말한다. 1589년에 독일의 주교,

피터 빈스펠트(Peter Binsfeld)는 일곱 가지 죄악과 일곱 가지 악마를 연관시켰다. 그 일곱 가지 죄악은 교만과 탐욕, 색욕, 분노, 식탐, 질투, 그리고 나태다. 노자의 표현과 다소 차이는 있지만 핵심은 같다. 사람은 자신의 육체적 욕망을 자제해야 한다. 애정도 지나쳐서는 안 된다.

고요함을 굳게 지킨다

사람은 함정에 빠지기 쉽다. 지도자든 일반 대중이든 빠질 수 있는 함정에는 두 가지가 있다. 바로 욕(欲)과 기(氣)다. 욕은 사리사욕, 기는 교만과 분노를 말한다. 지도자라면 지위의 특수성 때문에 이런 함정과 마주칠 기회가 아주 많다. 이를 극복하기 위해선 노자가 주장하는 고요한 성품을 지녀야 한다.

《노자》에는 고요함(靜)이라는 글자가 적어도 열 군데에 걸쳐 나온다. 고요함은 부드러운 속성을 의미하는 말로 움직임(動)과 대립한다. 또한 텅 빔(虛), 부드러움(柔), 음(陰), 암컷(牝), 아래(下), 없음(無) 같은 글자와 함께 쓰인다. 예를 들어 《노자》 제16장에 "마음을 완전히 비우고, 고요함을 굳게 지킨다(致虛極, 守靜篤)"라는 문장이 있다.

고요함은 여러 기능을 한다. 대표적으로 사욕, 교만, 분노와 같은 감정을 억제한다. 노자는 "욕심이 일어나지 않으면 고요해질 수 있다(不欲以靜)"(《노자》 제37장)라고 말했다. 이는 고요함으로 욕심을 제어할 수 있다는 뜻이다.

기업 경영자는 마땅히 고요함을 굳게 지키는 소양을 갖추어야 한다.

고요함은 사물을 움직이게 하는 힘인 동시에 그 움직임과 모순을 이룬다. 고요함이 없으면 움직임도 없으며, 사물의 생성과 소멸도 없다. 고요함을 통해 사물의 움직임이 비로소 힘을 가지게 된다. 예컨대 높이뛰기는 도움닫기, 발구르기, 도약, 공중자세, 착지 동작으로 이루어진다. 그 가운데 발구르기는 고요함으로 움직임을 억제하는 작용을 한다. 음악을 예로 들어보자. 선율이 아름다운 곡을 연주할 때, 곡의 다양한 음률에서 고요함과 멈춤이 일으키는 작용을 무시할 수 없다.

고요함 속에는 지혜가 있다. 사람은 어떤 일로 고통받을 때 무념무상의 경지 또는 고요한 경지에 이르는 순간 지혜의 빛이 떠오르는 느낌을 경험하게 된다. 그리고 이를 통해서 곤경을 극복할 방법을 터득하기도 한다.

무념무상의 경지에 이르면 어떤 에너지가 발산된다. 고요함은 사람을 번뇌에서 벗어나게 해 몸과 마음을 유쾌하게 만든다. "고요함은 조급함의 주인이다", "고요함이 조급함을 이기며, 추위가 무더위를 이긴다"와 같은 노자의 말은 이 같은 상황을 말한다.

고요함은 믿음을 한데 모으는 것이다. 움직임 속에서 고요함으로 돌아와 역량을 쌓으면 목적을 달성할 수 있다. 고요함으로 스스로 단속하고 스스로 힘쓰며, 스스로 품위를 지키고, 스스로 강해지게 하여 어려움을 가벼이 여긴다면 곤란도 극복할 수 있다.

교만은 자기계발의 적

지나치게 기뻐하면 병이 생기기 쉽다. 《설악전전說岳全傳》에 나오는 우고(牛皐)는 정말로 매우 기뻐하다 죽었다. 현실에서도 매우 기쁜 나머지 심장 발작을 일으킨 사례가 많다. "지나치게 기뻐하면 심(心)을 상하게 한다(喜傷心)", "폭소는 양기(陽氣)를 손상시킨다(爆笑傷陽)"라는 말에 비추어 지나친 기쁨을 경계할 필요가 있다. 교만은 더욱이 백해무익하다. 교만은 가볍게는 스스로 진보를 가로막아 우물 안 개구리가 되게 한다. 또한 사람을 편협하고 거만해지게 할 뿐만 아니라 발전을 거부하고 현실에 안주하게 한다. 심각하게는 사람이 거만해져 제멋대로 날뛰거나 안하무인으로 방자해지게 한다. 이와 같은 교만은 사업상의 손해와 그 밖의 나쁜 결과를 가져올 수 있다.

교만은 사람의 발전을 가로막는 속박이다. 사람이 사업에 성공하여 기뻐하는 것은 자연스러운 일이기 때문에 그것을 틀렸다고 할 수는 없다. 그러나 교만은 이런 수준을 넘어선 맹목적이면서 방종한 기쁨이다. 사람이 기뻐하지 않을 수는 없으나, 교만해서는 안 된다.

《노자》에는 교만을 경계하는 말이 거듭 나온다. 예컨대 《노자》 제22장에 "스스로 내세우지 않기에 밝을 수 있고, 스스로 옳다고 하지 않기에 드러나게 되고, 스스로 자랑하지 않기에 공이 있게 되고, 스스로 자만하지 않기에 오래간다(不自見, 故明, 不自是, 故彰, 不自伐, 故有功, 不自矜, 故長)"라는 문장이 있다. 여기서 노자는 같은 형태의 구절을 네 번 반복하는 방식으로 통치자는 자신의 생각대로만 일을 처리하거나 자신만이 옳다고 생각하거나 스스로 공이 있다고 자랑하거나 자만해서는 안 된다는 점을 강조한다. 그리고 이렇게 할 때 비로소 시야가 밝아지고 옳고 그름이 분명해져 좋은 통치자가 될 수 있다고 봤다. 이와 같은 노자의 사상은《노자》제24장에서 한 번 더 반복된다.

스스로 내세우는 자는 밝을 수 없고, 스스로 옳다고 하는 자는 드러날 수 없고, 스스로 자랑하는 자는 공이 없게 되고, 스스로 자만하는 자는 오래가지 못한다.(自見者不明, 自是者不彰, 自伐者無功, 自矜者不長.)

《노자》제30장에도 이와 비슷한 구절이 있다.

성과를 이루어도 자랑하지 않고, 성과를 이루어도 드러내지 않고, 성과를 이루어도 교만하지 않고, 성과를 이루어도 어쩔 수 없이 얻은 것이니, 성과를 이루어도 강한 체하지 않는다.(果而勿矜, 果而勿伐, 果而勿驕, 果而不得已, 果而勿强.)

노자는 여기에 "좋은 성과만을 구할 뿐 감히 강제로 취하려 하지 않는다(善有果而已, 不敢以取强)"라는 충고의 말도 덧붙인다.

다시 말해, 일을 처리할 때 일의 성공을 추구할 뿐 이를 통해 자신을 과시하려 하지 않는다는 의미다. 이와 같은 이야기는《노자》에서 자주 볼 수 있다.

인류 역사에서 자만으로 좌절과 실패를 겪게 되는 사례는 일일이 헤아릴 수 없을 정도로 많다. 예를 들어 삼국 시대에 촉나라의 장군 관우(關羽)가 맥성(麥城)에서 크게 패해 동오의 군대에 죽음을 맞은 것이 전형적인 예다. 기업 경영자 또한 경영자라는 높은 지위를 자처하며 자신의 능력을 과시해서는 안 된다. '사람이 법을 대신하거나(以人代法)' '말이 법을 대신하거나(以言代法)' '종교가 법을 대신하거나(以教代法)' 해서도 안 된다.

진정한 리더라면 앎과 행동, 내면과 겉모습이 일치해야 한다. 또한 사업에 대한 강한 의욕과 책임감, 그리고 혁신 정신을 갖추어야 한다. 아울러 경영, 법률, 금융, 경영 등 각 방면의 지식과 함께 풍부한 실천 경험도 쌓아야 한다. 매일 하루에 세 번 자신을 반성하고 자신의 약점을 끊임없이 찾아 고치는 노력도 게을리해서는 안 된다. 비판을 너그럽게 받아들이고 각 방면의 의견과 제안에 진지하게 귀 기울이며 지속적으로 자기계발에 노력해야 한다. 자신이 최고라고 생각하는 사람은 반드시 실패하게 되고, 자신을 뽐내고 자랑하는 사람 역시 결국엔 망하게 된다. 이는 하나의 법칙이다.

분노를 억제하라

다음으로 분노(怒)의 함정에 관해 이야기해보자. 여기서 말하는 분노는 극심한 분노, 즉 이성을 잃은 분노를 가리킨다. 생리학적인 면에서 극심한 분노가 우리 인체에 미치는 해로운 영향을 살펴보면, 간과 비장을 상하게 하고 혈압을 높여 심박수를 증가시킨다. 심각하면 사람을 죽음에 이르게 할 수도 있다. 분노로 감정이 격해질 때 사람은 이성을 잃게 되고 그 결과 잘못된 결정을 내리기 십상이다.

삼국 시대 촉나라의 장비(張飛)는 의형제인 관우의 죽음을 알고 극도로 분노해 원수를 갚기로 했다. 그는 부하인 범강과 장달에게 흰 깃발과 흰 갑옷을 사흘 안에 준비하라고 지시했다. 이에 시간이 부족하다고 호소하자 장비는 그들을 매질했고, 불만을 품은 범강과 장달이 결국 장비를 살해했다. 관우, 장비와 의형제인 유비(劉備)의 죽음도 극심한 분노로 통제력을 잃은 탓이다. 오나라에 땅을 잃고 관우와 장비까지 세상을 떠나자 분노에 휩싸인 그는 오나라를 공격했다가 크게 패하고 말았다. 백제성(白帝城)으로 피신한 그는 결국 화병으로 숨을 거두었다. 이러한 사례의 교훈은 시장 경쟁에도 통용된다. 병법의 성인으로 불리는 손무도 후세 사람들에게 이런 훈계를 남겼다.

"군주는 분노에 사로잡혀 군사를 일으켜서는 안 되며, 장수는 화를 이기지 못하고 싸움을 벌여서는 안 된다.(主不可以怒而興師, 將不可以慍而致戰)"

중국 역사 속의 정치가, 예컨대 임칙서(林則徐)도 분노를 억제해야 한다고 주장했다.

분노를 억제하라는 말은 정상적인 반응까지 억누르라는 말은 아니다. 비정상적이거나 이성을 잃은 분노를 적절한 방식으로 제어하는 것을 의미한다. 마음속에 분노의 응어리를 만든다면 화병을 일으킬 수도 있다.

한 가지 예를 살펴보자. 어느 지역의 군수가 중병에 걸려 화타(華陀)

에게 진료를 부탁했다.

화타는 비싼 진료비를 요구한 후 정작 환자를 진찰하지 않았다. 다만 며칠을 머물다가 쪽지 하나만 남기고 몰래 도망쳤다. 쪽지에는 온통 군수를 꾸짖는 말뿐이었다. 군수는 크게 노해서 사람을 시켜 화타를 잡아오게 했지만 결국 놓치고 말았다. 이에 더욱 화가 치솟은 군수는 몇 차례 나쁜 피를 토했고, 그 후로 병은 씻은 듯 나았다. 알고 보니 바로 화타의 치료 방법이 효과를 나타낸 것이었다. 화타는 치료를 위해 환자의 마음속에 억눌려 있던 분노가 발산되게 한 것이다.

여기서 반드시 지적하고 넘어갈 또 한 가지가 있다. 교만과 분노의 함정은 항상 연관되어 존재한다는 점이다. 교만은 실패를 부르고, 실패는 분노 혹은 슬픔, 또는 자포자기 상태를 초래한다. 사람은 분노에서 벗어나 정신을 차려도 어느 정도 성공하면 다시 교만해질 수 있다. 그러므로 우리는 인생이라는 여정에서 마음을 완전히 비우고 고요함을 굳게 지키는 두 가지 비법을 반드시 따라야 한다.

건강관리도 곧 실력이다

생명과 재물, 어느 것이 더 소중한가?
得與亡孰病?

《노자》 제44장

기업의 리더에게는 수신뿐만 아니라 양생(養生)의 문제도 중요하다.

경영자에게 건강은 매우 중요하다. 신체와 정신이 건강해야만 고된 업무도 해낼 수 있으므로 건강관리는 아주 중요하다. 여기서 《노자》의 양생법을 살펴보자.

《노자》 제50장은 특별히 잘못된 양생법을 비판하고 올바른 양생법을 소개하는 내용이다. 노자는 인간이 세상에 나오는 것이 곧 삶(生)이고 무덤에 들어가는 것이 곧 죽음(死)이라고 말한다. 그의 말에 따르면 장수하는 사람이 전체의 3분의 1이고 단명하는 사람이 전체의 3분의 1이다. 그리고 본래 오래 살 수 있는 사람이지만 스스로 죽음을 재촉하는 사람이 전체의 3분의 1이다. 이에 관해 노자는 스스로 묻고 스스로

답하는 형식으로 "대저 무슨 까닭인가? 그 살려는 의지가 너무 두텁기 때문이다(夫何故? 以其生生之厚)"라고 했다.

왜 사람은 사지(死地)로 향해 가는 것일까? 이는 오래 살고자 하는 의지가 지나친 까닭이다. 이어서 노자는 자신의 양생 관점을 소개한다.

듣기로 섭생을 잘하는 사람은 육지를 다녀도 외뿔소와 호랑이를 만나지 않고, 전쟁에 나가도 목숨을 잃지 않고, 외뿔소가 그 뿔로 찌를 곳이 없고, 호랑이도 그 발톱으로 할퀼 곳이 없고, 병기가 그 날을 댈 곳이 없다. 대저 무슨 까닭인가? 그에게는 죽을 곳이 없기 때문이다.(蓋聞善攝生者, 陸行不遇兕虎, 入軍不被甲兵, 兕無所投其角, 虎無所措其爪, 兵無所用其刃. 夫何故也? 以其無死地.)

노자가 이야기하고자 하는 것은 양생을 잘하는 사람은 위험한 곳에 가지 않으므로 위험을 만나지 않으며, 유약함과 물러남을 통해 생존을 도모한다는 뜻이다.

사심과 욕망을 줄여라

《노자》의 양생법은 적어도 네 가지 측면에서 우리에게 본보기를 제공한다.

첫째, 사사로운 욕망을 줄인다. 노자는 "본래의 순수하고 소박함을 지키며, 사사로운 욕망을 줄인다"라고 했다. 겉모습은 소박하고 내면은 순박하며 사심과 욕망을 줄여야 한다는 뜻이다.

노자는 "말이 많으면 빨리 궁하니, 중심을 지키는 것만 못하다"라는 문장으로 말이 너무 많아서는 안 되며 적당한 정도를 유지하는 편이 낫다고 주장했다. 또한 "강경한 사람은 제 명에 죽지 못하니, 나는 이것을 가르침의 으뜸으로 삼겠다(强梁者不得其死, 吾將以爲教父)"라고 덧붙였다. 이 말은 난폭한 사람은 제 명에 죽지 못하니 여기에서 가르침을 얻는다는 뜻이다.

노자는 이유를 이렇게 설명한다.

명예와 생명, 어느 것이 더 가까운가? 생명과 재물, 어느 것이 더 소중한가? 얻음과 잃음, 어느 것이 더 괴로운가? 그러므로 재물을 지나치게 좋아하면 반드시 크게 허비하게 되고, 재물을 지나치게 쌓아두면 반드시 많이 잃게 된다. 만족할 줄 알면 욕되지 않고, 멈출 줄 알면 위태롭지 않아, 언제까지나 오래갈 수 있다.(名與身孰親, 身與貨孰多? 得與亡孰病? 是故甚愛必大費, 多藏必厚亡. 知足不辱, 知止不殆, 可以長久.)

-《노자》 제44장

어느 뉴스에서 산시 성(陝西省) 옌안 시(延安市)에 사는 한 노인은 백스물넷이라는 고령에도 여전히 장작 40kg을 거뜬히 지고 다닌다고 보도했다. 이 노인은 자신의 장수 비결을 이렇게 말했다. "음주, 호색, 탐욕, 노여움(酒色財氣)으로 이루어진 네 개의 담장이 있다. 모든 사람이 이 담장 속에 숨는다. 당신이 이 담장을 뛰어넘을 수만 있다면 신선이 아니라도 장수할 수 있다."

네 개의 담장을 뛰어넘는다는 것은 적당히, 알맞게, 그리고 도의에 어긋나지 말아야 한다는 뜻이다. 즉, 완벽한 절제의 의미가 아니다. 그는 "술(酒)이 없으면 예의에 어긋나게 되고, 성욕(色)이 없으면 인구가 줄어들 것이며, 재물(財)이 없으면 세상이 이루어질 수 없고, 기개(氣)가 없으면 타인에게 업신여김을 받을 수 있다"라고 말했다.

늘 웃는 것 또한 양생의 한 비결이다. 사람의 감정은 건강과 밀접한 관계가 있다. 이는 현대 의학에서도 증명된 사실이다. 마음이 안정되면 체내의 호르몬 분비에 영향을 미쳐 맥박, 호흡, 혈압, 소화기계통의 분비 및 신진대사 등이 원활해져 몸이 편안하고 조화로운 상태가 된다. 반대로 조바심을 낼 때 분비되는 호르몬은 일시적으로 사람의 맥박과 호흡이 빨라지게 해서 혈압을 상승시킨다. 그러면 판단력이 흐려지고 건강도 해치게 된다. 혈압은 사람의 감정과 밀접한 관련이 있다. 분노, 초조함, 공포, 기쁨, 슬픔의 감정은 모두 대뇌피질의 영향으로 연수의 심혈관 조절 중추를 흥분시킨다. 이에 따라 교감 신경과 부신(副腎)계 활동이 강화돼 교감신경계의 신경 전달 물질인 노르아드레날린이 증가하고, 아드레날린도 크게 증가한다. 그러면 한편으로 심장 수축을 더 강하고 빠르게 하고, 신체 대부분에 퍼져 있는 모세혈관까지 수축시켜 말초저항(peripheral resistance)을 높인다. 이렇게 되면 혈압이 상승한다. 이와 반대로 안정된 감정은 대뇌피질에서 오는 신경 자극을 줄이고 교감 신경과 부신계 활동을 약화시켜 혈압을 떨어뜨린다.

적절한 운동

양생은 반드시 순리를 따라야 한다. 예를 들어 날씨가 추우면 옷을 더 입고 날씨가 더우면 옷을 적게 입으며, 배가 고프면 밥을 먹고, 피곤하면 쉬어야 하는 것과 마찬가지다. 이는 단순한 이치이기도 하다. 그러나 이와 같은 원리에 따라 조절하는 게 결코 쉽지는 않다. 예를 들어 배가 고프면 식사를 해야 하는데 이때 무엇을, 언제, 얼마나, 어떻게 먹을지, 그리고 위생과 영양을 갖추는 등에 관한 지식이 필요하다. 식이요법은 병을 치료하는 한 가지 방법이다. 춘추 전국 시대에 명의였던 변작(扁鵲)은 "사람이 병에 걸리면 먼저 음식을 조절하여 병을 치료해야 한다(君子有疾, 期先命食以療之)"라고 했다. 일상생활에서도 순리에 따라 규칙적으로 생활하고 절제해야 한다. 예컨대 옛사람들은 오래 걷거나 눕거나 보거나 듣거나 해서는 안 되며, 지나치게 먹거나 취하거나 걱정하거나 슬퍼해도 안 된다고 했다. 이를 중화한다고 하며, 중화할 수 있는 사람은 반드시 장수할 수 있다.

노자는 격렬한 운동을 장시간 지속해서는 안 된다고 여겼다. 그는 유산소 운동과 큰 힘을 들이지 않고도 할 수 있는 운동을 장기간에 걸쳐 규칙적으로 실시할 것을 주장했다. 그러면 호흡이 조절되어 정기의 운행이 원활해지고 음양이 조화를 이루어 건강에 도움이 될 수 있다.

적절한 긴장 완화

노자는 《노자》 제10장에서 "기(氣)를 집중시켜 부드럽게 하기를 갓난아기처럼 할 수 있는가?(專氣致柔, 能如嬰兒乎?)"라고 말하며, 적절한 운동과 함께 긴장 완화의 중요성을 설명한다.

수련하는 사람이 호흡 조절에 집중하여 호흡이 마치 갓난아기처럼 온화할 수 있다면 사지가 갓난아이처럼 유연해진다. 참선이나 기공, 혹은 명상이 그 수단이 될 수 있다.

노자는 참선을 할 때 경험하게 되는 감상과 느낌에 관해 자세히 이야기했다.

"마음을 비우고 고요한 상태에서 만물의 성장과 순환을 관찰해야 한다. 만물의 변화는 번잡하다. 그러나 결국에는 모두 그 근원으로 되돌아간다. 근원으로 되돌아가는 것을 고요함이라고 부른다. 만물의 덧없음을 깨달아 스스로 기쁨, 노여움, 슬픔, 즐거움을 초월한다면, 본연의 참되고 순박한 마음으로 돌아갈 수 있다. 그러면 근심은 사라지고 마음이 고요해져 무념무상의 경지에 이르게 되고, 인체의 경맥과 경혈의 운행도 원활해진다."

고요함을 지킨다

중국의 의서 《황제내경黃帝內經》을 보면 "고요하면 신(神)을 간직할 수 있고, 조급하면 사라져버린다(靜則神藏, 躁則消亡)"라는 문장이 있다. 양생은 고요함을 지키는 데 있다는 뜻으로, 이 말은 노자의 사상과도 서로 통한다.

여기서 '신'은 이른바 사람의 세 가지 보배, 즉 정(精), 기(氣), 신(神) 가운데 하나이며 양생에서 가장 중요한 것이다. 신은 영혼에 속하는 것으로 사람의 정신, 의식, 심리 등을 가리킨다. 정과 기는 육체에 속하는 것으로 사람의 눈, 귀, 코, 혀, 몸 등을 가리킨다. 신이 정과 기를 주재하므로, 양생은 곧 마음을 닦는 것(養神)이라고 할 수 있다.

그렇다면 어떻게 마음을 닦아야 할까? 우리는 사사로운 욕망을 줄이거나 감정을 조절함으로써 마음을 닦을 수 있다. 그러나 무엇보다 고요함을 지키는 것이 가장 중요하다. 앞에서 말한 것처럼 고요하면 신을 간직할 수 있는 것이다. 고요함은 몸을 닦는 것이자 마음을 수양하는 것으로, 더 나아가 신을 간직하는(神藏) 것이다. 마음의 수양은 몸을 닦는 것을 바탕으로 하며, 몸을 닦는 것은 마음의 수양을 촉진한다.

부록

■ 참고자료

노자와 도가학파

《노자》의 핵심 사상

《노자》와 경영

■ 역자 후기

■ 주

■참고자료

노자와 도가학파상

사마천(司馬遷)이 쓴 《사기 · 노자열전史記 · 老子列傳》은 노자라는 사람에 대해서 모호하게 서술하고 있다. 이를 보면 노자로 생각되는 인물이 대략 세 명이나 된다. 먼저 사마천 자신이 노자를 진지하고 예의 바르게 대했다는 설이 언급된다. 그러나 그 밖에 노자에 관한 다른 주장에 대해서는 서두에 "어떤 사람이 말하기를(或曰)"과 같은 부연 설명을 덧붙여서 사마천도 그 내용에 대해 추측하는 태도를 보인다.

사마천이 전기 형식으로 서술한 《사기 · 노자열전》의 내용은 다음과 같다.

노자는 초(楚)나라 고현[苦縣, 오늘날의 허난 성(河南省) 루 읍(鹿邑)] 곡인리(曲仁里) 사람으로 본명은 이이(李耳)다. 전해지는 바에 따르면 이이는 귀가 7촌(寸, 촌은 과거의 길이 단위로, 1촌은 약 3.03cm)에 이를 정도로 길었다고 한다. 그래서 노담(老聃)이라고 불리기도 했는데, 노담의 담 자는 바로 큰 귀를 뜻한다. 그는 공자와 같은 시대 사람이지만 공자보다 먼저 활동을 시작했으며, 일찍이 동주(東周)[42] 시대에 공문서와 문헌 자료를 관리하는 주하사(柱下史)와 수장사(守藏史)를 지냈다. 모두 박학다식한 선비만이 담당할 수 있는 관직으로, 오늘날 정부기록보존소(檔案

館)의 관장과 국립도서관의 관장에 해당한다고 할 수 있다. 이러한 직책은 그가 다양한 분야의 책을 접할 기회를 얻고 이를 토대로 자신만의 독창적인 사상과 이론 체계를 형성할 수 있게 해주었다.

중년 이후 노자는 관리 생활에 염증을 느끼고 벼슬에서 물러났다. 그리고는 전설에서 신선과 도사가 탄다는 청우(青牛)를 타고 서쪽 요새인 함곡관(函谷關)을 지나 서역의 사막을 건너서 태국으로 가고자 했다. 당시 함곡관의 성문을 지키던 관령(關令) 윤희(尹喜)는 밤하늘의 천체 현상을 살피던 중에 동쪽에서부터 보라색 기운이 청우성(青牛星)을 이끌고 오는 것을 보았다. 이에 심상치 않음을 느낀 그는 성문으로 나가서 마침 청우를 타고 오는 노자를 만났다. 그리고 노자를 극진히 대접하며 글을 부탁했다고 한다. 이때 노자는 윤희에게 《도덕경道德經》을 지어주었다. 이는 상하편으로 나뉘는데 상편은 도경(道經), 하편은 덕경(德經)이라고 불리며, 글자 수가 총 5000자를 넘지 않았다. 이후 "아무도 그의 행방을 알지 못했다(莫知其所終)"라고 한다.

노자의 정체에 대한 두 번째 주장은 노자가 곧 노래자(老萊子)라는 것이다.

노래자도 춘추 시대 말기의 사람이다. 《신선전神仙傳》에 따르면, 노래자는 어머니의 뱃속에서 80년을 머물렀기에 태어날 때 이미 수염과 머리카락이 모두 백발이었다고 한다. 그리고 항상 혀를 내밀어 괴상한 짓을 했기 때문에 어떤 사람이 '노담(老聃)', 즉 혀 날름거리기를 좋아하는 영감이라는 별명을 붙여주었다고 한다.

전해지는 말에 따르면, 노자는 팽조(彭祖)의 후예로 상(商)나라 양갑년(陽甲年)에 현묘왕(玄妙王)의 딸 이씨(理氏)의 복중 태아로 환생했다고 한다. 하루는 이씨가 마을 어귀의 강가에서 빨래를 하는데 갑자기 자두 하나가 물에 떠내려왔다. 이씨는 서둘러 나뭇가지를 이용해서 자두를 건져 올렸다. 이 자두를 먹은 후 임신하게 된 이씨는 그로부터 81년이 흐른 후에 흰 눈썹, 흰 머리카락, 흰 수염이 난 사내아이를 낳았다. 그래서 '늙은 자식'이라는 의미로 '노자(老子)'라 부르게 되었다고 한다. 노자는 태어나면서부터 말을 할 수 있었는데, 뜰에 있는 자두나무를 가리키며 "이(李)가 바로 나의 성(性)이다"라고 말했다. 무척이나 효자였던 노자는 부모를 기쁘게 하기 위해서 나이가 들어서도 종일 어린아이의 옷을 입고 어릿광대짓을 했다. 그런 의미에서 노래자(老萊子)라고도 불렸는데 이는 대략 늙은 개구쟁이라는 뜻이다. 그렇지만 이러한 견해를 믿는 사람은 매우 적다. 노래자는 부모를 즐겁게 하여 효를 다했기로 유명한데, 《노자》에서처럼 "가정에 다툼이 일어나니 비로소 효와 자애가 생긴다(六親不合, 有孝慈)"와 같은 전통 효 사상에 도전하는 사상을 제기했을 리 없기 때문이다.

세 번째 주장은 노자가 공자보다 120여 년 늦게 태어났으며, 이름은 담(儋)이고 전국 시대 중기에 태사(太史)직을 맡은 인물이라는 것이다. 전설에 따르면 기원전 374년에 노자가 한 가지 예언을 했다고 한다. 주나라와 진(秦)나라는 본래 하나로 훗날 500년 동안 동서로 나뉘었다가 다시 합쳐지고, 그로부터 17년 후에 패왕이 나타난다는 것이었다.[43]

그의 예언에서 '다시 합쳐' 진다는 것은 바로 진나라가 여섯 나라를 멸망시키고 천하를 차지하는 것을 의미한다. 그러나 이 해석은 당연히 노자를 신성시한 후대 사람들이 이미 알고 있는 역사를 대입해서 판단한 것이다. 사마천은 《사기》에서 이이, 노래자, 그리고 태사담이 같은 사람일 것으로 추측한다. 그러나 연대 차이가 너무 많이 나는 까닭에 사마천은 서두에 '어떤 사람이 말하기를' 과 같은 부연 설명을 덧붙이는 방식으로 노자가 백예순여 살 혹은 이백여 살까지 살았다고 이야기할 뿐이다. 사마천의 《노자열전》에서는 실제로 태사담을 이이로 본다. 그 이유는 아주 간단하다. 첫째, 태사담과 이이는 모두 주나라의 수도 낙양(洛陽)에서 관직에 종사했다. 이이는 주나라의 수장사였고 태사담은 주나라의 태사(太史)로, 두 사람 모두 역사 기록을 맡아보던 관직에 있었다. 둘째, 노담의 담(聃)과 태사담의 담( )은 옛날 발음이 비슷하여 통가자(通假字)[44]일 가능성이 아주 크다는 점이다.

이와 같은 몇 가지 주장에는 전체를 관통할 수 있는 해석 논리가 하나 있다.

바로 노자의 사상을 집대성한 《노자》다. 이 서적은 예로부터 두 가지 판본이 전해진다. 현재 일반적으로 《노자》로 인정되는 판본은 전국 시대에 진(秦)나라 헌공(獻公)과 동시대 인물인 태사담이 과거에 죽간으로 만들어진 《노자》를 토대로 고쳐 쓴 것이다. 이 죽간본 《노자》는 이이가 만든 것으로, 이이와 태사담이 쓴 두 책은 각기 독특한 사상 체계가 있다. 《사기》에서 서쪽으로 길을 떠나 함곡관에 이르러서 윤희의 요청을 받고 현재 《노자》로 불리는 《도덕경》 5000자를 쓴 노자는 태사담이지 노담이 아닐 가능성이 크다. 사마천이 노자가 살았다고 말한 한 세기가 넘는 기간은 사실 노담에서 태사담에 이르는 시간이다. 바로 이러한 연유에서 두 사람을 한 사람으로 착각해 노자가 한 세기가 넘게 장수했다는 전설이 생겨난 것이다. 여기서 한 가지 더 예를 들면, 량치차오(梁啓超)는 《사기》를 읽고 나서 이렇게 말했다.

"연장자인 노자의 8대손과 노자의 후대인 공자의 13대손이 동시대 사람이라니 아무래도 사리에 맞지 않다."

실제 이들이 같은 시대 사람이라는 건 상식적으로 이해하기 힘들다. 그러므로 이를 근거로 당시 태사담이 노담의 책을 고쳐 썼고, 이 책 두 권 모두 《노자》라는 이름으로 세상에 전해 내려왔다는 결론을 내릴 수 있다. 오랜 시간이 흐르면서 사람들은 이 책 두 권을 하나의 책으로 혼동하게 되었고, 이에 따라 두 명의 작가 역시 한 사람이라고 착각하게 된 것이다.

여기에서 주목할 점은 현재 우리가 알고 있는 《노자》는 노자라는 사람이 앞서 서술한 몇몇 인물 가운데 누구이든 관계없이 가장 상세하게 서술했기 때문에 현재 통행본으로 인정받는다는 사실이다. 현재의 통행본 《노자》는 과거에 쓰인 노담의 《노자》를 토대로 더욱 체계화했다. 그러므로 두 책의 중심 사상과 본질은 동일하다고 할 수 있다.

전하는 바에 따르면, 노자의 스승은 상종(常樅)이라고 한다. 상종은 이가 다 빠진 늙은이였다. 어느 날 노담이 "부드럽고 약한 것이 강하고 단단한 것을 이긴다는 말은 무엇을 이릅니까?" 하고 묻자 상종은 아무 말도 하지 않고 입을 벌렸다 닫았다 하며 혀를 늘름거리기만 했다. 그 모습을 본 노자는 가르침을 들은 듯 공손히 자리에서 물러났다. 사람들은 노자의 그런 태도에 의아해하며 스승이 제자의 질문에 대꾸 한마디조차 하지 않는 것을 이해하지 못했다. 이에 노자는 "스승님은 이미 저에게 아주 심오한 이치를 가르쳐주셨습니다"라고 설명했다. 그리고 이어서 이렇게 되물었다.

"생각해보십시오. 이가 사람의 몸에서 가장 단단한 부분이라면 혀는 가장 부드럽고 유연한 부분입니다. 스승님은 이미 이가 모두 빠져 없어졌지만 혀는 여전히 있습니다. 이것이 바로 '부드럽고 약한 것이 강하고 단단한 것을 이기는' 것이 아닙니까?"

상종은 혀는 부드럽고 유연하여 꺾이거나 하지 않고 영원하지만 이는 단단하여 쉽게 부러지거나 뽑힐 수 있다는 점을 말하고자 한 것이다. 가장 간단한 이치를 들어보자면, 살아 있는 사람의 몸은 부드럽고 유연하지만 죽은 사람의 몸은 그와 반대로 굳어서 단단하다는 것이다. 즉, 유연함이야말로 삶을 영위하는 태도라고 할 수 있다는 얘기다.

이와 비슷한 맥락에서 비교적 널리 전해 내려오는 또 한 가지 이야기가 있다. 공자도 노자에게 도를 물은 적이 있다. 그는 노자에게 이렇게 물었다.

"누군가는 도를 수련할수록 오히려 항상 뭇사람의 생각과 상반될 뿐입니다. 다시 말해, 인정할 수 있는 것을 인정할 수 없는 것으로, 올바르지 못한 것을 올바른 것으로 간주하게 되는 것입니다. 말솜씨가 좋은 어떤 사람은 이렇게 말합니다. '단단한 것(堅)과 흰 것(白)의 이치를 분명하게 구별할 수 있다'[45]고 말입니다. 진정으로 그것을 구별할 수 있다면 성인이라 이를 수 있는 것입니까?"

이에 노자가 대답했다.

"책략과 속임수에 뛰어난 아전은 그 재능 때문에 피곤하다. 다시 말해 아전은 그 재능 때문에 몸이 지치고 마음은 두려움을 느끼게 되는 부류의 사람이다. 여우를 잘 잡는 개는 사냥을 잘해서 사람들에게 붙잡혀 이용당하고, 날쌘 원숭이는 행동이 재빨라서 숲에서 사람들에게 붙잡혀 이용당한다. 구(丘, 공자의 이름)야, 내가 너에게 말하고자 하는 것은 네가 들을 수도 없고 네가 말로 설명할 수도 없는 것이다. 머리와 다리는 있지만 마음과 귀가 없는 것이 수두룩하다. 유형과 무형이 공존하는 것은 존재하지 않는다. 운동과 정지, 삶과 죽음, 쇠퇴와 흥성이라는 여섯 가지는 그 근원을 탐구하기가 매우 어렵다. 인간사는 다스림(治理)의 흔적이 있는데, 사물을 잊고 하늘을 잊고 결국에는 자신을 잊어야 한다. 자신을 잊은 사람이야말로 자연과 일체가 될 수 있다."

이 대답에서 노자는 문제를 다룰 때 대개 모순 또는 대립을 근본원리로 하여 사물의 운동을 설명하는 변증법에 따라 생각하는 것을 좋아했다고 볼 수 있다. 이는 이유극강(以柔克强, 부드러운 것으로 강한 것을 이긴다), 수신무위(修身無爲, 무위로써 수양하다)의 관점이다.

공자와 노자의 대면에 관해 현대 학자들이 남긴 기록 대부분은 사마천의 《사기 · 노자열전》에 근거한 것이다. 공자가 일찍이 노(魯)나라의 남궁경숙(南宮敬叔)과 함께 주나라의 수도에 도착해 노자에게 예(禮)를 물었다고 한다. 헤어질 즈음에 노자가 공자에게 말했다.

"부귀한 사람은 사람을 배웅할 때 재물로써 떠나보내고, 학식이 있는 사람은 말로써 떠나보낸다. 나는 부귀하지 않고 학문으로 약간의 이름이 있을 따름이니 너에게 몇 마디 이야기하는 것으로 송별하고자 한다."

그리고 이렇게 덧붙였다.

"네가 알고 있는 몇몇 인물은 모두 이미 죽어서 그저 후대에 몇 마디 말을 남겼을 따름이다. 군자가 현명한 군주를 만나면 마차를 타고 관직에 나아가게 되지만, 그렇지 못하면 자기의 처지에 만족하고 안주한다. 장사에 능한 사람은 언제나 자신의 보물을 깊숙이 감추고, 진정 훌륭한 덕을 갖춘 군자는 물러서서 자신을 낮추며 그 모습이 어리석은 듯 보인다. 그러므로 지나친 교만과 탐욕, 겉으로 드러나는 허세와 지나친 열망을 버려야 한다."

공자가 돌아와서 제자에게 말했다.

"나는 새는 잘 날고, 물고기는 헤엄을 잘 치며, 짐승은 잘 달린다는 것을 안다. 달리는 것은 그물로 잡을 수 있고, 헤엄치는 것은 낚싯줄로 잡을 수 있으며, 나는 것은 화살로 잡을 수 있다. 그러나 용은 바람과 구름을 타고 하늘로 올라가 버리니, 나는 용에 대해 알지 못한다. 나는 오늘 노자를 만났는데 그가 마치 용과 같더구나!"

'은군자(隱君子)' 이며 도가학파의 창시자이자 대표 인물인 노자를 용에 비유한 것이다.

도가학파는 어떻게 발전해 왔을까.

중국의 철학자 머우중젠(牟鐘鑒)은 도가의 첫 번째 발전 단계의 대표로 노자를 꼽는다. 이는 노자와 공자를 동시대 인물로 보고, 도의 자연성과 자발성을 본받아야 한다는 주장을 근거로 한다. 두 번째 단계는 양주(楊朱), 신도(愼到), 윤문(尹文) 등의 사상을 대표로 하며, 이들은 노자의 후학(後學)이라고 할 수 있다. 예를 들어 맹자(孟子)는 "양주는 자기의 이익만을 중시해 자기 몸의 터럭 하나를 뽑아 천하를 이롭게 할 수 있다고 하더라도 하지 않는다(楊子取爲我, 拔一毛而利天下, 不爲也)"라고 말했다. 다시 말해, 양주의 사상은 자기 생명 보전에서 출발해 생존 가치를 물질적인 이익보다 중시한다. 세 번째 단계로서는 장자(莊子)를 대표로 해 일체의 초월을 주장했다. 네 번째 단계에서는 한(漢)나라 초의 황로학(黃老學)으로, 초나라 문화를 대표하는 노자와 북방 중원의 황제(黃帝)를 숭배하는 사상이 서로 결합돼 황제와 노자의 이름을 딴 황로학이 생겨났다. 황로학은 청정무위(淸靜無爲, 마음을 비우고 순리에 따름)를 내세우고 여민휴식(與民休息)[46]을 주장했다. 다섯 번째 단계는 한나라 말기의 도교다. 도교는 황제와 노자 숭배에서 비롯된 제사 의식과 민간의 무속, 또 불로장생을 추구하며 신선이 되고자 하는 사상 등이 결합되어 형성된 일종의 민간 종교다. 여섯 번째 단계는 위진(魏晉) 시대의 현학(玄學)이다. 현학은 유가와 도가의 사상이 결합한 것이다. 현(玄)은 《노자》에서 비롯했으며, 인간의 인식을 초월한 우주 생성의 근원으로서 도의 현묘함을 가리키는 말이다. 현학이 《노자》, 《장자》, 《주역》에서 비롯되었기 때문에 이를 가리켜 '삼현(三玄)'이라고 한다. 하지만 현학은 인간의 현실 세계에 나타난 구체적인 문제보다는 형이상학적인 논변을 중심으로 함으로써 사변적 철학으로 전개됐다. 이 철학 사조는 하연(何晏), 왕필(王弼), 곽상(郭象) 등의 사람이 일으켜 한때 크게 성행했다. 일곱 번째 단계는 수(隋)나라와 당(唐)나라 시대에서 근현대에 이르는 동안 일어난 도가의 분파다. 이 분파들은 독립된 사회 사조를 형성하지는 못했다.

《노자》의 핵심 사상

도가의 핵심 개념은 도다.

《노자》 첫머리에는 "도를 도라고 할 수 있다면 영원한 도가 아니다(道可道, 非常道)"라고 쓰여 있다. 다시 말해 노자가 말하는 도는 추상적인 영원한 도로, 말로 표현할 방법이 없는 것이다. 말로 표현할 수 있는 실제적인 도는 땅강아지와 개미, 기와와 벽돌, 모든 일과 사물 속에 있을 수 있으며, 영원한 도에서 생겨난다. 도는 물질세계보다 앞서 존재한다.

이런 설명은 책에서 이렇게 서술된다.

혼돈 상태로 이루어진 어떤 물질 하나가 있었는데, 하늘과 땅보다 먼저 생겨나 만물의 밖에 존재했다. 소리도 없고 형체도 없으며, 독립적으로 있으나 변하지 않고, 두루 미치지만 위태롭지 않으니, 천하 만물의 근원이라 부를 수 있다. 나 또한 이것을 어떻게 불러야 할지 모르니, 억지로 도라고 부를 수밖에 없다.(有物混成, 先天地生, 寂兮廖兮, 獨立而不改, 周行而不殆, 可以爲天下母. 吾不知其名, 强字之曰道.)

도는 만물을 파생시킬 수 있다. 노자는 이를 "도는 하나를 낳고, 하나는 둘을 낳고, 둘은 셋을 낳고, 셋은 만물을 낳는다(道生一, 一生二, 二生三, 三生萬物)"라고 한다. 여기서 하나(一)는 하늘과 땅, 그리고 만물이 생겨나기 전의 혼돈 상태를 가리키는 것으로, 원기(元氣)라고 불린다. 둘(二)은 음과 양을 가리키며, 원기의 작용에 의해 성질이 서로 반대되는 음과 양의 두 기운이 생겨나고 다시 두 기운이 합쳐져 셋(三)이 생긴다. 여기서 셋은 충기(衝氣)이며, 여기에서 만물이 태어난다. 만물은 생겨나고 자라는 과정에서 "사람은 땅을 본받고, 땅은 하늘을 본받고, 하늘은 도를 본받고, 도는 자연을 본받는다(人法地, 地法天, 天法道, 道法自然)"는 법칙을 따른다. 다시 말해 하늘, 땅, 사람, 도를 막론하고 모두 자연을 본받아야 하는 것이다. 여기에서 자연은 자연계가 아니라 자신의 모습 혹은 억지로 꾸미지 않는 자연스러움을 의미한다. 노자가 말하는 무(無) 또한 절대 허무(虛無)가 아니라 무와 유의 조화를 가리킨다. 무는 눈에 보이지 않고, 손으로 만질 수도 없을 뿐만 아니라 이성과 언어를 사용해서 식별할 수도 없다. 노자는 무를 이(夷), 희(希), 미(微)라는 세 가지 수식으로 풀이한다. 《노자》 제14장의 내용에 따르면 이, 희, 미가 의미하는 것은 다음과 같다.

보아도 보이지 않는 것을 이라고 하며, 들어도 들리지 않는 것을 희라고 하며, 만져도 만져지지 않는 것을 미라고 한다.(視之不見, 名曰夷, 聽之不聞, 名曰希, 搏之不得, 名曰微.)

도 자체는 유의 성질을 포함하며, 수많은 것은 비어 있기에 비로소 쓸모가 있는 것이다. 그릇과 집이 바로 그렇다. 도가 자연을 본받는다는 도법자연은 세 가지 의미를 내포한다.

첫째, 도의 궁극적인 귀결점이 그 자신임을 가리킨다.

둘째, 도 자체가 바로 그러하다는 것을 가리킨다. 도의 밖에 별도의 자연이 있는 것이 아니다.

셋째, 도는 무위(無爲)를 법칙으로 삼는다. 무위는 아무것도 하지 않는 것이 아니라 순리를 따르며 인위적인 것을 강요하지 않는 것이다. 도는 마치 자연처럼 아무것도 하지 않는 것처럼 보이지만, 실제로는 하지 않는 일이 없다. 우리는 왜 도를 본받아야만 할까? 도는 사심이 없기 때문이다. 그래서 우리는 반드시 도를 본받아야만 하는 것이다. 노자는 도와 덕을 연결한다. 노자가 말하는 덕은 윤리적인 덕을 가리키는 것이 아니라 우주에 존재하는 모든 실재 사물의 특징을 말한다. 노자는 도를 실체(體)로, 덕을 쓰임(用)으로 삼았다. 도가 인생에서 쓰이는 것이 바로 덕이다. 도가 만물을 자연적으로 성장시키는 것은 덕의 구현이다. 이렇게 노자의 도는 허무성과 함께 실제성, 그리고 운동성과 창조성도 포함한다.

도를 알게 되면 만물의 근원을 알 수 있다. 도로 자연계를 변별할 수 있으며, 선악도 판단할 수 있다. 그러므로 사람은 도를 따라야 한다. 노자의 도는 자연에서 비롯되었다고 할 수 있다. 그렇다면 인간 세상의 정치는 자연에 비추어볼 때 과연 어떤 모습이어야 할까?

노자의 정치적 이상은 바로 소국과민(小國寡民), 즉 적은 수의 백성이

사는 작은 나라다. 노자는 당시의 혼란한 정국이 계속되는 것에 동의하지 않았지만, 그렇다고 굳이 무력으로 통일되기를 바라지도 않았다. 그는 사람들이 새끼로 매듭을 지어 기록하던 시대로 돌아가기를 희망했다.

백성이 음식을 달게 여기고, 의복을 아름답게 여기고, 거처를 편안하게 여기고, 풍속을 즐거워한다. 이웃 나라가 서로 바라보이고 닭 울음소리, 개 짖는 소리도 들리지만, 백성은 늙어 죽을 때까지 서로 왕래하지 않는다.(甘其食, 美其服, 安其居, 樂其俗, 隣國相望, 鷄犬之聲相聞, 民至老死不相往來.)

이와 같은 국가는 규모가 작고 인구 또한 적다. 또한 국민의 요구가 소박하다. 문화 차이에서 비롯되는 골칫거리가 적고 폐쇄적이다. 이렇게 노자가 이상 국가를 그린 것은 당시의 현실 사회가 그가 바라는 바와 전혀 반대이고 도를 따르지도 않았기 때문이다. 노자가 생각하기에 현실 사회에서 제창되는 가치관은 사회가 타락했다는 표현과 같았다.

그는 말했다.

"큰 도가 무너지니 비로소 인과 의가 생겨나고, 지혜가 생기니 거짓이 나타난다. 가정에 다툼이 일어나니 비로소 효와 자애가 나타나고, 나라가 혼란에 빠지니 비로소 충신이 나타난다.(大道廢, 有仁義, 智慧出, 有大僞, 六親不和, 有孝慈, 國家昏亂, 有忠臣.)"

여기에서 알 수 있듯이 노자가 반대한 것은 정치, 국가, 문화 자체가 아니라 도를 따르지 않는 정치와 국가다. 노자가 생각하는 이상 국가는 당시 군사력 경쟁을 벌이는 제후국과는 정반대였다. 노자는 위선적인 문화 전통과 명성이나 이익 따위를 추구하는 시류를 반대했다.

노자의 처세론은 "되돌아가는 것은 도의 움직임이요, 유약한 것은 도의 쓰임이다(反者道之動, 弱者道之用)"란 말에서 출발한다. 이 문장에서 '반(反)' 은 대립의 뜻도 있지만 원래 있던 곳으로 되돌아간다는 의미도 있다. 먼저 반을 근본으로 돌아간다는 의미로 살펴보면, 만물이 그 근원으로 돌아간다는 것은 허정(虛靜), 즉 아무것도 생각하지 않고 사물에 마음이 움직이지 않는 정신 상태를 유지하는 것을 말한다. 반을 상반되면서 대립하는 의미로 살펴보면, 사물의 발전이 극에 달하면 그 반대 방향으로 움직이게 된다는 것이다. 이는 도의 운동 법칙이다. 모든 대립하는 사물은 사실 서로 의지하고 어울리며 함께 성장한다. 있고 없음, 어렵고 쉬움, 길고 짧음, 높고 낮음, 앞과 뒤 등이 그렇다.

대립하는 사물은 서로를 존재하게 만든다. 예컨대 길흉화복이 그렇다. 노자가 말한 '약자도지용(弱者道之用)' 을 직역하면 도가 일종의 유약한 상태를 유지한다는 것이다. 모든 동태적 변화는 유약함을 출발점이자 귀착점으로 삼는다. 게다가 도는 힘을 발휘할 때도 유약한 상태가 된다. 약자도지용의 또 다른 뜻은 부드럽고 약한 것이 강하고 단단한 것을 이긴다는 것이다. 즉 유약한 것은 환경에 맞춰 변화하며 적응하지만 단단하고 강한 것은 흔히 환경에 맞춰 변화하지 못하고 제약받는다고 할 수 있다. 이른바 노끈을 톱 삼아 나무를 자른다거나 물방울이 떨어져 바위를 뚫는 것 등이 그러한 예다. 노자가 이렇게 말한 이유의 하나는 우리가 아는 가치와 만물이 생존하는 것의 실제 가치가 다르다는 것을 밝히려는 데 있다.

일찍이 아리스토텔레스는 "거목과 묘목 가운데 어느 것이 나무의 본질을 제대로 대표하는가?"라고 물었다. 노자의 사상에 따르면 나무는 자라면 오히려 약해지기 마련이다. 나무가 수풀보다 높이 자라면 바람이 반드시 그것을 부러뜨리기 때문이다. 그러나 약한 것은 성장하고 발전하는 동안 강자가 주목하지 않아 도리어 지속적으로 생존할 수 있다. 물은 세상에서 가장 부드럽고 약하지만, 그 누가 그것을 부러뜨리고 파괴할 수 있는가? 그러므로 방어를 공격의 수단으로 삼고, 후퇴를 전진의 발판으로 삼아야 하는 것이다. 이는 힘을 쓰려면 먼저 팔을 뒤로 빼야 하는 것과 같은 이치라고 할 수 있다.

노자는 이러한 사상과 전략을 내세워 무위이치(無爲而治, 다스림 없이 다스림)를 주장했다. 도는 자연적으로 생겨나는 것이므로 인위적인 간섭은 도를 잃게 할 따름이다. 마치 장자가 우화에서 표현한 것처럼 말이다. 우화의 내용은 대략 이렇다.

남해의 제왕은 숙이고, 북해의 제왕은 홀이며, 중앙의 제왕은 혼돈이다. 숙과 홀은 때때로 혼돈의 땅에서 만났고, 혼돈은 숙과 홀을 융숭하게 대접했다. 이에 숙과 홀은 혼돈의 환대에 보답하고자 했다. 그래서 사람은 일곱 개의 구멍이 있어 보고 듣고 먹고 숨을 쉬는데 혼돈은 구멍이 없으니 그에게 구멍을 뚫어주자고 했다. 그 후로 날마다 구멍을 하나씩 뚫으니 7일이 되던 날 혼돈이 죽어버렸다.(南海之帝爲儵, 北海之帝爲忽, 中央之帝爲渾沌.

倏與忽時相遇于渾地, 渾沌待之甚善. 倏與忽謀報渾沌之德, 日: 人皆有七竅以視聽食息, 此獨無有, 鑿之. 日鑿一竅, 七日而渾沌死.)

이 이야기는 우리에게 선의가 일을 망칠 수도 있다는 점을 가르쳐준다. 여기에 등장하는 숙과 홀은 시간을 은유적으로 표현한 것이다. 시간의 흐름에 따라 우리의 사고도 점점 깨어나지만, 또한 오히려 서로 속고 속이는 마음과 사리사욕에 눈이 먼 나라가 나타났다.

노자는 이렇게 주장한다.

"성인은 무위로써 모든 일을 처리하고, 말 없는 가르침을 행한다. 무위를 행하면 다스려지지 않는 것이 없다.(是以聖人處無爲之事, 行不言之教. 爲無爲, 則無不治.)"

무릇 자연적인 것은 모두 훌륭하다. 인간의 이성은 자연 앞에서 결점이 드러나게 마련이다. 창힐(倉頡)[47]이 문자를 만든 다음 날 하늘에서 오곡이 비처럼 내리고 귀신이 울부짖었다고 한다. 이는 인간은 영원히 하늘의 진정한 뜻을 이해할 수 없으며, 이른바 총명하다는 것은 한낱 잔꾀에 지나지 않는다는 것을 가르쳐준다. 이것이 바로 이른바 "세상은 본래 아무 일도 없었으나 어리석은 자는 스스로 귀찮은 일을 사서 만든다(世間本無事, 庸人自擾之)"와 같은 이치다.

노자 사상의 기본을 바로 파악하면 우리는 비로소 노자가 남긴 "하늘과 땅은 어질지 않아서 만물을 추구(芻狗)와 같이 여긴다. 성인은 어질지 않아서 백성을 추구와 같이 여긴다(天地不仁, 以萬物爲芻狗, 聖人不仁, 以百姓爲芻狗)"라는 말의 진정한 의미를 알 수 있다. 이 구절에서 노자가 말하려는 것은 성인이 어질지 않다는 의미가 아니다. 백성을 지푸라기처럼 여기라는 뜻이다. 추구는 짚을 엮어서 만든 개로, 제사 지낼 때 사용하는 것이다. 사람들은 짚으로 만든 개 모형으로 제사를 지내고 절도 올린다. 이러한 행동은 그것을 편애하거나 중시해서가 아니다. 제사가 끝나면 사람들은 곧장 그것을 던져버리는데, 이는 또한 그것을 미워하거나 경시해서가 아니다. 하늘과 땅이 만물을 추구와 같이 여긴다는 말은 하늘과 땅은 만물에 대해 조금도 편애하는 마음이 없음을 의미한다. 다시 말해 만물이 생겨나고 사라지는 대로 내버려두라는 뜻이다. 성인은 어질지 않다는 말 역시 성인은 백성에 대해 조금도 좋고 싫음이 없음을 의미한다. 그저 스스로 일하고 스스로 쉬도록 내버려둘 뿐이다. 노자는 천도(天道)란 무위하는 것으로, 바로 자연의 순리에 맡기는 것이라고 여겼다. 하늘과 땅 사이의 모든 사물 또한 자연의 법칙에 따라 운행할 뿐 자연을 능가하는 어떤 주재자가 존재하는 것이 아니다. 하늘과 땅은 물리적이고 자연적으로 존재할 따름이다. 유신론자들이 상상하는 것과 같이 무엇을 편애하거나 다른 무엇을 싫어하거나 하지 않는다. 하늘과 땅은 조금도 편애함이 없고 만물이 자연적으로 성장하도록 내맡긴다. 그리고 성인은 자연의 순리를 따르는 하늘과 땅의 그런 절대적인 이타 정신을 본받아 백성이 스스로 발전하도록 내버려둔다. 이것이야말로 백성에게 더없이 이롭다고 할 수 있다.

그렇다면 통치자는 어떻게 무위할 수 있을까? 여기에서 가장 중요한 것은 통치자가 자신의 마음속에 있는 지혜와 욕망을 없애는 것이다.

그러나 노자는 지혜와 욕망이 인간의 삶에서 일으키는 긍정적인 작용마저 부정한 것은 아니다. 그는 단지 지혜와 욕망이 불러일으킬 수 있는 부정적인 영향을 반대했다. 생명 유지에 기본인 생리적 욕구를 제외한 욕망과 지혜는 제거되어야 할 대상인 것이다. 통치자의 불필요한 욕망을 없애기 위해 노자는 "극단적인 것, 사치스러운 것, 지나친 것을 제거해야 한다(去甚去奢去泰)"라며 삼거(三去)를 주장했다. 좀 더 구체적으로 살펴보면, 먼저 유능한 사람을 떠받들지 않아 백성이 다투지 않도록 해야 한다. 바꾸어 말하면 권위를 내세우지 않는 것이다. 누구든 권위를 내세우지 않는다면 다툴 일도 자연히 없다는 말이다. 그리고 다음으로는 얻기 어려운 물건을 귀하게 여기지 않아 백성이 도둑질하지 않도록 한다.

도적이 생기는 것은 법령이 많아질수록 사고가 더욱 많아지기 때문이다. 《노자》 제57장에 이런 구절이 나온다.

법령이 엄해질수록 도적이 더욱 기승을 부린다.(法令滋彰, 盜賊多有.)

즉, 법령이 많고 복잡해질수록 법 집행자의 권력도 함께 커지며 제한받지 않는 권력은 많은 부패와 문란한 정치를 초래할 수 있다는 뜻이다. 더욱이 백성이 손에 넣기 어려운 물건을 귀한 것으로 여겨 희귀한 물건의 가치를 높이고 그로써 사람들의 욕망을 자극하기 때문이다.

노자는 백성이 소박한 마음을 유지하도록 인(仁)과 의(義)를 버리기(絶仁棄義)를 바랐다. 잔꾀를 부려서는 안 된다는 것이다. 그는 그래서 "현명함과 지혜를 버려야 한다(絶聖棄智)"라고 주장했다. 이는 통치자가 총명함으로 나라를 다스리면 어려움을 초래할 수 있다는 의견으로 이어진다. "도(道)가 한 자(尺) 높아지면, 마(魔)도 한 장 높아진다(道高一尺, 魔高一丈)"란 말도 여기에 일맥상통한다.

요약하자면, 노자의 무위로써 천하를 다스리는 네 가지 원칙은 다음과 같은 말로 정리된다.

내가 무위하면 백성이 저절로 교화되고, 내가 고요하면 백성이 스스로 바르게 되고, 내가 아무 일도 하지 않으면 백성이 스스로 부유해지고, 내가 욕심을 부리지 않으면 백성이 스스로 순박해진다.(我無爲而民自化, 我好靜而民自正, 我無事而民自富, 我無欲而民自樸.)

－《노자》 제57장

노자 외에도 여러 사람이 이와 같은 문제에 관심을 기울였다. 청정무위의 도로 나라를 다스리고, 은밀한 책략으로 용병(用兵)을 하며, 무위의 정치로 천하를 통치한다. 노자는 무엇에 근거하여 이와 같은 이치를 알 수 있었을까? 노자는 자신이 단지 상식적인 판단에 근거했을 뿐이라고 말한다. 천하에 금기가 많을수록 백성은 더 가난해지고, 민간에 무기가 많을수록 나라는 더 혼란스러워진다. 또한 백성 사이에 간사하고 교활한 지혜가 넘쳐날수록 나쁜 일이 꼬리를 물고 일어나고, 법령이 엄할수록 오히려 도적이 들끓게 된다. 그러므로 통치자가 무위하면 백성이 스스로 교화되고 통치자가 가만히 있으면 백성은 자연히 바르게 된다. 통치자가 백성을 방해하지 않으면 백성은 자연히 부유해지고, 통치자가 욕심부리지 않으면 백성은 자연히 순박해진다. 통치자의 통치 원칙 기본은 백성이 덕의 경계를 벗어나지 않게 하는 것이라고 할 수 있다.

《노자》와 경영

혹자는 중국인을 "머리에는 유관을 쓰고, 몸에는 도포를 걸쳤으며, 발에는 승리(僧履)를 신고, 마음에는 법심이 있다(頭戴儒冠, 身穿道袍, 脚蹬僧履, 心爲法心)"라고 묘사한다. 이 말은 중국인에게 유가, 불가, 도가, 법가가 모두 독특하게 혼합된 형태로 반영된 것을 잘 표현한다. 이에 대해 따로 논평하지는 않겠다. 다만, 유교와 도교가 상호 보완적으로 중화 문명을 꽃피웠다는 점은 분명하다. 이 두 사상은 중국 문화의 DNA를 형성했다고 봐도 과언이 아니다.

도가 사상은 특히 동서고금을 막론하고 수많은 사람에게 인정받는다. 청(淸)나라의 기효람(紀曉嵐)은 도가를 "길고 긴 세월을 총망라하여 지식의 폭이 넓고도 심오하다(綜羅百代, 廣博精微)"라고 평가했다. 중국 현대 문학의 거장 루쉰(魯迅)은 주저 없이 "중국 문화의 근본은 모두 도가에서 기인한다"라고 말했다. 영국의 생화학자 조지프 니덤(Joseph Needham)은 그의 저서 《중국의 과학과 문명Science and Civilization in China》에서 "중국에 도가가 없었다면, 이는 뿌리 없는 나무와 같다"라고 비유했다.

중국을 사람에 비유한다면, 유가 사상은 뼈와 살이라고 할 수 있으며 도가는 온몸에 흐르는 혈액이라고 할 수 있다. 도가 사상을 문자로 나타낸 결정체라 할 수 있는 《노자》는 수많은 대가가 모범으로 받드는 책이기도 하다. 루쉰은 "《노자》를 읽지 않고는 중국 문화를 알 수 없다"라고 했으며, 신문화 운동을 주장한 《중국철학사中國哲學史》의 저자 후스(胡適)는 "노자는 중국 철학의 창시자이자 중국 철학사상 최초의 진정한 철학자다"라고 거침없이 말했다. "신은 죽었다"라고 선언한 독일의 저명한 철학자 니체(Friedrich Wilhelm Nietzsche)는 노자의 사상을 "영원히 마르지 않는 샘물처럼 값진 보물로 가득 차 있어서 두레박을 내리기만 하면 쉽게 얻을 수 있다"라고 표현했다. 러시아의 대문호 톨스토이(Lev Nikolayevich Tolstoy)는 자신이 훌륭한 정신 상태를 유지할 수 있었던 것은 모두 《노자》 덕분이라고 말했다.

■역자 후기

독일의 저명한 철학자 니체는 일찍이《노자》에 대해 이렇게 말했다.

"영원히 마르지 않는 샘물처럼 값진 보물로 가득 차 있어서 두레박을 내려 길어 올리기만 하면 쉽게 얻을 수 있다."

5000자 남짓한《노자》가 시대를 넘어 끊임없이 읽히고 해석되는 데는 나름의 이유가 있을 터. 그만큼《노자》는 시대를 뛰어넘는 세상과 인간에 대한 통찰력이 담긴 삶의 지침서라는 의미가 아닐는지.

《노자》는 수많은 대가가 모범으로 받드는 책이기도 하다. 중국 현대 문학의 거장 루쉰은 "《노자》를 읽지 않고는 중국 문화를 알 수 없다"라고 말했다. 러시아의 대문호 톨스토이는 자신이 훌륭한 정신 상태를 유지할 수 있었던 것은 모두《노자》덕분이라고 이야기했다.《노자》는 많은 기업 경영자들에게도 커다란 영향을 미쳤다. 현재의 파나소닉을 세운 마쓰시타 고노스케는《노자》를 기업 경영의 길잡이로 삼아 파나소닉을 일본 최고의 기업 가운데 하나로 성장시켰다.

이 책은《노자》에 담긴 노자의 사상이 어떻게 현대 기업 경영에 적용될 수 있는가를 이야기한다. 저자는 노자의 사상을 학문적 이론의 틀로 분석하기보다는 기업 경영과 연결하여 건강한 경영을 가능하게 만드는 전략들을 다양하게 제시하고 있다. 또 리더로서 경영자가 갖춰야 할 올바른 경영 철학, 사람과 조직을 관리하는 기본 원칙에 대해서도 알려준다. 특히 저자는 2000여 년 전에 쓰인 노자의 사상을 현대 경영학 원리에 따라 재조명하고 있다. 그런 의미에서 이 책은 오늘날의 기업 경영자들에게 좋은 삶의 지침서인 동시에 경영의 지침서가 될 것이다.

변화가 다양하고 복잡한 것, 이것이 현대 사회다. 이럴 때일수록 리더에게는 변화하지 않는 것으로 온갖 변화에 대응할 수 있는 경영리더십이 요구된다. 노자는 '무위'를 강조했는데 기업 경영에도 무위하는 마음이 필요하다. 무위란 아무것도 하지 않는 것이 아니라 인위적인 것을 강요하지 않고 자연의 순리에 따른다는 의미다. 기업 경영도 마찬가지다. 순리를 따르지 않고 단순한 이윤 추구만을 내세우는 기업은 지속적인 성장이 불가능하다.

세상 모든 일이 다 그렇듯이, '기업 경영은 사람 경영'이라는 말도 있다. 기업의 생존과 발전에 있어 사람은 가장 근본이다. 그래서 "하늘이 주는 좋은 때는 지리적 이로움만 못하고, 지리적 이로움은 사람의 화합만 못하다"라는 말도 있다. 기업의 리더는 사람을 근본으로 삼아 기본에 충실한 경영을 통해 무위를 추구해야 한다. 그렇게 하면 기업의 지속적인 성장과 발전은 저절로 따라올 것이다. 이 책을 통해 모든 것이 빠르게 변하는 지금, 변하지 않는 것이 무엇인지 곰곰이 생각해보는 것도 좋을 듯하다.

■주

1 관념론의 일종으로 개인의 주관이 중심이 되는 주관적 관념론과는 달리 현실세계를 초개인적인 이데아 및 근원적인 우주정신 등으로 나타내고자 한다. 플라톤, 헤겔, 성리학과 같은 철학 등이 이에 속한다.

2 비유취상(比類取象)이란 《주역》에 나오는 말로, 역학에서 주장하는 오행 학설의 주요한 연구 방법의 하나다. 사물은 각기 다른 성질, 작용, 형태에 따라 각각 목(木), 화(火), 토(土), 금(金), 수(水)라는 무형의 항목에 귀속된다. 이를 토대로 인체의 오장육부 조직 사이에 일어나는 생리 · 병리의 복잡한 관계, 인체와 외부 환경 간의 상호 관계를 설명한다. 이러한 사물의 속성에 관한 귀납적 추론 방법을 일컫는다.

3 인상입의(因象立意)는 역학의 괘상(卦象)과 괘사(卦辭)의 연구 방법이다. 귀납하여 도출된 사물의 표상을 구체적으로 밝히는 것으로, 이를 통해 사물의 본질과 전환 법칙을 발견할 수 있다.

4 음효(陰爻)는 역학에서 괘를 구성하는 두 가지 효의 하나로 음(陰)을 가리키며, '--' 로 나타낸다.

5 양효(陽爻)는 역학에서 괘를 구성하는 두 가지 효의 하나로 양(陽)을 가리키며, '–' 로 나타낸다.

6 원학(元學)은 형상학(形上學), 이학(理學) 등을 말한다.

7 노자의 '하늘과 땅은 어질지 않다(天地不仁)' 는 의견에 상응하는 말. 천지불인은 하늘과 땅은 만물을 생성하고 기르지만 억지로 마음을 어질게 쓰는 것이 아니라 자연 그대로 맡길 뿐이라는 뜻이다.

8 상(相)은 불가(佛家)에서 나온 명사지만, 그 의미는 노자의 이른바 상(象) 혹은 대상(大象)과 별반 다르지 않다.

9 그의 원래 이름 탁타(橐駝)는 중국어로 낙타를 의미한다. 그의 이름과 곱사등 간에 연관이 있음을 알 수 있다.

10 성취동기이론은 미국의 심리학자 데이비드 클래런스 맥클랜드(David Clarence McClelland)가 1973년에 처음 제시했다. 성취동기란 일반적으로 어려운 과제를 성공적으로 수행하거나 탁월한 업적을 이루고자 하는 동기를 말한다. 동기부여 이론의 한 가지인 성취동기 이론에 따르면 개인 및 사회의 발전은 성취 욕구와 밀접한 상관관계가 있다. 맥클랜드는 성취동기가 높은 사람들로 구성된 조직이나 사회는 경제 발전 속도가 빠르며 성취동기가 높은 사람이 좀 더 훌륭한 경영자로 성공한다고 주장한다. 그는 특히 한 나라의 경제 성장은 그 사회 구성원의 성취 욕구에 의해 결정된다고 주장한다.

11 미국의 경영학자 맥그리거(Douglas M. McGregor)가 그의 저서 《기업의 인간적 측면The Human Side of Enterprise》에서 주장한 조직 관리에서의 인간관 또는 인간에 관한 가설이다. X이론은 전통적인 인간관을 바탕으로 원래 인간은 일하는 것을 싫어하여 되도록 일을 하지 않으려 하고, 보통 강제되거나 처벌 등의 수단으로 강요받지 않으면 조직이나 기업의 목적 달성을 위해 노력하지 않으며, 대다수는 지휘받기를 좋아하고 책임을 회피하기를 원하며 일신의 안정만을 추구한다는 내용이다. 반대되는 개념으로 일이란 반드시 고통스러운 것만은 아니며 환경과 조건에 따라 때로는 즐거움과 만족의 원천이 될 수도 있고 인간은 스스로

통제하고 책임질 줄도 안다는 가설인 Y이론이 있다. X이론과 Y이론의 절충점엔 슈퍼 Y이론(Super Theory Y)이 존재한다. 슈퍼 Y이론은 1970년에 미국의 경영 심리학자 모스(J. J. Morse) 등이 제시한 새로운 경영 이론이다. 이 이론은 고정 불변하는 것은 없으며 조직의 환경 상황을 고려하여 그에 상응하는 경영 전략을 채택해야 한다고 주장한다.

12 집단사고란 토의와 협의를 통해 집단적으로 문제해결 방안을 찾는 과정을 말한다. 그러나 집단사고는 집단구성원들의 생각 일치를 지나치게 강조하여 문제에 대한 독창적인 해결책을 찾아내기 보다는 오히려 다른 구성원들의 동의를 얻는 일에만 크게 관심을 기울이기도 한다. 이 때문에 개개인의 독창성과 새로운 아이디어를 억제할 우려가 있다. 집단사고의 오류로 인한 대표적인 사고로 챌린저 우주왕복선 폭발 사고 등이 있다.

13 쩌우민(鄒敏), '노자 사상에 기초한 인적 자원의 이선식경영 연구(基於老子思想的人力資源二線式管理研究)', 〈허하이대학(河海大學) 기업 경영학과 석사 논문〉, 2007.

14 변역(變易)은 '바뀐다', '변한다'는 뜻이며 우주 만물이 끊임없이 변화하는 것을 말한다. 인간사도 이와 마찬가지다. 이를 《주역》에서는 변역이라고 일컫는다.

15 예를 들어 "무극은 태극을 낳고, 태극은 양의를 낳고, 양의는 사상을 낳고, 사상은 팔괘를 낳는다"라는 구절에서 상(象)은 곧 우주 만물이 탄생하는 과정 또는 현상을 가리킨다. 수(數)는 무에서 유에 이르기까지 얻어낸 수를 말한다. 즉 무, 양의, 사상, 팔괘 등이 그러한 예다. 리

(理)는 이러한 상과 수가 변화하는 것으로 고정된 것이 아니며, 우리에게 만물이 태어나서 자라고 소멸하는 변역의 법칙을 가르쳐준다. 그러나 변하는 모든 것이 일정한 법칙을 따라서 변하기 때문에 법칙 그 자체는 영원히 변하지 않는다는 뜻이다. 기(氣)는 이 모든 변화를 움직이는 힘이라 할 수 있다.

16 하락도(河洛圖)는 하도락서(河圖洛書)라고도 한다. 〈하도河圖〉와 '낙서(洛書)' 는 중국 고대부터 전해오는 신비한 도안 두 폭을 말한다. 〈하도〉는 복희가 황하에서 얻은 그림으로, 이것에 근거하여 《역易》의 팔괘를 만들었다고 한다. '낙서' 는 하(夏)나라의 우(禹) 임금이 낙수(洛水)에서 얻은 글이다. 전해지는 바에 따르면 우 임금은 이 '낙서' 를 바탕으로 하여 천하를 다스리는 법도로 《홍범구주洪範九疇》를 만들었다고 한다.

17 《주역》 또는 《역경》의 영문판은 일반적으로 'THE BOOK OF CHANGES' 또는 'BOOK OF CHANGES' 라고 한다. 따라서 여기서 Change는 주역의 역(易)을 의미한다.

18 영국의 행정학자 파킨슨(Cyril N. Parkinson)이 제시한 사회생태학적 법칙이다. 공무원의 수는 해야 할 업무의 경중이나 그 유무에 관계없이 일정 비율로 증가한다는 것이다. 파킨슨은 이 법칙에서 현재 사회의 작동 원리를 신랄하게 풍자했다.

19 《수서隨書》 34권, 《경적지삼經籍志三》.

20 〔당(唐)〕 왕진(王眞), 《도덕진경론병요의술道德眞經論兵要義述》.

21 〔송(宋)〕 소식(蘇轍), 《노자해老子解》 2권.

22 《송론 · 신종宋論 · 神宗》.

23 톈윈강(田雲剛), 궈러쥔(郭日軍), '노자의 부드러움을 지키는 사상과 부드러운 기업 경영(老子守柔思想與企業柔性化管理)', 〈산시고등교육기관 사회과학학보山西高等學校社會科學學報〉.

24 시장 상황과 변화 추세를 빨리 감지하고 이를 제품에 반영해서 신속하게 생산해 납품하는 방식.

25 필요할 때 필요한 부품을 필요한 양만큼 조달하여 재고를 가능한 한 보유하지 않도록 하는 경영 전략. 가장 대표적인 것이 도요타 자동차의 생산 방식으로 생산 합리화를 추구한다. 이 방식은 일본의 도요타 자동차 회사가 미국의 제너럴모터스를 넘어서기 위해 개발한 관리 기법이기도 하다.

26 작업 공정 혁신으로 비용은 줄이고 생산성은 높이는 것을 말한다. 숙련된 기술자들로 편성하고 자동화 기계를 사용해 제품을 적정량 생산하는 방식이다.

27 《관자 · 목민管子 · 牧民》.

28 《마오쩌둥선집毛澤東選集》 제1권[베이징: 런민출판사(人民出版社), 1991], 211쪽.

29 《손자》 '세편'.

30 리톈시, "리광첸의 기업 경영 방식과 《노자》 학설", 〈이빈대학학보〉, 2003(6).

31 판지싱(潘吉星), 《조지프 니덤 문집李約瑟文集》[선양(沈陽): 랴오닝과학기술출판사(遼寧科學技術出版社), 1985], 255쪽.

32 《마르크스엥겔스 전집馬克思恩格斯全集》 제13권[베이징: 런민출판사(人

民出版社), 1962]

33 천춘펑(陳春逢), 《인재전략종횡담人才戰略縱橫談》[베이징: 중국잔왕출판사(中國展望出版社), 1986]

34 《장자》 '제물(齊物) 편'.

35 뤼칭화(呂慶華), "노자의 《도덕경》 사상이 현대 기업 경영에 주는 교훈(老子《道德經》思想的現代企業管理啓示)", 〈장쑤상론江蘇商論〉, 2007(2).

36 《장자 · 잡편莊子 · 雜篇》 '양왕(讓王)'.

37 장쉬퉁(張緖通), 《도학의 관리 요지》[청두(成都): 쓰촨대학출판사(四川大學出版社), 1992], 20쪽.

38 루즈민(盧志民), 리융타이(黎永泰), "어머니 경영-노자의 경영 사상 본질에 대한 새로운 해석(母親管理-老子管理思想本質的新詮釋)", 〈쓰촨대학학보四川大學學報〉 철학사회과학판(哲學社會科學版), 2008(5).

39 정치에서 군사나 좁은 의미의 외교를 가리킨다. 통화, 무역과 같은 경제 문제를 둘러싼 대외 조치나 교섭을 가리키는 로폴리틱스(low politics)에 대응하는 용어다. 제2차 세계대전 이후 20여 년 동안 국제 정치는 하이폴리틱스가 중심이었다. 그러나 1970년대 이후 국제 정치의 중심이 하이폴리틱스에서 로폴리틱스로 옮겨가고 있다.

40 딩야페이(丁亞非), "현대 기업 경영에서 《노자》의 활용에 관한 약술(略論《老子》在現代企業管理中的運用)", 〈푸양사범대학학보阜陽師範學院學報〉 사회과학판(社會科學版), 2000(4).

41 일반적인 의미의 진상은 명 · 청 시대에 500년 동안 전성기를 누린 산시(山西) 지역 상인 집단을 가리킨다. 오늘날의 산시 성(山西省)은 춘추

전국 시대에 진(晉)나라의 영역이었기 때문에 진상으로 불리게 된 것이다.

42 BC 771년에 주나라는 견융의 난을 피해서 도읍을 동쪽에 있는 낙양(洛陽)으로 옮겼다. 그 전까지를 서주(西周), 도읍을 옮긴 후 진(秦)나라가 중국을 통일하기까지를 동주라고 한다. 동주 시대는 다시 둘로 나뉘어 전반기는 춘추(春秋) 시대, 후반기는 전국(戰國) 시대라고 불린다.

43 《사기》의 《주본기周本紀》, 《진본기秦本紀》, 《봉선서封禪書》, 《노자한비열전老子韓非列傳》.

44 통가(通假)는 자음이 같거나 비슷한 글자를 차용하여 본래 글자를 대신하는 것이다. 예를 들면 중국의 고대 문헌에 '材(cái)'를 빌려 '才(cái)'로 쓴 예가 발견되는데, 이때 '才(cái)'는 본자이고 '材(cái)'는 통가자다.

45 이 말은 명백하게 태사담이 이이의 말투를 모방한 것이다. 이 말이 비롯된 '단단한 것과 흰 것은 다르다(離堅白)'라는 말을 남긴 공손룡(公孫龍)은 이이보다 나중의, 즉 태사담과 동시대 인물이기 때문이다. 공손룡은 전국 시대 조(趙)나라 사람으로 '백마는 말이 아니다(白馬非馬)', '단단한 것과 흰 것은 다르다'라는 명제를 내세웠다. 전자는 일반적인 것과 개별적인 것의 관계를 분석한다. 즉, 백마(개별)와 말(일반)의 구별을 강조하여 백마는 말과 동등하지 않다는 결론을 내린다. 후자는 촉각(단단하다)과 시각(희다)의 차이를 통해 단단한 것과 흰 것이라는 양자는 서로 다르다는 궤변이다. 그러나 그의 주장은 단순한 궤변에 그치는 것이 아니라 당시의 혼란스러운 사회 질서를 바로잡고자 하는 의도를 담고 있다.

46 백성과 더불어 휴식한다는 뜻이다. 백성에게 휴식을 주는 정책으로 그 바탕은 황로 정치(黃老政治)다. 춘추 전국 시대 이래 초나라와 한나라의 전쟁에 이르기까지 중국에서는 전쟁이 연속되어 오랫동안 사회와 경제가 혼란스러웠다. 따라서 사회와 경제의 회복이 가장 시급한 당면 과제였다. 이에 백성에게 노역과 세금을 줄여주어 부담을 가볍게 하는 여민휴식 정책을 펴고 사회 안정과 경제 회복을 꾀했다.

47 중국의 전설에서 황제(黃帝)의 신하로, 새의 발자국을 보고 아이디어를 얻어 처음으로 글자를 만들었다고 한다.